Günther H. Ruddies · Vergnügliche Seelenkunde

GÜNTHER H. RUDDIES

VERGNÜGLICHE SEELENKUNDE

Eine Psychologie des Humors

Kösel-Verlag München

Kösel Sachbuch
Redaktion: Hermann Hemminger

CIP-Kurztitelaufnahme der Deutschen Bibliothek

Ruddies, Günther H.:
Vergnügliche Seelenkunde : e. Psychologie d. Humors /
Günther H. Ruddies. – München: Kösel, 1983.
(Kösel Sachbuch)
ISBN 3-466-11037-8

Umschlag: Design Team, München
Gesamtherstellung: Kösel, Kempten
Printed in Germany
ISBN 3-466-11037-8

Inhalt

Humor als Schlüssel für Menschenkenntnis und Lebenskunst

Wer lacht lebt, vermutlich sogar etwas länger. Zumindest überlebt der Mensch Situationen, die nicht zum Lachen sind. Mit Humor. Voraussetzung ist dafür eine ganz bestimmte Einstellung. Sie läßt Gegenwart und Zukunft in einem anderen Licht sehen, wie sich in dem folgenden Gespräch zeigt: »Die Lage ist ernst, aber nicht hoffnungslos«, äußerte 1916 ein preußischer General angesichts der sich abzeichnenden Niederlage. Sein österreichischer Kamerad erwiderte: »Nein, die Lage ist hoffnungslos, aber nicht ernst.« Wie man inzwischen aus dem Fortgang der militärischen Ereignisse weiß, hat er recht behalten. Die Wahrheit steckte in einer verblüffenden, zunächst lachen machenden Verkleidung. Manchmal braucht es nur etwas Zeit, um sich den im Humor steckenden Sinn zu erschließen.

Ähnlich hoffnungslos, aber nicht ernst, mag sich der Versuch ausnehmen, psychologisch dem Phänomen Humor nachzuspüren. Auf eine allgemeingültige Definition kann leichten Herzens verzichtet werden, denn es gibt sie nicht. Statt dessen werden Annäherungen mittels Beschreibung und Beispiel angeboten. Etwas Geduld bei der Beschäftigung mit Humor wird sich lohnen, schließlich geht es darum, sein herzhaftes Ja zu Leben und Menschen zu verstehen. Begrifflich soll Humor als Dach für alles verstanden werden, was im guten Sinne lachen macht. Damit ist ein Zustand, eine Haltung gemeint, das Leben in besonderer Weise zu meistern, Widrigkeiten schadlos für Leib und Seele zu verdauen und mit anderen Menschen friedfertig-gemeinschaftlich auszukommen. Humor als Lebenskunst.

Todernst wird es in der folgenden Lektüre kaum zugehen. Humor ist zu schade dafür, ihn über die Klinge der Wissenschaft springen zu lassen. Freilich würde er auch solche Tortur überstehen, steht doch für Fälle äußerster Bedrängnis, wenn es um Kopf und Kragen geht, jedermann der sprichwörtliche Galgenhumor zur Verfügung. Offensichtlich geraten viele Menschen in Grenzsituationen. Hätte sich sonst der spezifische Galgenhumor entwickeln können? »Erst können vor lachen«, rief der Gehenkte, als er sich Mut anpfeifen wollte. Lachen bleibt wichtig, wo es nichts zu lachen gibt.

Wie allzu wissenschaftlich, könnte die Beschäftigung mit Humor leicht zu trocken geraten. Vorsicht ist angebracht. Deshalb soll die Psychologie des Humors nicht humorlos betrieben werden. Womöglich müßte er am Ende zu Grabe getragen werden. Die Inschrift für den Grabstein müßte erst noch erfunden werden, vielleicht in sinngemäßer Übertragung eines Vorbildes aus der Geschäftswelt: »In Frieden ruht hier die getrocknete Kräuter- und Früchtehändlerin P. Peperoni.«

Kaum zu befürchten ist hingegen, daß über den Humor schon alles gesagt oder geschrieben worden ist. Erich Kästner schrieb in seinen *Gedanken über das Lachen:* »Wollte ein Sammler alle die Bücher zusammenstellen, die über das Tragische geschrieben worden sind, brauchte er einen Häuserblock. Für die Bücher über das Komische genügt ein winziges Zimmer.«[1] Gleichwohl ist die Suche nach Aussagen zum Humor nicht zu gänzlicher Erfolglosigkeit verurteilt. Einige Zitate[2] geben über seine Einschätzung und Bedeutung Auskunft: »Humor ist: mit einer Träne im Auge lächelnd dem Leben beipflichten« (Beutelrock). »Der Humor ist die einzige absolute Geburt des Lebens« (Hebbel). »Humor ist überwundenes Leiden an der Welt« (Jean Paul). »Humor: der Schwimmgürtel auf dem Strom des Lebens« (Raabe). »Humor ist Distanzgefühl« (Brecht). »Der Humor ist das einzige Gebiet des Schöpferischen, das einen physiologischen Reflex auslöst – das Lachen« (Koestler). »Humor ist der Knopf, der verhindert, daß uns der Kragen platzt« (Ringelnatz). »Humor ist das umgekehrt Erhabene, er erniedrigt das Große, um ihm das Kleine, und erhöht das Kleine, um ihm das Große an die Seite zu setzen und so beide zu vernichten, weil vor der Unendlichkeit alles gleich und nichts ist« (Jean Paul). »Humor ist gleichsam der Witz der Erfindung. Er darf sich daher mit Bewußtsein äußern: aber er ist nicht echt, sobald man den Vorsatz dabei wahrnimmt« (Schlegel). »Deutscher Humor ist, wenn man trotzdem nicht lacht« (von Radecki).

Mit Humor durch das Leben gehen

Schön und tröstlich zugleich am Humor ist, daß niemand mit Bestimmtheit und Vollständigkeit zu sagen vermag, was er wirklich wesenhaft ist. Jeder hat ein bißchen recht, und alle zusammen erfassen ihn nicht in seiner Ganzheit und Wirksamkeit. Es gibt den Humor, und dafür dankbar zu sein muß genügen. Wo Wissen über ihn nicht hinreicht, kann er immer noch erfahren werden. Bedarf liegt vor. Angesichts unerfüllter, unerfüllbarer Wünsche und Hoffnungen, in Niederlage und beim Versagen bewährt er sich als Lebenskunst. Martin Buber nannte Humor den »Milchbruder des Glaubens.« Beider Prinzip *Dennoch* hilft durchhalten, Trauerklößen, Berufspessimisten, Miesmachern, Spießern und Schwarzmalern zum Trotz. Die Menschen erkannten das früh. Das »Homerische Gelächter«, das in der *Ilias* und *Odyssee* eigentlich »unauslöschliches Gelächter« heißt und erst im 18. Jahrhundert in Frankreich umformuliert wurde, erschallt durch Geschichte und Völker bis zum heutigen Tag. Humor erweist sich weder als stumpfe Resignation, die alles Geschehen teilnahmslos über sich ergehen läßt, noch als donquichottische, sinnlose Anrennerei gegen Unabänderliches.

Das Volk meint und sagt: »Humor ist, wenn man trotzdem lacht.« Nebenbei bemerkt, das Motto findet sich erst 1909 niedergeschrieben in *Die Yankeedoodle-Fahrt und andere Reisegeschichten* (München 1912–1917). Am schönsten hat Wilhelm Busch den Zusammenhang zwischen fröhlichem Herzen und Überwindung existenzieller Sorgen beschrieben. In seinem Gedicht »Kritik des Herzens« (1874) heißt es am Schluß:

»Es sitzt ein Vogel auf dem Leim
...
Der Vogel denkt: Weil das so ist,
Und weil mich doch der Kater frißt,
So will ich keine Zeit verlieren,
Will noch ein wenig quinquilieren
Und lustig pfeifen wie zuvor.
Der Vogel, scheint mir, hat Humor.«[3]

Ein Leben ohne Risiko gibt es nicht, aber mit ihm läßt es sich ganz gut leben. Der Mensch kann daraus nur lernen, sieht er sich doch vor die Aufgabe gestellt, im Bewußtsein seiner Endlichkeit und Vergänglichkeit das Leben zu bejahen.

Woher nun nimmt er den Humor, der aus der Tiefe seines Herzens kommen soll? Leider ist die Aussicht gering, daß er diese Lebenskunst während seiner Schulzeit erwirbt. Zuvor müßte es wohl für Lehrer, Erzieher, Ärzte, Theologen und angehende Eltern ein Studienfach »Humor« geben. Zum Glück lehrt das Leben auf seine Weise, sich mit Unmöglichem zu arrangieren und Unausweichliches gelassen zu ertragen. Die Pointen setzt es selbst.

Jeder kann Humor bei sich und anderen entdecken

Humor kann mehr als Freude wecken, große und kleine Schwierigkeiten im Leben meistern helfen. Genaueres Hinsehen enthüllt, wieviel Menschenkenntnis er enthält. Mehr noch, Lebenskunst und Menschenkenntnis sind innig miteinander verwoben. Das Leben um uns herum liefert dafür immer wieder neue Beispiele. Die lebendige Wirklichkeit führt uns täglich einen Schatz köstlicher Situationen, komischer Begebenheiten, lachhafter Zufälle und humoresker Geschichten vor. Die nachfolgende Begebenheit könnte schließlich jedem passieren: Neben dem schiefen Turm von Pisa steht ein alter Mann. Parkenden Touristen händigt er gegen eine Gebühr einen in italienischer Sprache gedruckten Zettel aus. Meistens wird die vermeintliche Parkgebühr anstandslos bezahlt. Als sich nach Jahr und Tag ein Autoparker den Text übersetzen läßt, erfährt er: »Ihr Auto ist gegen Schaden für den Fall versichert, daß der schiefe Turm von Pisa umkippt.«

Das alte, kleine Schlitzohr, wie Schwaben den Mann nennen würden, praktiziert nicht nur trickreich Lebenskunst. Er verfügt ebenfalls über eine Portion Menschenkenntnis. Augenscheinlich kennt sich der alte Mann bei Touristen aus, er weiß, wie sich Autofahrer auf Parkplätzen verhalten. Sie werden geradezu berechenbar. Überdies schätzt er richtig ein, daß die Erleichterung darüber, daß ja wirklich Schlimmeres passieren könnte, den kleinen Schwindel vergessen machen wird. Schon an dem kleinen Beispiel werden zwei Grundelemente von Humor deutlich. Erstens ist vertiefte Menschenkenntnis vonnöten, Erfahrungen und Wissen über menschliche Gewohnheiten, Schwächen, Eitelkeiten, Befürchtungen oder Sehnsüchte. Zweitens löst Humor Konflikte auf unverwechselbare Weise, nämlich versöhnlich, entkrampfend und befreiend.

Von guten humorvollen Geschichten weiß in der Regel niemand zu sagen, ob sie wirklich passiert oder gut erfunden sind. Man kann sich aber darauf verlassen, daß das Leben in seiner Erfindungsgabe nicht zu übertreffen ist. Auf unerschöpfliche Weise wird Menschenkenntnis praktiziert. Überraschend und unversehens wird verdeutlicht, was für einen Menschen wir vor uns haben und in welcher Lage er sich befindet. Dabei wird die psychologisch scharfsichtige Studie gleichsam vermenschlicht: Im Zugabteil stopft ein Herr seine Pfeife. Bevor er sie anzündet, fragt er die alte Dame: »Bitte, darf ich rauchen?« »Tun Sie, als wären Sie zu Hause«, nickt sie. »Auch gut«, sagt der Herr und steckt seine Pfeife wieder ein.

Seit je hat es Menschen fasziniert, mehr über sich und andere zu erfahren. »Erkenne dich selbst«, steht eingemeißelt am Tempel zu Delphi. Goethe schrieb: »Der Mensch ist dem Menschen das Interessanteste.« Das Buch *Menschenkenntnis* des bedeutenden Individualpsychologen Alfred Adler ist zu einem Klassiker geworden. Gleichwohl ist unbeachtet geblieben, daß Humor ein wichtiger Schlüssel zum Verständnis von Menschen und Mitmenschlichkeit sein kann. Psychologisch wurde zwar vielfach erforscht und beschrieben, wie Menschen denken, fühlen, sich verhalten, verkleiden oder verstellen, in Maskenkostüme oder Rollen schlüpfen. Charakterologien wurden entwickelt und Persönlichkeitstheorien aufgestellt. Freilich können die meisten ihren analysierenden, zerlegenden Stil nicht verbergen, gleichsam als werde mit einem Seziermesser nach Verbiegungen und Defekten des Menschen gesucht. Die wissenschaftliche Erforschung der menschlichen Psyche gerät denn auch allzu rasch in die Nähe von Konflikten und Depressionen, Neurosen und Krankheiten.

Der gesunde und psychologisch nicht verbildete Mensch ist auf seine natürliche Menschenkenntnis angewiesen. Warum sollte er sie nicht durch das Studium von Humoristen und Clowns, Dichtern oder Satirikern vertiefen, denen stillschweigend unterstellt wird, daß sie etwas von Menschen verstehen? Die Werke von Wilhelm Busch sind ohne seine ausgezeichnete Menschenkenntnis nicht zu denken. Charlie Chaplin hat die Enthüllung von zutiefst menschlichen Regungen und von unmenschlich Bösem genial in Komik und Slapsticks umgesetzt. Die Vernachlässigung von Humor als Spürsonde für Menschenkenntnis durch professionelle Psychologie ist um so erstaunlicher, als sich das Individuum durchaus einen natürlichen Sinn für die Unentbehrlichkeit des Humors angesichts seiner Lebensaufgaben bewahrt zu haben scheint. Sucht etwa jemand privat einen Lebensgefährten, ist ihm beim Partner Humor allemal wichtiger als Kunstsinn und Mitgift, wie zahlreiche Heiratsannoncen ausweisen. Wissenschaftliche Untersuchungen haben ergeben, daß in Arbeit und Beruf Vorgesetzte mit Humor am meisten geschätzt werden. Kinder wünschen sich Eltern und Erzieher, die Freude zeigen und Spaß verstehen. Verwundern kann das niemanden, denn im Alltag wird erlebbar, wie versöhnlich Humor bei der Lösung von Konflikten sein kann. Er mindert die Last von Streß oder Trauer und bildet die Grundlage für eine tolerante Lebenshaltung. Humor besitzt den hohen Stellenwert eines Lebenselixiers, dessen man in allen möglichen Situationen dringend bedarf. Man wünscht aus gutem Grunde, daß die Mitmenschen etwas mehr davon hätten, und möchte seinerseits gerne für humorvoll gehalten werden.

Humor ist ein wichtiger Schlüssel zum besseren Menschenverständnis und humaneren Umgang miteinander. Wie kann nun der kostbare Schatz bei sich und anderen gehoben werden? Auf eine erste Spur führt die Sprache. Sie beschreibt etwa Arten und Nuancen des Lachens. Lachen kann spöttisch, breit, schrill, laut oder dünn sein. Wie einer in sich hinein lächelt, hysterisch oder nervös lacht, enthüllt häufig mehr über ihn als ganze Testbatterien. Nicht minder aufschlußreich ist die Beantwortung der Frage, worüber einer lacht. »Durch nichts bezeichnen die Menschen mehr ihren Charakter als durch das, was sie lächerlich finden« (Goethe in: *Maximen und Reflexionen*). Seit Horaz hat sich daran nichts geändert: »Quid rides? Mutato nomina, de te fabula narratur« (Warum lachst du? Ändere die Namen, und schon handelt die Geschichte von dir). Die sogenannten Lieblingswitze durchleuchten Menschen wie Röntgenstrahlen. Die Vorliebe für eine bestimmte Gattung oder Form verrät einen geschulten Denkapparat und geistige Wendigkeit. Elastisch können gewohnte Denkbahnen verlassen, neue Zusammenhänge hergestellt oder Situationen blitzartig durchschaut und erkannt werden. Auf der Stelle wird eine Denkfigur umstrukturiert, wenn der Bauer verbotenen Schwarzhandel mit Gänsen in seiner Zeitungsanzeige umgeht: »Habe 1000 Mark verloren. Der ehrliche Finder erhält eine Gans.« Viele Menschen bevorzugen die behäbigere Anekdote, komisches Verhalten oder eine Parodie.

Entscheidend für vertiefte Menschenkenntnis bleibt die Bewährung von Humor in verschiedenen Lebenslagen, einschließlich Grenzsituationen. Er prägt die Einstellung, Haltung und stärkt die Fähigkeiten, Anforderungen wie Belastungen gerecht zu werden im Beruf, angesichts von Erkrankung, Mangel oder Überfluß. Er entfaltet seine gestaltende Kraft in Erziehung und Liebe, deckt Widerstände und Maskeraden auf, bewahrt vor Vergötzung von Nichtigkeiten und allzumenschlicher Wichtigmacherei.

Grundsätzlich besitzt jeder Mensch Sinn für Humor. Manchmal ist er nur verschüttet. Dann müssen seine Quellen freigelegt und frisch zum Sprudeln gebracht werden. Manch einer traut sich lediglich nicht, seinen Humor zu zeigen. Vielleicht hat er schlechte Erfahrungen mit seiner Aufrichtigkeit gemacht. Oder seine Umgebung lebt von Vorurteilen. Puritanische Lebensart mag Humor mit Unernst verwechseln. Dieser oder jener ist auch Opfer der künstlichen Unterscheidung zwischen Humor und Witz sowie der damit gekoppelten Trennung in gut und schlecht.

Dem Witz wird gerne vorgeworfen, daß er sich auf Kosten anderer lustig mache. Übersehen wird, daß es sich in der Regel bei solchen Äußerungen um Abwehrmechanismen handelt. Sie sollen verhindern, daß durch Humor, in diesem Falle durch seine besondere Form oder Gattung als Witz, Wahrheiten an den Tag kommen, ein Blick hinter Masken geworfen wird oder Tabus gebrochen werden, die dazu da sind, Macht über Schwächere auszuüben. Eher sind Witze ein Indiz dafür, wer Oben und wer Unten ist, wo Druck herrscht und wann diskriminiert wird. Denn nicht zuletzt wegen seiner entmachtenden und entgötzenden Wirkung steht Humor, gerade als Witz, beim sogenannten »einfachen Volk« in hohem Ansehen. Folglich werden Witze, Satiren und Karikaturen vornehmlich von Stärkeren, aus ihrer Sicht in Notwehr, als verletzend und aggressiv verteufelt. Witzehasser oder Witzignoranten entlarven sich durch ihre Widerstände.

Dem Wert des Humors als Schlüssel zur Menschenkenntnis tut es keinen Abbruch. Die Verachtung bestimmter Formen und Themen bleibt aufschlußreich genug. Freilich brauchen auch die Widerstandskämpfer nicht zu verzweifeln. Sie müssen nur etwas tiefer schürfen, um die verschütteten Quellen ihres Humors freizuschaufeln. Seine lebensstärkende Kraft und versöhnliche Wirkung ist auch für sie da. Vom Zugewinn an Menschenkenntnis und Lebenskunst durch Humor ist niemand ausgeschlossen.

»Den Humortyp kenne ich«

Was liegt näher als der Wunsch, Menschen an ihrem Humor und Lachen besser erkennen und verstehen zu wollen? Wie einer lacht, so ist er. Sage mir, worüber einer – nicht – lacht und ich sage dir, was für ein Mensch er ist. Und spürt nicht jeder, daß ihm etwas mehr Humor gut täte?

Menschenkenntnis im Alltag orientiert sich an Erfahrungen. »Typisch humorlos« heißt es oder »ein friedfertiger, humorvoller Menschentyp«. Wissenschaftlich sind Typisierungen umstritten. Sie verdichten Beobachtungen und Erfahrungen zu Idealtypen, die realiter nicht vorkommen. Sie können Vorurteile verstärken oder Klischees bekräftigen. Gleichwohl wird weder in der Wissenschaft noch Lebenspraxis auf Typisierungen verzichtet. Sie ermöglichen durch Zuordnung und Zuschreibung von Merkmalen eine rasche Orientierung. Ist eine Person als »typische Marktfrau« ausgemacht, bedarf es keiner langen Untersuchungen mehr, um mit ihr ins Gespräch und Geschäft zu kommen. Mischformen und Überschneidungen werden stillschweigend einkalkuliert.Niemand bleibt gehindert, später genauer hinzusehen, um der Einzelperson gerechter zu werden.

Humor-Typen werden nicht unwesentlich von äußeren Umständen und Rahmenbedingungen geprägt. Selten darf der Mensch frei herauslachen, wenn ihm danach zumute ist. Während des Orgelkonzerts setzt er eine feierlich gestimmte Miene auf. Daß auf Beerdigungen Erben in sich hineinlachen, wird nur in Komödien zugegeben. Wer sich hohen Amtspersonen, Vorgesetzten oder einem Gläubiger nähert, wird sich devot bücken und zaghaft lächeln, um Friedfertigkeit und Botmäßigkeit zu signalisieren. Wem ist nicht längst der eine oder andere Humor-Typ leibhaftig begegnet, wer macht sich keine Gedanken, welchem er – nicht – gerne zugerechnet werden möchte? Warum nicht einmal Vergleiche anstellen und seine Menschenkenntnis ausprobieren?

Der »Ich-lache-öffentlich-nie«-Typ. Diese Spezies schreitet bitterernst durch's Leben und stirbt ohne Lachfalten im Gesicht. Die Haltung ist steif, der Buckel gekrümmt, als trüge der Typ alle Nöte der Welt im Sack mit sich herum. Sein Blick ist trüb wie Novembernebel, seine Wangen sind blaß und hohl, indessen die Miene düster, der Zeigefinger stets mahnend erhoben bleibt. Er liest und liest und liest, vor allem, um das Sonnenlicht zu meiden. Zum Vorbild nimmt er sich Fledermäuse, er träumt vom Aufenthalt in Katakomben, Kirchturmspitzen und höhlenartigen Archiven. Schmuddelige Kinder ekeln ihn. Gerne sieht er sie in weißen Kleidchen im Chor singen oder brav Gedichte aufsagen. In Gemeinschaft schweigt der Ich-lache-nie-Typ vielsagend, es sei denn, er darf belehrend den Ton angeben. Die einzigen Menschen, die ihn verstehen, sind vor 500 Jahren verstorbene Philosophen.

Der »Ich-bin-kein-Spielverderber«-Typ. Tag und Nacht macht er Späße und versteht er Spaß. Reisegruppen bringt er in Schwung, in seinem Büro wird er Betriebsnudel genannt. Solche Leute können sich über sich selbst lustig machen, ihre Stimmung ist positiv, ihre Scherze wirken ulkig. Solche »Ich-bin-kein-Spielverderber«-Typen sagen von sich, das sie jeden Blödsinn mitmachen. Nach Zweck und Ziel eines Unternehmens wird nicht sonderlich gefragt. Gepfiffen wird auf Trübsinn und überzogenen Tiefsinn. Die Freude dieser Männlein und Weiblein an Sonnenschein ist so ehrlich wie ihr Spaß an Regenpfützen. Sie springen mit beiden Füßen hinein, lassen das Wasser nach allen Seiten spritzen und vergnügen sich am meisten, wenn sie selber naß werden. Ihre Kleidung ist farbig. Sie tragen gerne bunte Tücher. Bewegungen und Sprechweise sind lebhaft. Steifes Gebaren liegt ihnen so fern wie die Angst, sich zu blamieren. Sie essen, was auf den Tisch kommt und begrüßen jeden neuen Tag mit blanken Augen wie ein Geschenk. Als Publikum würden Kabarettisten ihnen am liebsten Freikarten schenken.

Der »Was-bin-ich-doch-für-ein-Witzbold«-Typ. Er käme zuallerletzt auf den Gedanken, daß ihn viele Zeitgenossen für humorlos halten könnten. Schallendes Gelächter wäre seine Antwort auf eine diesbezügliche Frage. Im übrigen hat der selbsternannte Witzbold wenig Zeit zum Nachdenken. Pausenlos ist er damit beschäftigt, aus seinem unerschöpflichen Repertoire Witze und Kalauer zum Besten zu geben. Seine Begrüßungsformel lautet: »Kennen Sie den . . .?« Wegen seiner Gedächtnisleistung wird der Witzbold oft beneidet. Stundenlang spult er Witze ab, ohne die Pointen zu vergessen. Daß der Vorrat aus alten Hüten besteht, stört ihn am wenigsten.

Witzbolde tragen ein aufgeräumtes Gebaren zur Schau. Mitmenschen klopfen sie jovial auf die Schulter, Nachbarn boxen sie in die Seite, während sie schnell wie Bananenverkäufer sprechen. Manche tragen gerne glitzernde Uhrketten oder Ringe an etwas zu kurz geratenen Wurstfingern. Mit runden, flinken Kulleraugen sind sie ständig auf der Suche nach neuen Opfern, denen sie ihre Witze auftischen können. Einhalt kann dem Typ nur ein zweiter Witzbold auf der Szene gebieten. Denn ein Witzbold ist des anderen Tod.

Der »Ich-bin-ein-durchschnittlich-Humorbegabter«-Typ. Die meisten Menschen rechnen sich gerne diesem Typ zu. Sie lachen erfreut wie die meisten Zeitgenossen bei entsprechender Lektüre oder vor dem Bildschirm, nicht allzulaut, muffeln aber nicht. Karikaturen in der Zeitung werden mit Genuß betrachtet, gute Witze machen Spaß. Sie achten auf Ausgewogenheit, mahnen den Ernst einer Sache an und verhalten sich schicklich.

Der durchschnittlich Humorbegabte geht nur mäßig zu sich selbst auf Distanz. Geht der Humor ihm unter die Haut oder an den Kragen, reagiert er verstimmt. Er bedient sich gerne der indirekten Methode, der Verfremdung. In Norddeutschland lacht man über die Bayern oder Sachsen, in Süddeutschland werden Ostfriesenwitze erfunden. Satiren aus Israel erklettern in Deutschland Bestsellerlisten, und notfalls verschiebt man die Zeit: Über historische Geschichten darf geschmunzelt werden und über Satiriker und ihre Werke, sobald sie gestorben sind. Einzige Ausnahme ist das Kabarett. Dort bezahlt der durchschnittlich Humorbegabte sogar dafür, einmal über sich selbst lachen zu dürfen. Überwiegend verhält er sich passiv.

Der »schöpferische« Typ. Wie leuchtende Kometen unter den Sternen tauchen humorbegabte, schöpferische Typen auf, die im Alltag auch unter den sogenannten Originalen zu finden sind. Der entscheidende Unterschied zu den Witzeerzählern ist, daß sie nicht bloß nachplappern, was sie von anderen aufgeschnappt haben. Sie erfinden selbst Geschichten oder humoristische Stücke. Das geschieht ebenso professionell wie privat, vor allem absichtslos, jedenfalls so, daß es niemand bemerkt. In ihren Werken, Darstellungen oder als Person vermitteln sie eine Ahnung davon, was weiser Humor allen Menschen bedeuten könnte.

Mit anderen schöpferischen Menschen hat er die Angewiesenheit auf den Ein-Fall gemein. Denn Humor läßt sich letztendlich schöpferisch nicht »machen«, er will reifen. Schöpferische Typen sind an Werken oder an ihrer Lebenshaltung erkenntlich.

Persönlichkeitsmerkmale im Lachen

Menschen lachen nicht nur aus unterschiedlichem Anlaß, sondern auch auf verschiedene Weise. Die Umgangssprache benennt Qualitäten und Nuancen des Lachens. Die Lache kann herzlich, boshaft, spöttisch, gehässig sein, oder statt zu lachen wird geschmunzelt, gekichert oder gegrinst. Psychologen wie A. Zeddies haben versucht, Lach-Arten nach ihrem Vokalwert[4] zu klassifizieren. Der Interessierte mag sich an der einen oder anderen Stelle selber wieder-erkennen. Vielleicht entdeckt er neue Seiten – bei Freund und Feind?

Lachen auf A: Haha. Ihm liegt vitale Lebenskraft zugrunde, Freude und Energie. Eine vorhandene Spannung löst sich offen und ohne Hintertür. Entladung geschieht als dröhnendes Gelächter. Das Lachen auf A gilt als natürlich und unverdeckt. Keine klammheimliche Freude ist im Spiel. Niemand braucht zu befürchten, daß die offensichtlich gezeigte Friedfertigkeit, gleichbedeutend mit Waffenlosigkeit, umschlagen könnte: das entwaffnende Zähnezeigen geschieht ohne Vorbehalt. Beim vollen Lachen werden die betroffenen Körperpartien und Organe aktiviert. Gelacht wird mit dem ganzen Leib. Auf dieses Lachen trifft am weitesten die uralte Erfahrung zu: Lachen ist gesund!

Lachen auf E: Hehe. Die Körpersprache signalisiert einen verschlossenen Mund. Die Lippen werden schmal zusammengehalten, gelegentlich mögen sie verklemmt wirken. Der Lachende wagt nicht, seinen Mund ganz aufzumachen, sei es, daß er ein verkrampfter Typ ist oder Angst vor Anwesenden hat.

Eine abweichende Deutung liegt im Akzent von Herausforderung, der auch sonst im Zuruf »He-He« liegt. Mit »Heee« und »Heieei« werden Pferde und Maulesel angetrieben. Fährschiffer werden an das andere Ufer gerufen. Wer so lachend ruft, verfolgt eine Absicht und möchte etwas erreichen. Von sich indessen gibt er nicht alles preis. Schließlich kann Lachen auf E einen meckernden Ton annehmen. Meckernde Lache wie bei Ziegen kann abfällig wirken.

Lachen auf I: Hihi. Der Zuhörer fühlt sich an die kichernde Hexe im

Märchen *Hänsel und Gretel* erinnert. Schadenfroh freut sie sich auf das kannibalische Mahl. Schadenfreude wird nicht gerne offen gezeigt. Gekichert wird deshalb gerne hinter vorgehaltener Hand. Häufig wird dabei der Vokal I verschluckt. Kichern hört sich dann wie ein Gekrächze an: Chchch.

Jugendliche, Schüler, Backfische und Teenager kichern gerne. Hier kommen beide Deutungen zusammen. Sie finden es komisch, wenn sich einer blamiert und trauen sich nicht, offen heraus zu lachen. Reibt sich einer beim Kichern die Hände, überwiegt die Schadenfreude. Wird im Dunkeln oder Versteck gekichert und getuschelt, dann ist entweder die Pression von außen zu groß oder der eigene Mut zu gering, sich frei zu äußern.

Lachen auf O: Hoho. Film- und Fernsehzuschauern fällt das lachende Hoho Errol Flynns ein. Er stieß es just aus, wenn er als Piratenkapitän unternehmungslustig lachend ansetzte, ein fremdes Schiff zu entern. Bürger mögen auf Hoho lachen, sofern sie Geschichten von Münchhausen oder Jägerlatein aufgetischt bekommen. Signalisiert wird die Herausforderung, die sich mit ungläubigem Staunen verbindet. Etwas Hohn als Untermalung kann durchaus dabei sein. Jedenfalls sind Überraschung und Ungläubigkeit wesentliche Merkmale des Lachens auf O.

Lachen auf U: Huhu. Huhu lacht jemand, der ein Erschrecken ausdrückt. In die Äußerung gehen Abwehr und Angst ein. Man fragt sich, ob noch von Lachen gesprochen werden kann, denn möglicherweise bleibt das Lachen im Halse stecken oder geht in Weinen über. Dergleichen kann angesichts von Horrorszenen in Buch oder Film passieren. Furchterregung und Amüsement mischen sich zu einem paradoxen Vergnügen, das wohlige Schauer über den Rücken jagt, eine Gänsehaut macht. Weit weg von befreiendem, gesunden Lachen ist denn auch das Lachen von Gespenstern höchstderoselbst auf U.

Tonloses Lachen: Das Grinsen. Das Gesicht kann lachend verzogen oder verzerrt werden, ohne daß ein Ton zu hören wäre. Der Betrachter fühlt sich verunsichert, weil er es nicht zu deuten weiß.

Einmal scheint es sich beim Grinsen um ein übertriebenes, verzerrtes Lächeln zu handeln. Dieter E. Zimmer spricht vom »parodierten, übertriebenen Lächeln.« Im Gesicht werden die äußeren Augenwinkel enger zusammengekniffen, der Mund zieht sich schmal in die Breite. Zu diesem Lächeln kann es kommen, wenn es nicht von innen heraus entsteht, sondern berufsmäßig aufgesetzt wird. Verkäufer, Redner, Politiker, Pfarrer und Krankenschwestern sind gehalten, ein Lächeln aufzusetzen, selbst wenn ihnen danach nicht zumute ist.

Als ärgerlich wird freches Grinsen erlebt. Freche Buben oder Schüler grinsen, dreiste Räuber, ein unverschämter Bettler oder ablehnendes, pikiertes Publikum. Gedeutet wird es vorwiegend als Mißachtung und Widerstand. Freilich sollte dabei nicht die Möglichkeit unterschätzt werden, daß es sich um verlegenes Grinsen handeln könnte. Verlegenes Grinsen drückt vor allem die Hilflosigkeit des Grinsenden aus. Es ist gegen niemanden gerichtet.

Bei Unfällen stehen Neugierige verlegen grinsend als Zuschauer herum. Manche würden helfen, wenn sie nur wüßten wie. Verlegen grinst der Mensch, wenn er etwas nicht versteht, in der Schule oder bei einem Vortrag. Ein Witz, dessen Pointe nicht verstanden wird, erzeugt verlegenes Grinsen. Der Gesichtspunkt, daß sich jemand ohnmächtig fühlt und daß ihm nichts Besseres einfällt als zu grinsen, sollte vor Fehleinschätzungen und Verurteilungen bewahren.

Erst können vor ... Vorsicht Spielverderber!

Manche Menschen können trotz allem nicht lachen, nicht einmal lächeln oder grinsen. Sie haben sich keineswegs »kaputt gelacht«, sondern sie sind gehemmt oder sie weigern sich – handelt es sich zweifelsfrei um die gefürchteten »Spielverderber«? Man kennt das ja aus eigener Erfahrung. Ein Einziger genügt, um die ganze Gesellschaft platzen zu lassen, der Spaß ist aus, eisiges Schweigen breitet sich im Büro aus. Es lohnt sich, einmal genau hinzusehen und sorgfältig zu unterscheiden. Schließlich möchte jeder seinen Mitmenschen gerecht werden – und um die echten Spielverderber rechtzeitig einen möglichst großen Bogen schlagen.

Schüchterne haben allgemein Schwierigkeiten, ihr Fühlen, Befinden und Empfinden nach außen zu kehren. Sie beteiligen sich kaum an Gesprächen. Betreten sie Räume, streben sie auf geschützte Ecken zu. Zwischen sich und andere Menschen schieben sie am liebsten einen Tisch. Ihre Gesten sind scheu, gesprochene Worte verwehen leise. In der Öffentlichkeit lächeln sie wehmütig, allenfalls schmunzeln sie vor sich hin oder lachen still in sich hinein.

Schüchternheit kann erworben sein. Manch einer hat traumatische Erlebnisse hinter sich. Andere wurden in ihrer Kindheit gehänselt oder wegen irgendwelcher Schwächen ausgelacht. Es wäre gut ihnen zu helfen, ihre Schüchternheit humorvoll zu verarbeiten und abzubauen. Um so mehr, als jeder einmal in die Lage kommen kann, eingeschüchtert zu werden. Als Neuer in einem Verein, Gremium oder Betrieb weiß man anfangs nicht, worüber gelacht werden darf und worüber nicht. Immer und überall gibt es »Heilige Kühe« und Tabus, über die nicht gelästert oder gelacht werden darf.

Vielfach möchten Menschen lachen, aber sie getrauen sich nicht. Vor allem dann nicht, wenn der Chef dabei ist, ein Vorgesetzter oder die personifizierte Obrigkeit. Manchmal genügt statt dessen auch ein Symbol, die Fahne, ein Bild oder der Chefsessel. Schüchternheit entpuppt sich in dieser Zwangslage als Klugheit, denn wer »unten« ist, lacht nicht über »die da oben«. Sind alle anwesend, wird auffallend hierarchisch gelacht, zuerst lacht der Chef, dann sein Stellvertreter und so fort. Die soziale Rang- und Hackordnung schlägt bis zum Lachen durch, leider. Sollte man besser heulen? Oder liegt der Witz der Situation darin, daß wer zuletzt lacht...?

Gelangweilte laufen Gefahr, für humorlos angesehen zu werden. Ihnen geschieht recht, falls sie ihr ungeselliges Verhalten absichtlich pflegen und zur Schau stellen. Unberührt bleiben davon Leute mit depressiven Grundstimmungen, chronischen Gemütsschäden oder neurotischen Störungen. Sie verdienen Hilfe und Mitgefühl.

Dem gesunden »normalen« Gelangweilten aber geht die Freude am Spaß ab. Er amüsiert sich ungern und verzieht höchstens ärgerlich sein Gesicht, wenn andere lachen und sich köstlich unterhalten. So beteiligt er sich denn auch nicht gerne an Spielen. Was nicht der Erörterung von Problemen dient, hält er für Zeitverschwendung. Dahinter kann eine Persönlichkeitsstruktur stehen, die auf das von Sigmund Freud so genannte Über-Ich fixiert ist. Das Ego wird zu ernst genommen und nicht vom Denkmal heruntergeholt, an dessen Sockel zu Lebzeiten unablässig gebastelt wird. Die Langeweile entspringt dann der Frustration, hindert das Lachen der Umgebung doch an der würdevollen Selbstdarstellung und Selbstbeweihräucherung. Eine Variante stellen die selbsternannten Beladenen dar. Gleichsam wie weiland Atlas stemmen sie die Weltverantwortung allein auf ihre Schultern. Lassen sie eine Sekunde in ihrer unmenschlich-übermenschlichen Anstrengung nach, bricht nach ihrer Überzeugung auf der Stelle das Universum zusammen.

Verächter des Humors und Lachens könnten zwar, aber sie wollen nicht. Meredith charakterisierte sie so: »Es gibt in dieser Welt Menschen, die man ›Agelasten‹ nennen könnte, das heißt: Nicht-Lacher. Der alte graue Felsblock, der seine Wanderung vom Berg ins Tal beendet hat, rollt eher wieder hinauf, als daß diese Menschen lachen. Es ist nur ein Schritt vom Agelasten zum Misolasten, und die das

Lachen hassende Person gibt ihrem Mißfallen sehr bald die Würde einer moralischen Entrüstung.«[5] Die Bezeichnung geht übrigens auf Philipp, den Sohn des christlichen Kaisers Philipps des Arabers zurück. Seine Zeitgenossen gaben ihm den Namen Agelastos, überliefert als Philipp ohne Lachen.

Den asketischen oder puritanischen Verächtern von Humor und Lachen überlassen wir es selbst, sich angemessen einzuordnen. Sie mögen unter sich über die Tatsache meditieren, daß einem Menschen kaum größerer Schimpf angetan werden kann, als ihn humorlos zu heißen.

Opfer mißbrauchten Humors liegen uns mehr am Herzen. Sie sind die einzigen, die Verständnis und Parteinahme verdienen. Sie können nicht *mit*lachen, weil *über* sie gelacht wird. Abscheulich ist gesellschaftlich geförderter und geduldeter Spott, der sich Schwache, Ausgestoßene oder Außenseiter zur Zielscheibe wählt. In der Antike und im Mittelalter gab es allzuviele Beispiele dafür, wie Geisteskranke und Krüppel dem öffentlichen Spott preisgegeben wurden. Bevorzugt wurde ebenfalls bei öffentlichen Hinrichtungen und Hexenverbrennungen gespottet. René Descartes äußerte sich zum Spott über entstellte Menschen: »Spott und Verachtung sind eine Art von Freude, die mit Haß vermischt ist und die aufkommt, wenn wir ein kleines Übel bei einer Person entdecken, die es unserer Meinung nach verdient.«

Böser Spott fällt auf die Spötter zurück. Sie übertragen ihre moralischen Mängel auf Mitmenschen. Ihre Ängste und Aggressionen können sie nicht verarbeiten. Trotz anderslautender Lippenbekenntnisse haben sie alle Hoffnung fahren lassen und damit die Hoffnung auf heilsamen Humor.

Entwaffnendes Zähnezeigen

Lacht der Hai, wenn er mit entblößten, scharfen Zähnen auf seine Beute zuschießt? Wer lacht am meisten beim Affenkäfig im Tiergarten, die da draußen oder die da drinnen?

Was die Entstehung von Lachen und Lächeln betrifft, werden weithin die Erklärungen des niederländischen Physiologen und Primatenforschers J. A. R. A. M. van Hooff von 1972 akzeptiert. Van Hooff identifizierte als älteste Vorform des Lächelns das »vokalisierte Zahnentblößungs-Display«.[6] Es tritt bei den meisten Säugetieren auf. In bedrohlicher Situation legen sie sich diesen Gesichtsausdruck zu, wenn sie fliehen möchten, aber nicht können. Bei höheren Primaten treten Signale für Frustration und Erregung hinzu, freilich zum Ausdruck von Unterwerfung, Zuneigung und Beruhigung hin.

Den wohlerzogenen Menschen mag überraschen, daß Zähnezeigen, es handelt sich immerhin um Waffen, Friedfertigkeit bezeugen soll. Jedoch, wer seine Waffen offen vorzeigt, bekundet zugleich, daß er sie nicht einsetzen möchte. Diese Bedeutungsbeimessung ist im Laufe der Entwicklung bei verschiedenen Arten vorherrschend geworden.

Dem Lachen wird auch eine weitere Wurzel zugeschrieben. Es gehe aus dem »Spielgesicht« hervor, bei höheren Primaten auch »entspanntes Mundoffen-Display« genannt. Der Mund bleibt offen, Bewegungen von Augen und Körper sind gelassen. Es wird deutlicher, stoßhafter geatmet, mitunter von Vokalen begleitet. Auch bei Kindern tritt Lachen bei heftigem und bewegtem Spiel auf. Der Verhaltensforscher Irenäus Eibl-Eibesfeldt verfolgt den Ursprung des Lachens weit zurück. Im Zähneblecken sei auch das Hassen gegenwärtig, Angst und Beruhigung, Drohung und Defension treten gemeinsam auf. So betrachtet meint das Spielgesicht gemeisterte Gefahr. Möglicherweise haben wir Menschen es den Neugeborenen zu verdanken, daß Lächeln als Ausdruck für Friedfertigkeit gilt. Sie besitzen nicht einmal Milchzähne und sind somit vor Mißdeutung gefeit. Jedenfalls wird der lächelnde Reisende oder Fremde nirgendwo mißverstanden. Auf dem Erdenrund ist Lächeln universal.

In der ontogenetischen Entwicklung des Individuums erscheint das Lächeln zwölf Stunden nach der Geburt. Der Mund wird leicht verzogen, später tritt das typische Zusammenziehen der äußeren Augenwinkel hinzu. Zwischen zwei und fünf Wochen wird das Lächeln breiter und verteilt sich über das ganze Gesicht.

Zum Auslöser wird nach der Stimme das Gesicht. Bei experimentell vorgehaltenen Gesichtsattrappen kommt es auf zwei augenähnliche Punkte an. Nach sieben Monaten etwa ist das Lächeln zum wichtigsten Bindeglied zwischen Mutter und Kind geworden. Fremde Gesichter können erschrecken, sogar wohlmeinende Patentanten.

Lächeln ist angeboren und auf bestimmte Auslösereize angelegt. Darüber hinaus wird ein wohlig beruhigendes Gefühl verbreitet, wenn jemand angelächelt wird. Vom Lächeln zum Lachen gibt es stufenlose Übergänge, es ist eigentlich ein »kleines Lachen«. Vielfach hängt die Stärke des Lachens von äußeren Rahmenbedingungen und Umständen ab. Versteckt wird sich »ins Fäustchen lachen« (*Jesus Sirach* 12,19), wer Arges dabei denkt. Teuflisches Gelächter verheißt schwerlich

Gutes. Nachdenklich stimmt, daß lautes, freies Lachen weithin als gesellschaftlich unfein gilt. Spielen da Hintergedanken eine Rolle, Trümpfe oder Blößen, die man lieber nicht aufdecken möchte?

Ziehen wir aus der Primaten- und Verhaltensforschung eine Lehre, dann sollten uns die Zeitgenossen die liebsten sein, die uns frei und offen entgegenlachen und dabei die Zähne zeigen. Vorsicht bleibt geboten beim Lächeln hinter vorgehaltener Hand. Berühmte Maler haben ihre lächelnden, fröhlichen Engel mit leicht geöffnetem Mund dargestellt. Menschen freilich müssen mit dem Risiko des Mißbrauchs leben. Frage an Radio Eriwan: »Als Willy Brandt noch Regierender Bürgermeister von Berlin war, hat ihm Albert Schweitzer aus Lambarene einen Elefantenzahn geschickt mit dem Hinweis, daß der Bürgermeister von Berlin Zähne zeigen müsse. Inzwischen ist Brandt der Friedensnobelpreis verliehen worden. Darf er noch die Zähne zeigen?« Radio Eriwan antwortet: »Im Prinzip ja. Er muß es eben machen wie seine Gegner, die die Zähne zeigen, indem sie lächeln.«[7]

Clowns lachen selten

Heinz Rühmann singt in einem Chanson den Refrain: »... nur der Clown lacht nicht.« Auf den ersten Blick überrascht diese Behauptung. Laufen Clowns nicht lustig angemalt und bunt angezogen in Zirkusarenen oder auf Bühnen herum? Ist ihr groß geschminkter Mund nicht zu einem breiten Lachen verzogen? Tolpatschig komisch stolpern sie über ihre viel zu weiten Schuhe und lachen laut an scheinbar unpassenden Stellen. Bei näherem Zusehen entdeckt der Zuschauer hinter der fröhlichen Maske meist große, traurige Augen, aus denen nicht selten übergroße Tränen quellen. Der lustige Mund verzieht sich schmerzhaft, und die Figur krümmt sich traurig angesichts des Mißgeschicks, das ihr durch Komparsen oder die Tücke des Objekts widerfährt. Ja, der Clown lacht selten.

Erich Kästner verweist in seiner Studie über das Lachen mit Recht darauf, daß der Clown in erster Linie Menschen klar machen möchte, daß sie zum Lachen geschaffen sind. Weil diese Fähigkeit so sehr verschüttet und verkümmert ist, weiß er sich nicht anders zu helfen, als zu ungewöhnlichen Mitteln zu greifen.

Die berühmteste Schocktherapie erfand Buster Keaton. Er lachte nie. Die Zuschauer empfanden es urkomisch, daß jemand ein Mensch war wie sie und gleichwohl nicht lachen konnte. Sie wollten sich darüber ausschütten vor Lachen. Buster Keaton hatte nichts anderes gemacht als einem uralten Muster von Humor erneut zum Durchbruch zu verhelfen: dem Kontrast. Indem er selbst nicht lachte, machte er sein Publikum lachen. Die Menschen sollten sich dabei selbst entdecken, zu ihrem unverstellten Wesen zurückfinden. Im Alltag kann jedermann eine ähnliche Erfahrung machen. Erzählt einer Witze und lacht dabei selber am meisten, macht er sich lächerlich und erzielt die gegenteilige Wirkung.

Buster Keaton und all die anderen großen Clowns sind Weise. Die Feststellung überrascht nicht mehr. Sie nehmen das Weinen, das im Lachen steckt, auf sich. Sie verzweifeln und verzagen in vertrackten Situationen, statt darüber einfach zu lachen. Ihre Zuschauer empfinden dies als unmögliche, Menschen nicht gemäße Bewältigung von Schwierigkeiten, als eben komisch – und lachen.

Verzweifelte Ernsthaftigkeit bringt also zum Lachen. Sie entlarvt sich als der menschlichen Natur und Lebensaufgabe nicht gemäß. Sie wird unmenschlich. Der Übergang zum »tierischen« Ernst ist erreicht. Humor klammert das Weinen nicht aus, sondern überwindet es. Menschliche Unzulänglichkeit, vertrackte Situationen, Versagen und Verzagen sind nicht das letzte Wort. Eine treffendere Beschreibung für die aus der Tiefe kommende Lebenshaltung als »Tränen gelacht« gibt es kaum: In der antiken Sage nimmt Andromache »unter Tränen lächelnd« aus den Armen des scheidenden Hektor ihren kleinen Sohn entgegen.

Menschen gingen aber fehl, würden sie Clowns einfach nachahmen wollen. Nicht allen würde es dazu an Weisheit und Humor ermangeln. Jedoch dürften sie ihn, aus professionellen Gründen, eben nicht vorzeigen. Käme hingegen einer auf die Idee, sein Lachen wie Clowns zu verstecken, ohne ihren Humor zu haben, hätte er gute Aussicht, für einen falschen Clown gehalten zu werden. In verbiesterter Ernsthaftigkeit ginge ihm die Fähigkeit ab, unter Tränen zu lachen: Solche besitzen keinen Humor.

Vorbilder geben Humoristen allemal ab. Charlie Chaplin, der geniale Clown mit Witz und Humor sagte: »Um dieses Leben ertragen zu können, muß man Clown sein.« Wenigstens ein bißchen davon ist jedem Zeitgenossen zu gönnen. Und Albrecht Goes schreibt in einer Würdigung von Johann Peter Hebel, dem Autor des *Hausfreundes* und zahlreicher humorvoller Geschichten: »Das Schwerste ist das Leichte, eben dieses: Lächeln im Ernst.«[8]

Last zur Lust machen

Arbeit und Berufsausübung machen einen wesentlichen Teil menschlichen Daseins aus. Darum ist es natürlich, daß eine große Anzahl berufsbezogener Witze, Kurzgeschichten und Anekdoten überliefert ist. Und wie neue Berufe entstehen, so breiten sich neue Witze aus, beispielsweise Computerwitze oder Astronautenwitze. Was bedeutet es psychologisch, unter der Last und Bürde von Arbeit Witz zu haben und Humor an den Tag zu legen?

Eine Unterscheidung läßt sich zwischen Witzen von Berufsangehörigen und Draußenstehenden treffen. Insiderwitze werden von Mitgliedern bestimmter Berufsgruppen selbst erfunden und weitererzählt. Nur sie kennen die Binnensicht ihres Berufes, den Rahmen und die Details ihrer Tätigkeiten. Feinheiten und Pointen versteht oft nur, wer Bescheid weiß. In geschlossenen Kreisen kursieren die geschliffensten Witze. Ärzte, Pfarrer, Lehrer, Politiker und Richter langen fester zu, wenn keine fremden Ohren in der Nähe sind.

Berufsbezogene Witze kommen der weitverbreiteten Neigung arbeitender Menschen entgegen, auch nach Feierabend noch vom Arbeitsalltag zu sprechen. Abgeschaltet oder umgeschaltet wird seltener als angenommen. Unter Kollegen wird in fast allen Berufszweigen selbst in der Freizeit gefachsimpelt. Der eingestreute Berufswitz entspannt und entkrampft. Aus der Distanz erscheinen Fehler nicht mehr so folgenschwer, die aufgewendete Mühe nimmt sich leichter aus, die Last drückt weniger. Der Witz fördert zudem die Geselligkeit, den Zusammenhalt und die Gemeinschaft in der Gruppe. Mitbetroffenheit erlaubt freies, befreiendes Mitlachen.

Von Externen, Outsidern kolportierte Berufswitze geraten leicht in die Gefahr, Klischees festzuschreiben und Vorurteile zu verbreiten. Sie sind vielfach selektiv, entbehren der Ausgewogenheit und Treffsicherheit mangels Insiderkenntnissen. Die Folge ist schablonenhafte Wiedergabe, die bald langweilt: Matrosenwitze kreisen beharrlich um Sex, Ärzte scheinen keine andere Sorge zu haben, als ihre Patienten unter die Erde zu bringen. Ist das Muster erst einmal bekannt, tritt kaum ein Überraschungseffekt ein.

Witze über Berufe und von Berufenen schlagen indessen auch Brücken. Je mehr Menschen Arbeit und Tätigkeiten voneinander kennen, desto eher können sie einander verstehen. Der Blick hinter den Vorhang macht's möglich. Jedermann kann erfahren und hören, wie es drinnen aussieht. Außenstehende erfahren so viel über Denkungs- und Lebensart. Angehörige erkennen, daß Arbeit und Beruf, Erfolge und Mißerfolge nicht das ganze Leben ausmachen. Und selbst, wer bloß Arbeit und Pflicht kennt, ist auf Lust an der Last angewiesen, will er von ihr nicht erdrückt werden.

Humor rund um Beruf, Stand und soziale Prägungen lüftet mithin eine Anzahl Geheimnisse, baut Befremdlichkeit ab. Es tritt zutage, wer die Menschen sind, die den Beruf ausüben, wie sie denken, leiden, woran sie sich erfreuen und wie sie Bürden und Probleme innerlich verarbeiten. Menschlich-Allzumenschliches wird kompensiert, wo bei der Arbeit ein humorvoller Geist waltet.

Zum Exempel seien Uniformträger herausgegriffen, Soldaten, Polizisten, Beamte. Sie haben das dringende Bedürfnis, spezifisches Rollenverhalten auf die menschliche Ebene zurückzuführen. Der vorübergehend Höhere wird seiner Uniformen und Machtinsignien entkleidet. Nackt im Geist gewissermaßen ist niemand mehr, als er ist. Letztendlich alle gleich zu wissen, öffnet angestauten Aggressionen ein Ventil. Zu erkennen, daß alle nur Menschen sind, solidarisiert und stimmt versöhnlich. Um vermeintliche Dummheit geht es dabei allenfalls vordergründig: Der Feldwebel fragt den Rekruten: »Was sind Sie?« »Kalkulator, Herr Feldwebel.« Der gerät in Rage: »Erstens heißt es Kalkutta. Zweitens habe ich nicht gefragt, woher Sie kommen, sondern was Sie sind!«

Unterlegene können im sozialen Zusammenleben humorvoll die Ordnung von Gleichen unter Gleichen wiederherstellen. Aus dem König Gast wird durch schlagfertigen Witz der Mitmensch, vor dem sich die Bedienung auch bei der Berufsausübung nicht zu ducken braucht: Ein Gast schlägt mit der Faust auf den Tisch und beschwert sich lauthals über eine Fliege im Bier. Der Kellner zieht verwundert die Augenbrauen in die Höhe. »Das macht Sie so wütend? Was kann so ein kleines Tierchen schon wegtrinken!«

Berufs- und Standeswitze können eine Schutzfunktion übernehmen. Wie erwähnt, macht es einen Unterschied, ob Witze *über* Angehörige einer Berufsgruppe oder *von* ihnen gemacht werden. Gerade weil so viele Klischees und Vorurteile im Umlauf sind, fördert der Rollentausch, der Wechsel oben–unten, von Macht–Ohnmacht das gegenseitige Verstehen. Zwischen Verlierer und Sieger gibt es schlußendlich keinen Unterschied mehr. Beide haben gut lachen.

Ein Animiermädchen wird vom Arzt aufgefordert, sich zu entkleiden. Die Entrüstung ist groß: »Herr Doktor, wie soll ich das verstehen? Ich bin krank und Sie? Sie denken nur ans Vergnügen!«

Der Arzt entdeckt ein Skelett in seinem Wartezimmer: »Sie kommen reichlich spät, mein Lieber.«

Lachen in Beruf und Arbeit

Berufs-, Standes- und Sozialwitze gestatten Rückschlüsse auf Erzähler und Zuhörer. Es wird signalisiert, was sie bewegt, bekümmert und interessiert. Immer steckt das persönliche Selbstverständnis des Berufes im Insiderhumor drin, wird die Art und Weise der Identifikation mit der Tätigkeit beschrieben. Die Außenseiter geben Informationslücken, auch Neidgefühle oder Befürchtungen zu erkennen. Projektionen und Übertragungen spiegeln sich. Deutlich wird, welchen Belastungen ein Sozialstand durch gesellschaftliches Ansehen ausgesetzt sein kann, wenn sich Spott über Studenten oder Stadtstreicher ergießt. Soziale Situationen und berufliche Strukturen werden auf ihre Substanz abgeklopft, sei es bei humorvollen Geschichten zwischen Chef und Sekretärin oder Schalterbeamten und Bürgern. Humor über Berufe und Arbeit sendet eine Fülle von Signalen aus, die viel über die Menschen aussagen. Können Outsider und Insider in ein herzhaftes Lachen einstimmen, ist ein gutes Stück Gemeinsamkeit hergestellt. Ein hoher Grad von innerer und äußerer Befreiung ist erreicht. Zwänge, Druck, Belastungen und Diskriminierungen verlieren an Schrecken. Am Beispiel verschiedener Berufssparten läßt sich das leicht nachvollziehen und ausprobieren.

Winzer, Weingärtner, Wengerter. Leben und Wein dienten schon immer der wechselseitigen Beschreibung. Im *Neuen Testament* wird am Gleichnis von den Arbeitern im Weinberg die Gerechtigkeit Gottes aus Güte dargelegt. Carl Zuckmayer schöpfte im *Fröhlichen Weinberg* voll aus dem Leben und Lachen der Menschen seiner Heimat. Weinbauern sind gewissermaßen von Natur und Geburt geschaffen, Wein, Geist und Leben mit Humor zu verbinden. Stellvertretend für die ganze Zunft sollen die Tübinger Gogen[9] zu Wort kommen. Witz und Humor dieser einfachen Weinbauern gelten als besonders deftig, rauh und offen bis zur Ehrfurchtslosigkeit. Besonders liebevoll nahmen sie die ihnen benachbarten Professoren aufs Korn: Ein Gog ist gestorben, steht am Himmelstor und lacht ununterbrochen. Petrus erkundigt sich, was es hier zu lachen gebe? Der Gog deutet zur Erde hinab und sagt: »Ha, guck doch nonder in d' Klinik. Der Bachel vo Professor operiert mi immer no.« Bachel meint so etwas wie einen simplen, einfältigen, ungeschickten Menschen. Mit einem Schlage wird das Gefälle zwischen Akademiker und ungebildetem Weinbauern wieder zurechtgerückt. Jeder hat seine Kompetenz, und jeder kann irren. Aus der himmlischen Perspektive sind alle Menschen wieder gleich, Unterschiede auf der Erde können zur Lächerlichkeit geraten. Modern gesprochen könnte man auch sagen, daß Lebensklugheit über Fachidiotentum triumphiert.

Beruf und örtliches Kolorit gehen eine Ehe ein, sie verschmelzen zu einer unverwechselbaren Einheit. Empfindungen und Gefühle drücken sich in der Sprache aus, die sich im übrigen auf knappste Formen reduziert: Ein indirektes Symptom dafür, daß die Arbeit von Weinbauern hart ist und den langen Tag in Anspruch nimmt. Da bleibt nicht viel Zeit für wortreiche Konversation: Ein Gog verunglückt tödlich. Seine Freunde wissen nicht, wie sie es seiner Frau beibringen sollen. Schließlich erklärt sich der Karle bereit, die schwere Aufgabe auf sich zu nehmen. Er geht zum Hause des Toten, läutet und fragt, als dessen Frau zum Fenster herausschaut: »Grüaß Gott, send Se d' Witwe vom Paule?« »Sei Frau ben i, aber koi Witwe.« »Wetta, daß?«

Allgemein wird den Gebildeten Sprachmächtigkeit zugesprochen. Sie verfügen über einen großen Wortschatz und verstehen sich gewandt auszudrücken. Allzuoft werden weniger Sprachgewandte für dumm gehalten oder verkauft. Besonders dann, wenn es bei ihnen in Beruf und Arbeit nicht auf sprachliches Ausdrucksvermögen ankommt. Um so größer die kontrastreiche Wirkung, wenn ein anscheinend am Sprechen gehinderter Mensch mit Wörtern spielt wie ein in der Semantik bewanderter Forscher: Sternhagelvoll torkelt ein Gog durch die Gassen, stürzt schließlich. Ein vorbeikommender Professor beugt sich hilfsbereit über den Gestrauchelten und fragt besorgt: »Haben Sie etwas gebrochen?« »Noi, no et, aber des kommt glei . . .«

So besehen bedarf es eigentlich keines weiteren Beweises mehr, daß berufliche Tätigkeiten Menschen nur äußerlich voneinander unterscheiden und manchmal trennen. Menschliche Qualitäten können alle ohne Standesunterschiede entwickeln. Prägungen der Sprache und des Ausdrucks durch Beruf und Arbeit sollten nicht zu Mißdeutungen oder Überheblichkeiten verleiten. Was vielfach als Einfalt und Primitivität gedeutet wird, könnte durchaus gleichbedeutend sein mit dem, was in der Analyse von Denken als Umstrukturierung und Wechsel des Bezugsrahmens verhandelt wird: Ein Gog kommt völlig betrunken nach Hause und begrüßt seine Frau mit den Worten: »Breng mr schnell en Kübl, i muaß kotza.« Die Gute beeilt sich und bringt das Gewünschte, jedoch der Gog: »Breng mr liaber a frische Hos, i han omdisponiert.«

Theologen, Priester, Pfarrer, Klerus, Gottes Bodenpersonal. Nur auf den ersten Blick scheint es verwunderlich, daß klerikale Witze zu den brillantesten gehören.[10] Dafür gibt es berufliche Gründe. Wer mit der Unzulänglichkeit des Menschen angesichts hoher Glaubensanforderungen zu tun hat, der spürt täglich die Diskrepanz. Der Kontrast zwischen Bevollmächtigung und eigener Allzumenschlichkeit drängt nach Entladung und Entspannung: »Warum will Ihr Sohn ausgerechnet Theologie studieren?« fragt ein Kirchenoberer. Darauf der Vater: »Aber er ist doch so fromm.« »Mag sein«, lautet die Antwort, »aber damit wird man nicht Pfarrer, sondern Heiliger.« Vorwiegend Insiderwitze geben Einblick in das Seelenleben von Geistlichen. Das macht sie sympathisch und menschlich. Immer wieder wird deutlich, welche Schwierigkeiten es macht, Glaubensaussagen in Sprache auszudrükken, die sich aus weltlichem Leben ableitet. Komisch wirkende Vieldeutigkeiten können da nicht ausbleiben: Bei einer Visitation besichtigt ein Bischof auch die Kellerräume eines Pfarrhauses. Mit Befremden bemerkt er Berge von leeren Weinflaschen, die dort aufgestapelt sind. »Hier liegen aber sehr viele Leichen«, verwies er den Pfarrer. »Keine Sorge, Euer Exzellenz. Keine ist ohne geistlichen Beistand gestorben.« Oder: »Sehen Sie, Hochwürden«, sagt ein Rauchfangkehrer im Bayrischen zum Pfarrer, »genau besehen sind wir doch alle beide Schwarze.« Wie aus der Pistole geschossen kommt es zurück: »Das schon, aber ich bin ein Gweihter und du bist a Gselchter!«

In einem solchen, anspruchsvollen Beruf bleibt es nicht aus, daß geistliche und profane Welt ins Gehege kommen, geistliche Rolle und menschliches Verhalten. Die Verschiebung jeweils in eine andere Situation und unterschiedliche Verwendungszusammenhänge ergeben den komischen Kontrast. Das macht Spaß und Lachen, zeigt aber auch zugleich, in welche Schwierigkeiten sich Geistliche täglich gestellt sehen, die Glaubensaussagen in die Sprache des Alltags übersetzen müssen. Berühmte Prediger haben es übrigens mit Humor weiter darin gebracht als mit verbiestertem Ernst. Aber aller Anfang ist auch in diesem Beruf schwer: In einer Predigt wettert vor jungen Burschen der Vikar gegen oberflächliche Liebschaften: »Ihr schaut nur aufs Äußere, auf feine Kleidchen. Ihr müßt auch sehen, was darunter ist!« Und manch einer vergißt, daß er lebendige Menschen vor sich hat und endigt womöglich beim Nervenarzt: Ein Psychiater untersucht einen Prediger und fragt ihn unter anderem: »Reden Sie im Schlaf?« »Nein,« antwortet der Prediger, »ich rede nur, wenn andere schlafen.« Wie tröstlich, daß es der Herr den Seinen auch im Schlaf gibt. Weshalb womöglich auch solche Prediger mit ihrem Beruf Frieden schließen können.

Ärzte, Mediziner, Pillendreher, Psychiater, Patienten. Mit Gesundheit, Leben und Tod ist nicht zu spaßen – glaubt manch einer. Die Menschen haben es gerne umgekehrt. Die Zahl der Medizinerwitze ist Legion. Gibt es dafür psychologische Erklärungen? Oft drücken Witze rund um die Medizin einfach die Erleichterung darüber aus, Gevatter Hein noch einmal von der Schippe gesprungen zu sein. Auch werden medizinische Halbgötter in Weiß mit Vorliebe vermenschlicht – wozu die meisten übrigens selbst witzige Beiträge leisten. Nicht zu vergessen die Patienten, die echten, die eingebildeten Kranken, die ungeduldigen, die hypochondrischen, die mutlosen . . . sie alle spüren, daß sie Humor brauchen zum Weitermachen, zum Weiterleben. Sogenannte »Medizinerwitze« arbeiten die Rolle von Ärzten und Patienten auf, entlasten und entkrampfen die zwischenmenschliche Beziehung: Patientin: »Hören Sie, Doktor, Sie haben mich zwei Minuten mit rausgestreckter Zunge stehen lassen!« Arzt: »Na und? Ich wollte ungestört mein Rezept schreiben.« Angesichts der riesengroßen Unterschiede – hie Fachkompetenz, dort Laienhaftigkeit – und angesichts des Gefühls der Angewiesenheit, wenn nicht des Ausgeliefertseins, tut es wohl, wie ganz normale Menschen empfinden und sprechen zu können: »Sie betrügen Ihre Frau?« erkundigt sich der Psychiater. »Wen sonst?« antwortet der Patient. Gut zu wissen ist, daß Ärzte wie ganz normale Menschen reagieren: Eine Frau begleitet ihren Mann zum Psychiater: »Sein Riesenvermögen macht ihn ganz verrückt, Herr Doktor.« »Das werde ich bald haben«, erwidert er kühl. Das Verhältnis zwischen Arzt und Patient ist entscheidend vom gegenseitigen Vertrauen bestimmt. Immer wieder gilt es probierhaft auszuloten, inwieweit es angebracht ist und wo es seine Grenzen hat, wo Erwartungen zu hoch oder zu niedrig angesetzt sind. Nichts eignet sich zur eigenen Vergewisserung mehr als die humorvolle Gedankenspielerei mit ernstem Hintergrund: Eine Witwe wird gefragt, welcher Arzt den Verstorbenen behandelt habe. »Keiner«, antwortet die Witwe, »er ist von ganz alleine gestorben.« Es kommt nicht nur auf die objektive Leistungsfähigkeit des Arztes an, sondern auch auf die subjektive Einschätzung derselben durch den Patienten: »Möchtest du auch einmal Arzt werden?« fragt der

Schularzt den Buben während der Untersuchung. »Ausgeschlossen«, antwortet die Mutter, »er kann nicht einmal einer Fliege etwas zuleide tun.« Auch Ärzte brauchen Verständnis und Mitgefühl ihrer Patienten. Es fällt nicht unter das Arztgeheimnis bekanntzumachen, daß Ärzte ständig von Zweifeln geplagt sind, ob ihre Diagnose richtig war: »Ich bin ratlos«, gesteht der Arzt seinem Patienten, »seit vierzehn Tagen behandle ich Sie gegen Gelbsucht. Sie sind so gelb wie am ersten Tag.« »Ich bitte um Entschuldigung. Habe ich Ihnen nicht gesagt, daß ich Chinese bin?«

Manager, Direktoren, Kaufleute, Büroangestellte. Arbeit kann unversehens zu Streß ausarten. In der Hitze der Geschäfte kommen leicht Rollenverwechslungen vor. Besonders was Ehefrauen und Sekretärinnen betrifft. Allgemeiner aber übernehmen Humor und Witz die Funktion eines Schmiermittels im grauen Alltagsgetriebe. Verdruß und Verärgerung werden abgebaut, Konflikte gelöst. Es gibt keine bessere, seelische Lockerungsübung als das Lachen. Im Scherz kann einem allgewaltigen Chef die Wahrheit unter die Nase gerieben werden. Vielleicht gewöhnt er sich eine andere Tonart an: Ein Besucher fragt die Chefsekretärin, wer im Nebenzimmer so brülle? »Unser Direktor spricht mit Hamburg.« »Kann er nicht das Telefon benützen?«

Es kann gar nicht ausbleiben, daß in Betrieb, Büro, am Arbeitsplatz die Beziehungen zwischen den Geschlechtern immer wieder neu durchdiskutiert und ausprobiert werden. Daran könnte auch eine völlige Gleichschaltung am Arbeitsplatz nichts ändern, wenn alle gleicher als gleich wären. Im Witz enthüllt sich, wie sehr dieses Problem am Arbeitsplatz beschäftigt: Ein Einkäufer bat die attraktive Sekretärin, ihm zu verraten, wie sie ihre Gehaltserhöhung beim Chef durchgesetzt habe. «Das kann ich Ihnen schon sagen«, erwiderte sie, »aber Ihnen wird das nichts nützen.« Im Gedanken-Spiel ist die Ehefrau stets gegenwärtig: Der Abteilungsleiter jammert: »Meine Frau wollte mich küssen und ist jetzt böse.« »Warum?« »Ich habe gesagt: ›Erst nach dem Diktat.‹«

Ein anderer Komplex von Arbeits- und Berufswitzen greift die hierarchischen Strukturen auf. Was könnte näher liegen als Druck, Abhängigkeiten, Ohnmachtsgefühle humorvoll aufzugreifen, zu verarbeiten und vielleicht gar einer versöhnlichen Veränderung zuzuführen? Einsicht ist der erste Schritt zur Verhaltensänderung: Der Vorgesetzte erzählt Witze. Die Angestellten wiehern und halten sich die Bäuche vor Lachen. Nur einer verzieht keine Miene. Der Vorgesetzte gönnerhaft: »Schon bessere gehört, was?« »Nein, schon gekündigt.«

Wo die Herkunft Spaß bringt

Wer sich und seine Mitmenschen besser kennenlernen und verstehen will, ist gut beraten, sich um sein und ihr Herkommen zu kümmern. Jeder Mensch hat seine lokalen, regionalen und landschaftsbezogenen Wurzeln, er unterscheidet sich von anderen durch seine Prägungen und Identifikationen.

Ethnische Wurzeln und Lokalkolorit

Im Sinne verfeinerter Menschenkenntnis ist aufschlußreich, wie der Einzelne damit umgeht. So gibt es den geborenen Kölner, Schwaben oder Mecklenburger, der überall und bis zum letzten Atemzug nach außen kundtut, was seine wesenhafte Art zu denken, zu fühlen und zu sprechen sei. Andere wiederum verleugnen ihre Herkunft, weil sie vielleicht nicht als provinziell eingestuft werden möchten.

Die Identifikation nach Zuzug, weniger nach Geburt, wurde seit je von unzähligen Wahlberlinern vorexerziert. Das Bekenntnis eines ehemaligen Schlesiers oder Hessen, ein Berliner geworden zu sein, sagt eine Menge über seine Bedürfnisse, über Lebensstil und Verhaltensweisen aus. Tatsächlich ist vielfach versucht worden, eine ethnische Ordnung und Systematisierung von humorvollen Äußerungen herzustellen. Vom typisch berlinerischen Witz ist dann die Rede, vom Hamburger oder schwäbischen Humor. Gar »Landkarten des Humors« gibt es und zusammengestellte »Humorlandschaften.« Zumindest psychologisch ist dieser methodische Weg nicht sonderlich hilfreich, weil er vom Menschen weg zu Typen und Typisierungen führt, was eher zur Verfestigung von Vorurteilen und Klischees über ethnische Gruppen führen kann als gegenseitigem Verständnis und ihrer Zusammenführung zu dienen. Im Einzelfalle läßt sich nicht die Frage umgehen, warum eine Person diese oder jene Gruppe ethnisch orientierter Witze gerne erzählt oder anhört. Möchte der Mensch signalisieren, welcher Lebensart und -gemeinschaft er zugerechnet werden möchte? Fühlt er sich einer bestimmten Weise zu denken und zu fühlen verbunden? Entsprechen herausgezeichnete Charakterzüge seinen Wünschen oder Befürchtungen? Das Gefühl und Bekenntnis der Zugehörigkeit zu einer ethnischen Gruppe kann ebenso aufschlußreich sein wie ihre Ablehnung. Welche Gründe könnte jemand haben, nicht wie ein Sachse, Pommer oder Ostfriese sein zu wollen?

Hingegen sind die Motive ethnischer Witze, entgegen einer weitverbreiteten Annahme, nicht sonderlich verschieden. Manche Kenner behaupten, daß es auf der Welt überhaupt nur 50 Grundwitze gibt. Tatsächlich sollte nicht verwundern, daß Schotten, Ostpreußen, Franzosen, Bayern und Niedersachsen letztendlich über die gleichen Sujets lachen. Immer wieder werden nämlich die allgemeinmenschlichen Themen um Liebe, Arbeit, Ernährung, Krankheit und sogar Tod humorvoll aufgenommen und verarbeitet. An welchen äußeren Anlässen und lokalen Gegebenheiten sie festgemacht werden, bleibt zweitrangig und darum ihre liebevolle Katalogisierung müßig. Auf den dahinterstehenden Menschen kommt es an, was Humor ihm bedeutet und in seiner Lage bewirkt.

Die inhaltlichen Muster werden weitergereicht gleichsam wie die Symbole und Archetypen nach der Lehre des Tiefenpsychologen C. G. Jung. Gelacht wird, als wäre ein kollektives Unterbewußtsein am Werke. Häufig zieht folglich ein und derselbe Witz durch die Regionen und entpuppt sich als Wanderwitz: Drei Bauern spielen im Wirtshaus Skat. Plötzlich ertönt die Feuersirene. Einer der Skatbrüder spricht seelenruhig: »Wetten, daß es bei mir brennt?«

Werden Witze, Geschichten und Anekdoten im Dialekt oder mit mundartlicher Klangfärbung erzählt oder gerne angehört, lassen die Betroffenen erkennen, was ihnen die ethnische Wurzel ausmacht. Das Milieu kommt zum Ausdruck, in dem einer aufgewachsen ist, ob er sich seiner Herkunft stellt oder schämt. Das Verhältnis zur Sprache ist ein gutes Indiz. Manch einer hat sich von seiner Herkunft hochdeutsch abheben wollen, wie weiland Ikarus die Schwingen hebend. Der Sturz ist tief, die geheimsten Wünsche werden offenbar: »Eijndlich schade, daß mir Sachsen geen Dialekt ham.« Zur Vervollständigung eigener Menschenkenntnis bietet sich ein Streifzug durch deutsche Lande an, durch sprachlich und landschaftlich geprägten Humor.[11] Die eigene ethnische Zuordnung ist jedermann freigestellt und birgt keinerlei Hintergedanken. Denn es ist völlig ausgeschlossen, daß jemand aus einer humorlosen Gegend stammt!

Pfälzer. De Pälzer haben gut lachen, erlaubt ihnen doch eine überlieferte Selbsterkenntnis bereits, zu sich selbst auf Distanz zu gehen: »Die Pälzer honn ä groß frech Schlappmaul« gestehen sie freimütig ein. Allerdings unterscheiden sie fein: Beim Mittagessen sagt der Sohn auf einmal zu seinem Vater: »Dau, Vadder, dehr hängt jo en Nudel an de Gosch.« Prompt weist die Mutter den Jungen scharf zurecht: »Pfui Deiwel, wie kannschd du Lausbu noore Gosch saa'n zum Vadder sei Schnut!«

Unverwechselbar sind die Pfälzer durch ihre drei großen W: Weck, Worscht und Wei'. Carl Zuckmayer schätzte den Dürkheimer Wurstmarkt, über den August Mohr reimt: »Gäb's kä Wein dort for de Dorscht, dann wär' mer Worscht samt Worschtmarkt worscht.« Da mag es schon vorkommen, daß sich beim hoffnungsvollen Nachwuchs die Einstellung zur Arbeit erst allmählich entwickelt: Die Mutter zu ihrem Sohn: »Hannes, was schaffscht dann?« Der angesprochene, erste Sohn: »Ei nix, Mudder.« Die Mutter darauf zu ihrem zweiten Sohn: »Unn du, Pitter?« Der zweite Sohn: »Ei, Mudder, ich helf 'm Hannes.«

Dem außenstehenden Liebhaber der Pfalz und Pfälzer fallen zuerst Lieselotte von der Pfalz und der Schinderhannes ein, auch der Nibelungenrecke Hagen von Tronje, J. Gutenberg aus Mainz oder Richard Löwenherz, gefangengesetzt auf Burg Trifels. Pfälzer Humor hat sie alle überlebt und Wege gefunden, den Alltag mit Herz und Witz zu bestehen. Praktische Lebenskunst erweist sich in feinem Unterscheidungsvermögen: Der kranke Winzer kam endlich zum Arzt und ließ sich gründlich untersuchen. Nach der Untersuchung meinte der Arzt: »Tja, mein Lieber, Sie haben zuviel Passionen: Wein und Weiwer. Das verträgt der beste Körper auf die Dauer nicht. Worauf werden Sie verzichten?« »Das kommt auf den Jahrgang an, Herr Doktor!« Durchreisenden kann es überall passieren, daß sie nicht alle Zusammenhänge sofort durchschauen. Sie können aber zu verstehen geben, daß sie sich mit Land, Leuten und Erzeugnissen vertraut gemacht haben: Zwischen Bingen und Mainz tropft es im Zug aus dem Rucksack im Gepäcknetz. Der Fahrgast schnuppert: »Oh, ein Eisweintröpfchen, wie?« »Irrdum, 'ne junge Bernhardiner.«

Sachsen. Sächsischen Humor und Witz sollte man eigentlich zu Gehör bringen oder akustisch genießen. Die Sachsen selbst unterscheiden feinohrig zwischen dem geschriebenen und gesprochenen Wort. Es wäre aber schade, diese leuchtende Blume im Strauß deutschen Humors deswegen auszulassen. Aus dem sächsischen Kanzleideutsch – war's ein Wunder angesichts des daneben lebendig gebliebenen »Dialegts«? – ging bekanntlich das Hochdeutsche hervor.

Sächsische Geschichten und Schnurren sind bezeichnend für die menschliche Fähigkeit, Eroberer und Herrscher, Armut und diktatorisches Regiment zu überleben – dank humorvollen Hintersinns. Das Land mit Erzgebirge, Vogtland, Lausitz, Leipzig und Pirna hat so unterschiedliche Leute hervorgebracht wie Erich Kästner und Walter Ulbricht, August der Starke und Richard Wagner. Gotthold Ephraim Lessing läßt Franziska darum aus gutem Grunde sprechen: »Es ist doch wohl hierzulande keine Sünde, aus Sachsen zu sein?« (*Minna von Barnhelm*, 2. Aufz., 2. Auftr.) Überlebenskunst steckt zweifellos auch in der verbreiteten Friedfertigkeit. Wer sich ein bißchen vor Übermacht duckt, muß noch längst nicht feige sein. Mit Unbill ist gut leben, wenn es hätte noch schlimmer kommen können: Ein Reisender spuckt in Kötschenbroda aus dem Abteilfenster. Er trifft den Stiefel des Bahnhofvorstehers. Er spricht: »Da hammse nochma Glick gehadd! Wenn sä offn Berron gedroffn häddn, hädd Sie das 'n Dahler gegossdt. Das Schbucken offn Bahnsteig is nämlich bei drei Mark Schdrafe verboten!« Selbstredend geht die Friedfertigkeit nicht so weit, daß man alles mit sich machen läßt: Der Patient zog sich beim Zahnarzt splitternackt aus. Der Zahnarzt gab zu bedenken: »Mein Herr, das ist doch nicht needsch, Sie sinn doch bei geenem Magen- und Darmarzt.« »Nee, nee«, sagte der Patient, »versuchen Sä nur von hind'n an den granken Zahn ranzukommen – die Gusche mach 'ch nich mehr off.«

Im Humor spiegelt sich Hilfsbereitschaft und Verständnis als wesentlicher Charakterzug der Sachsen: In Leipzig steht vor dem Hauptbahnhof ein Mann und hält Traktätchen von der Heilsarmee feil. Ein Passant fragt im Vorübergehen: »Nu hören Se mal, Se ham awer 'ne butzsche Uniform an, Se sind doch gar gee Soldade!« Stolz kommt die Antwort: »Ich bin von der Heilsarmee, Soldat des Himmels.« Der Leipziger klopft ihm tröstend auf die Schulter: »Mei Kutester, da hamm Se awer weit zu Ihrer Gaserne!«

Vorpommern, Hinterpommern. Pommern brachte nicht nur Dickschädel und Männer wie Feldmarschall Wrangel aus Stettin, den späteren Reichspostminister Heinrich Stephan aus Stolp oder den Eisernen Kanzler Bismarck hervor. Die einfachen Leute prägten den pommerschen Charakter. Zwischen tiefen Wäldern, sanften Höhenrükken und ungezählten blauen Seen konnte sich eine sprachliche Vielfalt entwickeln, die den Kenner und Liebhaber des schönen Landes entzückte, den Fremden gelegentlich verwirrte. Denn vor allem konnte er studieren, wie sich naturverbundene Landbevölkerung erst allmählich in Errungenschaften fortschrittlicher Zivilisation zu schicken pflegt. Überlieferte Erfahrungen konkurrieren mit neuartigen Methoden, vielfach mit ungewissem Ausgang: »Blutegel, up platt: Blautielen«, erzählte der Landarzt, werden auch bei Muskelrheumatismus angewandt. »Ich händigte einem Bauern sechs Stück aus und nahm an, er wüßte schon, wie damit umzugehen sei. Nach einigen Tagen gab mir seine Frau auf Anfrage Bescheid: »O ja, holpen hebben dei. Äwer, Herr Doktor, twei hett he man so runnerkrägen, de annern hebb ick em doch braden müßt.«[12]

Sparsamkeit ist eine Tugend, auf die sich die einfachen Pommern durchaus verstanden: Die Frau eines Tagelöhners kommt mit ihrem halbwüchsigen Knaben an den Bahnschalter. Sie bittet: »Anderthalb vierter Klasse nach Köslin.« »Der Junge muß auch voll bezahlen, er hat schon lange Hosen an«, sagt der Beamte. Darauf die Frau: »Na, wenn't hier nah de Hose geht, da bruuk ick gornüscht to betahle.« Derart lebensklug, kann es nicht ausbleiben, daß ein sich anbahnender Ehekonflikt schon im Keime erstickt werden kann: Ein Ehemann kocht seiner kranken Frau Suppe. Er nimmt viel Wasser, wenig Milch für die Haferflocken. Seine Frau schüttelt sich: »Mann, wat du kaokt hest, dat is doch nich to eeten.« Der Mann weiß Rat: »Wenn di dat nich schmeckt, da schmiet ick mi Botter ranne und streu mi Zucker up, un eet's alleen.«

Bayern. Es wäre mehr als eine Übertreibung zu behaupten, daß die Bayerrn hauptsächlich da sind, damit die anderen etwas zu lachen haben. Trotz Ludwig Thoma, Karl Valentin, Weiß-Ferdl. Die Bayern können auch selber lachen, weil sie, wie Ringelnatz dichtete, keine Preußen, Sachsen oder Spießer sind, sondern Genießer. Witz und Humor gleiten bei ihnen die Gurgel hinunter wie eine Maß Bier oder echte Weißwurscht. Ihr psychologisches Humorprofil macht sich an ausgeprägten Merkmalen fest. Mit leiblichen Genüssen und Freuden umzugehen, haben sie keine Schwierigkeiten. Für Psychotherapeuten keine Chance: Der vierjährige Loisl geht mit seiner Mutter zum Starkbier ins Wirtshaus. Die Kellnerin kredenzt unaufgefordert eine Maß. Darauf verwundert sich der Loisl: »Ja, wieso? Trinkt d' Mutta heut nix?« Hinzu tritt die Dankbarkeit, reichlich gesegnet zu sein: »Jessas, san dö Weißwürscht kloa!« »San S' froh, daß s' no a so san! Dafür san mir a Großstadt! In andre Großstädt gibt's gar koa!«

Gänzlich verfehlt wäre es, unmoralisches Verhalten zu unterstellen. Im Gegenteil, die moralische Erziehung nimmt schon früh ihren Anfang: »Schäme dich, Huber«, rügt der Lehrer, »in deinem Alter habe ich noch nicht gelogen.« »Ja mei, Herr Lehrer, wann haben Sie denn zu lügen angefangen?« Bei soviel Gewissensschärfung heißt es aufpassen, daß sie nicht in Selbstgerechtigkeit ausartet: Der Lehrer erläutert seinen

Schülern, daß es sich nicht gehört, sich selbst zu loben. Daher komme das Sprichwort »Eigenlob stinkt«. Prompt ruft der Josef: »Herr Lehrer, der Xaverl lobt sich grad!« Zu soviel Humor gehört Toleranz, die bis in die Partnerwahl hinein durchschlägt: »Resi« hat er g'sagt, »ka Buildung hast net, und recht schiach bist, und ka Geld hast a net, und zwoa ledige Bankerten hast, du Luder, du ganz verdächtig's. Was moanst, Resi«, hat er g'sagt, »heirat'n ma, ma g'wöhnt schließlich all's.« Entgegen einem weit verbreiteten Vorurteil sind sie keine Fremdenhasser. Tolerant und verständnisvoll nehmen sie Rücksicht: Ein Durchreisender beim Dorfbarbier: »Ist es hier Mode, auf die Seife zu spucken?« »Nur aus Respekt. Unseren Leuten spucke ich gleich ins Gesicht.«

Niedersachsen. Norddeutsche zwischen Elbe und Ems gelten leicht als »stur«. Die plattdeutsche Aussprache bleibt Leuten aus dem Süden ziemlich unverständlich, und manch einer wundert sich, woher dort Sinn für Humor und Komik kommen sollte. Unbelehrbare mögen sich freundlich an die Namen Freiherr von Knigge und Wilhelm Busch erinnern. Fast weltweite Bedeutung haben die ostfriesischen Witze erlangt, wobei nicht immer auszumachen ist, ob sie *über* die Ostfriesen gemacht werden oder *von* ihnen stammen. Die Einheimischen können jedenfalls mit ihnen leben, womit schon ein entscheidender Charakterzug beschrieben ist, sich nämlich durch nichts umwerfen zu lassen. Ein weiterer Charakterzug ist die Wortkargheit. Um schweigen zu dürfen, ist jedes Mittel recht: Zwei Eheleute hatten sich auseinandergelebt und verkehrten nur noch schriftlich. Eines abends schreibt der Gatte auf den Zettel: »Klocke sösse wecken!« Seine Frau steht am nächsten Morgen tatsächlich beizeiten auf, sieht ihn aber dann auf seiner Bettstatt in aller Häßlichkeit schlafen und schnarchen. Leise schleicht sie an den Tisch und schreibt triumphierend unter seine Notiz: »Da Klocke is sösse, stah iup!«

Stolze Bürger beugen ihren Nacken nicht vor Feudalherren: Ernst August erkundigt sich bei einem Waldarbeiter nach einer angeschossenen Sau: »Alter, hast du hier eine schweißende Sau gesehen?« Doch der wußte nicht, daß Schweiß soviel wie Blut bedeutet. Naiv tönte er zurück: »Man immer drieste hinterher, Majestät! Awwerst wenn Sei so bin Lopen blifft, dann schall Sei woll in Sweet kommen. . . .!« Die Kunst, direkt zu sagen, was man meint, ist nicht jedermanns Sache. Der Fremde wird sich daran erst gewöhnen müssen: In einer Gastwirtschaft fühlt sich ein Gast belästigt, weil ihn einer vom Nebentisch unentwegt anstarrt. »Worümme glotzen Sei denn so?« »Sei kunnen de Zwillingsbruder von mi Fru sin! Bet up'n Boart . . .« »Awer ick hebb jo gor keenen Boart!« »Nee – awwer min Fru . . .!«

Schwaben. Unmöglich ist es, schwäbischen Humor in seiner Fülle und Farbigkeit auch nur annähernd erschöpfend zu behandeln. Und käme gar ein Zugereister seinem Sinn auf die Spur, bliebe ihm immer noch der Hintersinn verborgen. Das macht: Die Schwaben haben's gerne »henderom«. Nicht nur wegen des groben Götz von Berlichingen. Dessenungeachtet muß man sich einige Kostproben aus dem Musterländle der Hölderlin und Hauff, Hegel, Schiller und Sebastian Blau auf der Zunge zergehen lassen. Indem sie über Sex und Wein philosophieren, geben sie ihr Innerstes und ihre Weltanschauung preis, ihre Art, das Leben zu meistern. Ha no! Bei folgendem Disput kommen die Begriffe Sparsamkeit und Lebenskunst nicht vor, und doch . . .: Ein trinkfester Schwabe bat seinen Freund, ihm regelmäßig ein Viertele über's Grab zu gießen. Später erkundigte sich ein Zechkumpan beim Freund, ob er das Versprechen einhalte? »Nadirlich halt-e's! Aber erscht, wenn des Vierdele iber meine Niera gloffa isch!«

Die Partnerwahl für's Leben geht der Schwabe besonders gründlich an. Sie bereitet ihm nicht wenig Kopfzerbrechen: »Jetzt han-e emmer gmoint, bei meiner Frieda sei's Leidaschaft, drweil ischt's bloß Aschtma.« Oder: »Woischt, worom soll i a wiaschde nemma, a scheene frißt au net meh!« Dann aber, wenn alles seine Ordnung hat, bricht die Leidenschaft bei ihm durch: Eine vernachlässigte Ehefrau, reigschmeckt, streicht dem schnarchenden Mann zärtlich über's Gesicht. Dabei beißt er ihr in den Finger. Der Erstaunten erklärt er: »Woisch, en dr Erotik, do send mir Schwoba die reinschte Deifel.«

Wer etwas vom schwäbischen Menschen verstehen will, der kann seine Einstellung zur Arbeit nicht übergehen: Eine Schwäbin zum wiederbelebten Selbstmörder: »Des dät dir so passe! En da Sarg neiliege ond nix do!«

Politik muß nicht langweilig sein

Vergeht dem braven Bürger beim bloßen Gedanken an Politik nicht jeglicher Humor? Politisch Lied gilt nicht erst seit dem Mittelalter als »garstig Lied.« Zahllose Zeitgenossen wenden sich von dem teilweise tatsächlich schmutzigen Geschäft mit Macht und Interessen angeekelt ab. Die Welt der Ränke und Intrigen, heute gerne mit dem Sammelbegriff Machiavellismus bezeichnet, fördert Staatsverdruß und politische Abstinenz. Was könnte es da zu lachen geben? Wie könnte Humor den Menschen hinter dem Politiker zu erkennen geben, der sich hinter Posen und Phrasen verbirgt?

Politik ist ein zu zentraler, die menschliche Existenz betreffender Lebensbereich, als daß der Humor daraus verbannt werden könnte. Im Gegenteil, Politiker wie politisch Interessierte aller Couleur haben sich der Möglichkeiten des Humors bemächtigt und schlachten sie für ihre Zwecke aus. Brauch und Mißbrauch liegen wie überall eng beieinander. Als sicherstes Mittel, Fehler und Positionen aufzuspießen, Verhältnisse anzuprangern, Phrasen und Programme zu entlarven, gelten Satiren und Karikaturen. Deutschsprachig erlangte einst der *Simplicissimus* weltweite Anerkennung, erregte der *NS-Stürmer* ebensoweit Abscheu.

Die Grenzen zwischen formgerechter Überzeichnung und böswilliger Entstellung sind fließend. Manche Beurteilung von Karikaturen, Collagen, Politpostern, Satiren hängt vom Geschmack ab, andere Bewertungen richten sich nach dem politischen Standort. Was einen verletzt, hält der Gegner womöglich für gelungen. Auf der Strecke bleiben Humor und Witz, statt zu versöhnen, werden zwischenmenschliche Bande zerschnitten. Unverfälscht und am wenigsten manipuliert ist Humor in der Politik dort zu entdecken, wo er eng mit einer Person zusammenhängt. Er äußert sich personhaft in politischen Reden, drückt sich in Bonmots und Anekdoten aus. Im Gedanken an die Nachkriegszeit wird sofort die Erinnerung an Konrad Adenauer und Theodor Heuss wach. Wohl jeder Politiker möchte beliebt sein und menschenfreundlich wirken. Recht glaubhaft gelingt es aber nur denjenigen, die Humor bis in die eigene Grundhaltung und Lebensanschauung hinein erkennen lassen. Bevorzugtes Beobachtungsfeld werden die mündlichen Äußerungen eines Politikers sein. Das Bestreben, Reden mit Humor zu würzen, ist seit der Antike bekannt. Jedem Redner wird seitdem eingebleut, ja nicht auf Esprit und Witz zu verzichten. Manch einer läßt sich von seinem Geisterschreiber – Ghostwriter – witzig sein sollende Bemerkungen oder Gags einarbeiten. Doch der Zuhörer merkt zumeist den fremden Geist und reagiert verstimmt. Denn wer das gewisse Etwas noch nicht hat, dem ist es kaum gegeben.

Zur Kunst, humorvoll zu reden

Als ein zeitgenössisches Markenzeichen unter den öffentlichen Rednern gilt der Stuttgarter Oberbürgermeister Manfred Rommel, Sohn des bekannten Feldmarschalls. Rund dreihundert Reden hat er jährlich zu halten, wie er einem Journalisten bekannte.[13] Und er beschrieb weiter, was er sich dabei denkt. Nach Rommel erwarten seine Zuhörer jedenfalls Witz, mit Sprüchen und Zitaten gewürzten Vortrag, mit stets neuen, versteht sich. Ein Oberbürgermeister ist freilich kein Entertainer, der sein Publikum lediglich unterhalten möchte. Er hat ernsthafte, konfliktträchtige Themen anzusprechen und um Meinungen bei Menschen zu werben, die politische Gegner sein können. Wie stellt das so ein Politprofi an und was verspricht er sich davon, humorvoll zu sein?

Manfred Rommel steht dafür, daß Humor und Fleiß etwas miteinander zu tun haben. Seit acht Jahren hat er fünfzehn Schulhefte mit Zitaten, Formulierungen vollgeschrieben. Aufmerksam hat er Lektüre von Heine, Voltaire, Tucholsky, Karl Kraus und Schopenhauer durchgearbeitet und sich herausgeschrieben, wo er fündig wurde. Einen besonderen Schatz stellt für ihn die Bibel dar. Er liebt darin die Fülle des Lebens und die blumige, ausdrucksvolle Sprache, weshalb er gerne auf »die alte Lutherbibel« zurückgreift.

Als Redner begnügt er sich nicht damit, Witzchen an den Rand von Manuskripten zu schreiben und sich später wie jene Redner zu blamieren, die sich wundern, wenn bei der xten Wiederholung die Lacher ausbleiben. Rommel kann als Beispiel dafür gelten, wie echter Humor mit der Person zu einer unverwechselbaren Ganzheit verschmilzt. Es kommt zu einer gelungenen Übereinstimmung von Gesagtem, Gemeintem, körperlichem Ausdruck und Handeln. Es besteht Kongruenz, sagen die Psychologen dazu.

Sein Vorgehen bestätigt abermals, daß humorvoll werden überwiegend ein Lernprozeß ist. Listenreich, die Schwaben sagen schlitzohrig, weiß er Intellekt, Gescheitheit und Gefühl wie ein professioneller Humorist zu verbinden. Seine angewandten Einsichten, Ansichten und Techniken entsprechen guten Anleitungen für Rhetorik, die sich jedermann zu eigen machen könnte, wenn er nur wollte. Die Ausprägung eines eigenen, persönlichen Stils steht dem nicht entgegen: »Bei vielen Rednern höret d'Leut gar nicht mehr zu, bei mir wartet se aber auf meine Sprüch' und sind deshalb ganz konzentriert. So kommt der Inhalt meiner Rede immer an, auch wenn ich als sechster und letzter reden muß, was i' überdies ganz gern tu.« Flexibilität und Publikumsbezug weiß er zu wahren: »Ich hab' meine Stichworte vor mir, schwätz und schau ins Publikum. Und wenn i merk, daß das Thema nicht interessiert, nehm i's nächste Stichwort. Kommt des a, dann tapp i's aus.« Darin verbergen sich Grundelemente humoristischer Erzählkunst, nämlich sich auf seine Zuhörer einstellen, sensibel für ihre Fragen und Gefühle bleiben sowie liebevoll bei einem sie interessierenden Sachverhalt zu verweilen. Das ist natürlich das Gegenteil von Indoktrination oder dozierender Belehrung. Rommel weiß weiter aus Erfahrung: »Kurz bleiben, sonst kommt man ins Schwafeln; keine Abwesenden angreifen oder verletzen; den Sinn der Rede mit Humor und Pointen auflockern, denn jede Pointe bedeutet Applaus, und ohne Humor wird die Rede zur Predigt; jeden ernst nehmen, nur nicht sich selbst.« Dergleichen ist bei ihm nicht bloß rhetorisch gemeint, er hält sich selbst daran: »Man sagt: wenn man vom Rathaus kommt ist man klüger. Aber das stimmt net, denn i komm jeden Abend vom Rathaus und hab' no nix g'merkt!«

Das negative Gegenteil bewirkt eine langweilige, schablonenhafte oder von verbiesterter Ernsthaftigkeit durchtränkte Rede. Nicht selten entsteht daraus unfreiwillige Komik. Von Kurt Tucholsky stammen die hervorragenden *Ratschläge für einen schlechten Redner*.[14] Gewiß sind sie geschliffen ironisch, satirisch und karikierend. Gleichwohl wird niemand leugnen können, daß die groben Schnitzer täglich auf der Rednerszene fröhlich' Urständ feiern, mag es sich um politische Reden, Vorträge oder Festansprachen handeln. Wer kennt nicht wenigstens einen Redner, der Tucholsky wörtlich zu nehmen scheint? Er empfiehlt unter anderem: »Fang nie mit dem Anfang an, sondern immer drei Meilen *vor* dem Anfang! Etwa so: ›Meine Damen und Herren!

Bevor ich zum Thema des heutigen Abends komme, lassen Sie mich Ihnen kurz ...‹« Im Alltag kann man wirklich die Leute fürchten, die ungefähr so anfangen: »Ich möchte nur einen Satz in die Debatte werfen ...« oder direkt drohen: »Ich mache es kurz ...« Tucholsky enthüllt ein weiteres Übel schlechter Redner, nämlich die Untugend, Aufbau und Gerippe vorher bis ins Detail bekannt zu geben, eine Aufzählung der Gliederung und Untergliederung ins Unerträgliche zu steigern. Die aufkommende Langeweile läßt sich durch einen Trick vervielfachen: »Am besten ist es: du liest deine Rede ab. Das ist sicher, zuverlässig, auch freut es jedermann, wenn der lesende Redner nach jedem vierten Satz mißtrauisch hochblickt, ob auch noch alle da sind.« Ablesen ermöglicht weitere Feinheiten, die zu Begeisterungsstürmen führen werden. Da wären einmal Schachtelsätze zu nennen. Lange Satzperioden machen nach Tucholsky Zuhörer unruhig, nehmen sie überhaupt kein Ende, ist mit ihrem baldigen Einschlafen zu rechnen. Ein erprobtes Schlafmittel seien ebenfalls historische Rückgriffe: »Fang immer bei den alten Römern an und gib stets, wovon du auch sprichst, die geschichtlichen Hintergründe der Sache. Das ist nicht nur deutsch – das tun alle Brillenmenschen.« Fängt einer in der Vorgeschichte oder bei der Ming-Dynastie an, wird er allen Einfallsreichtum aufbringen müssen, seine Zuhörer bis zum Schluß bei der Stange zu halten. Im äußersten Notfall kann zum von Tucholsky empfohlenen Allheilmittel gegriffen werden: »Kündige den Schluß deiner Rede lange vorher an, damit die Hörer vor Freude nicht einen Schlaganfall bekommen ... Kündige den Schluß an und beginne deine Rede von vorn und rede eine halbe Stunde weiter. Dies kann man mehrere Male wiederholen.«

Die Merkmale für einen guten Redner sind rascher aufgezählt. Man erkennt ihn an kurzen Sätzen, die Hauptsätze sind. Seine klare Disposition hat er im Kopf. Er bringt Tatsachen vor und appelliert an das Gefühl, lexikalische Ausführungen läßt er bleiben. Und: »Merke Otto Brahms Spruch: Wat jestrichen is, kann nich durchfalln.«

Anekdoten dienen der Sympathiewerbung

Die Verbindung, Übereinstimmung von Persönlichkeit und Humor schlägt sich vorzugsweise in der Anekdote nieder. Eingangs wurde die Vermutung ausgesprochen, daß länger lebe, wer lache. Mit Sicherheit überlebt in der Erinnerung von Menschen, wer über sich lachen läßt.

Sind Ruhm, Taten und Untaten längst vergangen, erzählt man sich immer noch Anekdoten, Histörchen und Schmunzelgeschichten von Leuten, die ihre Vergänglichkeit überleben wollten – oder die auf diese Weise unsterblich gemacht wurden. Anekdoten über Caesar, August den Starken oder Napoleon sind nicht totzukriegen. In Anekdoten einzugehen ist mithin eine reizvolle Lebenskunst. Soweit möglich, heißt es zu Lebzeiten die rechten Vorkehrungen zu treffen. Als kenntnisreichster Sammler von Anekdoten der Gegenwart gilt N. O. Scarpi mit über 150000 Anekdoten in Hunderten von Büchern. Psychologisch betrachtet sind Anekdoten ein politisches Mittel der Sympathiewerbung. Was ihren Inhalt angeht, muß es gar nicht zu den geschilderten Begebenheiten gekommen sein. Vielfach werden geschichtlichen Personen Äußerungen in den Mund gelegt. Es wird nach dem humorbewährten Muster verfahren »was wäre wenn . . .?« oder »so tun als ob . . .« Spielräume werden gedanklich ausgelotet, Grenzen schadlos überschritten, Wünsche, Projektionen und Befürchtungen aufgearbeitet. Vor allem können Wahrheiten versöhnlich mitgeteilt und konfliktträchtige Situationen heilsam bewältigt werden. Einige Beispiele aus dem Anekdotenbuch von D. Lattmann seien als Beleg herangezogen.[15]

Anekdotisch wird geschildert, wie Konrad Adenauer seine Fähigkeit nutzte, schlagfertig mit Gegenpositionen fertig zu werden: »In der Bayrischen Metropole stieß Adenauer bei Verhandlungen mit Parteifreunden auf unerwartete Schwierigkeiten. Als er ungeduldig wurde, meinte einer der Bayern: ›Herr Bundeskanzler, mir san net bloß hergekomm'n, um Ja und Amen zu sag'n.‹ Adenauer reagierte sofort: ›Dat is auch jar nich nötich, Herr Kollege. Es genügt vollkommen, wenn Sie Ja sagen.‹« Die Anekdote, erfunden oder nicht, erfüllt eine zweifache Anforderung. Sie sagt etwas über Adenauer aus und bestätigt die Eingangsthese, daß Humor aus der Politik nicht wegzudenken ist, ja, nicht selten zum politisch wirksamen Mittel oder einer Waffe wird. Situationen im politischen Umgang werden aus dem Stand gemeistert: »Churchill, der bekanntlich für Adenauer eine gewisse Sympathie hegte, empfing den Bundeskanzler einmal in London mit den Worten: ›Wir beide werden allmählich alt.‹ Darauf Adenauer ohne Zögern: ›Ihrer Frau Gemahlin sieht man das aber wirklich nicht an.‹«

Politiker und Staatsmänner müssen mit Leuten aus allen Volksschichten gut umgehen können. Das erfordert Wendigkeit. Der Reichskanzler Otto von Bismarck wußte sich immer zu helfen: »Im Verlauf einer Unterhaltung kamen die Wörter ›sicher‹ und ›gewiß‹ häufig vor. Da fragte eine Dame den Fürsten Bismarck: ›Können Sie mir eigentlich erklären, was für ein Unterschied zwischen ›sicher‹ und ›gewiß‹

besteht?‹ Und der Kanzler erwiderte: ›An einen sicheren Ort, gnädige Frau, kann ich Sie bringen lassen. An einen gewissen Ort müssen Sie schon allein gehen.‹« Wie gut, daß gelegentlich aufblitzt, daß Staatenlenker bisweilen zu erkennen geben, Empfindungen wie der gemeine Mann zu haben. Friedrich II, König von Preußen, legte jedenfalls Wert darauf, dies nicht um jeden Preis zu verbergen: »Im Siebenjährigen Krieg wurde dem König ein Deserteur vorgestellt. ›Warum hast du mich im Stich lassen wollen?‹ ›Ja, Majestät, mit Ihren Geschäften steht es schlecht, und da habe ich gemeint . . .‹ › Schön, schön‹, sagte der König, ›gib mir bis morgen Kredit. Ich versuche morgen eine Schlacht, und wenn es schiefgeht, desertieren wir beide.‹«

Die Anekdote belegt, daß humorvoll geäußert werden kann, was gar nicht sein kann oder nicht gesagt werden darf. Die bekannte Formel »Es kann nicht sein, was nicht sein darf« erfährt humorvoll ihre Umkehrung: Es darf sein, was nicht sein kann: »Als Carlo Schmid als Mitglied der Bonner Delegation 1955 in Moskau weilt, entfährt ihm während einer Party der Ausspruch: ›Gott sei Dank.‹ Ironisch korrigierte ihn ein russischer Beamter: ›Bei uns sagt man nicht: Gott sei Dank, sondern Stalin sei Dank.‹ ›Aber‹, wundert sich Carlo Schmid, ›Stalin ist doch tot!‹ ›Gott sei Dank‹, antwortete der Russe.«

Wortspiele ermöglichen in der Anekdote, Aussagen zu verhüllen oder Positionen zu bekennen: »Als Hitler im November 1939 den Münchner Bürgerbräukeller kurz vor dem Sprengstoff-Attentat verlassen hatte, hing anderen Tages für kurze Zeit an der Explosionsstelle eine Tafel mit der Inschrift: Dem leider zu früh Heimgegangenen!«

Das Interesse von Politikern, in den Augen ihrer Bürger und Untertanen in einem besonders günstigen Licht zu erscheinen, ist unzweifelhaft. Nachhilfe und Manipulation sind dabei nicht auszuschließen. Umgekehrt haben Bürger ein Interesse zu entdecken, was für ein Mensch sich hinter dem Politiker und Staatsmann verbirgt. Menschenkenner, Historiker und Psychologen haben sich stets darum bemüht herauszukriegen, was sie bewegt, welchen Charakter sie haben, was eine Persönlichkeit von hohem Rang ausmacht. Die Studie des kleinen Mannes ist die Anekdote. Sie beschreibt und analysiert den Menschen im Politiker, nimmt freilich aber auch Ergebnisse der Beobachtung auf, dort, wo dem Politiker vom Volk Sympathie zugeschrieben wird. Was die kleinen Leute beobachten und schätzen, verschmilzt zu einer anekdotischen Aussage. Sie wird zu einer kleinen Liebeserklärung: »Als Heuss einmal den Dom in Xanten besichtigen wollte, drückte er einem Buben, der vor dem Portal stand, seine Zigarre in die Hand. Erst nach längerer Zeit kam der Bundespräsident wieder heraus, ließ sich die

Zigarre aushändigen, stellte fest, daß sie gut brannte und sagte: ›Brav, daß du dran gezogen hast und sie nicht hast ausgehen lassen.‹« Wer könnte nicht der Feststellung zustimmen: Ja, so war unser »Papa« Heuss? Die Beobachtung, die sich in der Anekdote niederschlägt, zeichnet Charaktere scharf und unbestechlich, als Quelle für Menschenkenntnis bleibt sie unerschöpflich: »Auf einer Reise durch den Teutoburger Wald erblickt Göring ein großes Bauwerk und fragt: ›Was ist das?‹ ›Das wird das Hermannsdenkmal‹, wird ihm geanwortet. Göring: ›Oh, das wäre für die paar Tage nicht nötig gewesen.‹«

Manchmal hilft die Anekdote, den gesellschaftlichen und politischen Alltag auflockern, es bereitet Spaß, die Routine zu unterbrechen: »Als Fürstenberg (Berliner Bankier 1850–1933) in die Börse kam, sagte der Diener, der ihm den Mantel abnahm: ›Wissen Herr Präsident schon, wer gestorben ist?‹ ›Mir ist jeder recht‹, erwiderte Fürstenberg.« Oder: »Die Stadt Gumbinnen an der Pissa bat Friedrich Wilhelm IV., den anstößigen Namen ändern zu dürfen. Der Kaiser schrieb an den Rand des Gesuchs: ›Genehmigt. Schlage vor Urinoco‹.«

Anekdoten diagnostizieren aber nicht nur Personen, sondern sie sezieren ebenfalls Strukturen und politischen Stil. Zhana Dolgopolowa hat Anekdoten historischer Zeitgenossen gesammelt.[16] Die folgende erfaßt treffend den Umgang und das Nicht-Verstehen-Wollen hoher Politiker und Staatsmänner:

»Präsident Ford, Giscard d'Estaing, Harold Wilson und Breschnew treffen sich zu einer Konferenz. Nach tagelangen Unterredungen beschließen sie, eine Erholungspause einzulegen – auf einer gemeinsamen Elefantenjagd in Indien. Schon am Abend des ersten Tages fangen sie einen Elefanten. Aber was tun damit? Sie beschließen, das Tier an einen Baum zu binden und es abwechselnd zu bewachen. Präsident Ford übernimmt die erste Wache. Nach zwei Stunden weckt er Giscard und legt sich hin. Nach weiteren zwei Stunden weckt Giscard Wilson und geht schlafen. Wilson weckt nach zwei Stunden Breschnew und geht schlafen. Breschnew auch. Als sie morgens aufwachen, ist der Elefant weg.

›Wo ist der Elefant?‹ fragen sie Breschnew.

›Was für ein Elefant?‹

›Was heißt hier 'Was für ein Elefant?'‹ Die Drei sind sauer.

›Sind wir nicht nach Indien gekommen, um Elefanten zu jagen?‹

›Jawohl.‹

›Und haben wir nicht einen Elefanten gefangen?‹

›Haben wir.‹

›Haben wir ihn nicht an einen Baum gebunden?‹

›Haben wir.‹
›Haben wir nicht beschlossen, ihn abwechselnd zu bewachen?‹
›Haben wir.‹
›Hat Ford nicht Wache gestanden?‹
›Hat er.‹
›Und hat er den Elefanten nicht Giscard übergeben?‹
›Hat er.‹
›Hat Giscard nicht Wache gestanden?‹
›Hat er.‹
›Und hat er den Elefanten nicht Wilson übergeben?‹
›Hat er.‹
›Hat Wilson nicht Wache gestanden?‹
›Hat er.‹
›Hat er dir den Elefanten nicht übergeben?‹
›Hat er.‹
›Also, wo ist der Elefant?‹
›Welcher Elefant?‹«

Die Anekdote erfaßt auch treffend Zustände und Verhältnisse: »Rabinowitsch wird auf Dienstreise ins Ausland geschickt. Er kommt nach Polen und telegraphiert an seine Fabrik in Moskau: ›Es lebe das freie Warschau! Rabinowitsch.‹ Er kommt in die Tschechoslowakei und telegraphiert: ›Es lebe das freie Prag! Rabinowitsch.‹ Er kommt nach Paris und telegraphiert: ›Es lebe Paris. Der freie Rabinowitsch.‹« Die Aufrechnung der Systeme geht, scheint's, im Himmel weiter: »Breschnew und Napoleon treffen sich im Jenseits. ›Oh, wenn wir statt Stalin in der Sowjet-Union nur so einen brillanten Feldherrn wie Sie gehabt hätten‹, sagt Breschnew, ›dann wäre Hitler nie über unsere Grenze gekommen.‹ ›Und wenn ich Zeitungen wie Ihre *Prawda* gehabt hätte,‹ entgegnet Napoleon, ›hätte nie jemand etwas von Waterloo erfahren.‹«

Witz als Waffe gegen Macht und Mächtige

In der Politik hat Humor in seiner witzigen Form stets eine herausragende Rolle gespielt. Gekennzeichnet ist er durch seine befreiende und enthüllende Substanz. Schon Sigmund Freud beschrieb Witze mit einer bestimmten Absicht als tendenziös. Im Witz werde auf Befreiung von äußeren und inneren Hemmnissen durch Verstoß gezielt. Er bezieht Pointen und Pfeffer von einem im Wege stehenden Hindernis. Der feindselige Witz diene aggressiver Abwehr oder dem Angriff, der obszöne Witz der Entblößung und Enthüllung.[17] Politischer Witz bezieht sich vorrangig auf Macht- und Herrschaftsverhältnisse. Er wird zur Waffe, die entweder gegen die da unten oder die da oben gerichtet wird. Lutz Röhrich schreibt in seinem Buch *Der Witz*:[18] »Der politische Witz ist ein Tendenzwitz. Er richtet sich gegen Regierungen, gegen die Mächtigen, und er ist um so schärfer und verletzender, je weniger es andere Ventile gibt, oppositionelle Meinung zur politischen Wirksamkeit zu bringen. Man hat gesagt, die politischen Witze hätten ihre guten und schlechten Zeiten, wobei die schlechten Zeiten gute Zeiten für politische Witze seien und umgekehrt. Der politische Witz gedeiht jedenfalls am besten in diktatorischen und undemokratischen Verhältnissen. Der Ohnmächtige besiegt mit seinem Gelächter den Mächtigen. Der politische Witz steht in Diktaturen in der Regel unter Strafverfolgung.« Im Dritten Reich haben es der Münchner Weiß-Ferdl sowie Werner Finck und zahllose »Defaitisten«, »Kritikaster« und »Wehrkraftzersetzer« schmerzhaft zu spüren bekommen. Der Flüsterwitz gab Auskunft über die bedrohliche Lage: »Was gibt es für neue Witze?« Antwort: »Ein Jahr Gefängnis.«

Neben der Macht waren die gesellschaftlichen Verhältnisse stets Sujets politischer Witze. Immer gab es Berufsspott und Standessatire. Gelacht wird über einfältige Bauern, begriffsstutzige Grafen oder bestechliche Advokaten. In moderner Zeit entstehen Witze über Manager, Bürokraten, zerstreute Professoren und verrückte Astronauten. Ohnmacht gegenüber Experten und Apparaten, Unterdrückung durch Systeme und Strukturen, Undurchschaubarkeit von Institutionen und Organisationen finden ihren Niederschlag. Vielfach verschafft sich das bedrängte Opfer, indem es sich selber auslacht, Luft. Diesen Befreiungsschlag kann ihm niemand nehmen. »Weiß-Ferdl hat von Hitler sein Bild mit eigenhändiger Unterschrift bekommen. ›Das ist mein Freund, der Hitler‹, sagt er. ›Jetzt weiß ich nur net, soll ich ihn aufhängen oder an die Wand stellen?‹« Ein Wunder ist es nicht, daß diktatorische Machthaber auf Witze allergisch reagieren, denn »jeder Witz ist eine winzige Revolution« (George Orwell).

Die Hoffnung nie aufgeben: Liebe

Rund um die Liebe hängt sehr viel von Menschenkenntnis und Lebenskunst ab. Menschenkenntnis ist für die Partnersuche vonnöten, für die Prüfung von Charakter und Verläßlichkeit. Lebenskunst ist unentbehrlich, eine Beziehung erfolgreich anzubahnen, sie zu pflegen, gemeinsam glücklich zu sein und notfalls eine Partnerschaft wieder schmerzfrei zu beenden. Das Auf und Ab in Liebesbeziehungen ist naturgemäß emotional hoch besetzt, alle Höhen und Tiefen werden gefühlvoll miterlebt und durchlitten. Die beteiligten Personen werden in ihrer Tiefe und im Kern erfaßt. Sie haben die Chance, am Gelingen gestaltend mitzuwirken, sind aber niemals vor Enttäuschungen sicher, vor der Gefahr, krisenhaft erschüttert zu werden. So stellt sich fast zwingend die Frage ein, wie im Humor diese entscheidenden Lebenssituationen aufgenommen und verarbeitet werden, mehr, was er beiträgt, sie zu meistern?

Bekanntlich kreisen um die Ehe zahllose Witze, humoreske Geschichten, Klamotten, Komödien, nicht selten bissige oder sarkastische Bonmots. Daß sie herausgehobenes Thema, ja Zielscheibe von Spott ist, kann kaum verwundern, nimmt sie doch als Institution und besondere Beziehung eine zentrale Stelle im Leben der Menschen ein. Sogar Nichtverheiratete, Singles, Verwitwete oder Jugendliche spiegeln ihr Verständnis von liebevoller Partnerbeziehung an der Institution Ehe. Ans Tageslicht kommen Rollenverständnisse, Männlichkeits- oder Weiblichkeitswahn, geheimste Wünsche oder Verbiegungen und Identifikationen. Die Folgen von Erziehung und Schichtzugehörigkeit treten zutage. In besonderer Weise gilt der eingangs zitierte Satz von Horaz: »Warum lachst du? Ändere die Namen und schon handelt die Geschichte von dir!«

Humor über Ehe und Liebe gibt also nicht nur über gesellschaftliche Zustände, Einschätzungen und Wertorientierungen Auskunft. Psychologisch wird die persönliche Einstellung dazu bedeutsam. Viele Witze gehen etwa auf Kosten der »Nur«-Hausfrau. Hierfür gibt es gesellschaftlich-historische Gründe. Während die Ehefrau Kinder erzog und das Haus hütete, begab sich der Mann in die Arbeitswelt, in Männergesellschaften oder Wirtshäuser. Dort war man unter sich. Auch patriarchische Auffassungen von der Frau als Dienerin klingen heftig nach, der »Herr« der Schöpfung nimmt sich zu ernst, zu wichtig und ist blind für die Ironie solchen Titelgebrauchs. Mit der Veränderung von Bewußtsein und Gesellschaft werden sich die Inhalte und Gegenstände der Witzthemen wandeln. Nur geht das Individuum nicht gänzlich in gesellschaftlichen Prozessen auf. Der Einzelne kommt an den Punkt, an dem er nicht mehr verfremdet, neutral oder pauschal über das Thema witzeln kann. Psychologisch gesehen gibt er zu erkennen, ob er für Bindung ist oder nicht, wie er zu Erotik und Sex steht, in welcher Weise er Konflikte zu lösen, Enttäuschungen zu überwinden versteht. Die genauere Beobachtung gibt Auskunft über ihn und seine spezifische Situation. Aus den Reaktionen auf Humor zum Thema Liebe ließe sich ein persönliches Psychogramm entwickeln: Worüber kann einer lachen oder nicht? Was macht ihm Spaß, was Kummer? Von welcher Witzgruppe kommt er nicht los, welche Probleme beschäftigen ihn zwanghaft? Zu Lebenskünstlern gehören fraglos diejenigen, die sie nicht nur aussprechen, sondern sie auch auf humorvolle Weise zu lösen verstehen. Humor als heimlicher Helfer und Familientherapeut, es wird zu zeigen sein, wie das funktioniert.

Über die einfachste, nicht zu sagen die simpelste Begründung für die zahllosen Sexwitze ist viel gegrübelt und geschrieben worden. Sie werden allzu pauschal auf das Lustprinzip zurückgeführt. Hauptmotiv ist demnach die Freude an allem, und sei es nur in der Vorstellung oder im Wortgebrauch, was Spaß und Luststeigerung verspricht. Übersehen wird dabei, daß Verdrängungsvorgänge ebenso zur Beschäftigung mit dem Thema reizen können. Dann hätten wir den Liebhaber sexueller Witze aus Frustration und Impotenz vor uns. Gerne werden Ehewitze auch mit dem Unterdrückungsprinzip erklärt. Es gehe um den Kampf darum, wer oben und wer unten sei (superior/inferior). Oben zu sein bereitet gleichfalls Lust, es macht Freude, sich auf die Seite der Gewinner zu stellen. Mithin lasse sich auf Kosten der unterlegenen (?) Frau gut lachen. Immerhin, badet sich jemand im Erzählen oder Anhören solcher Witze, wird er seiner Umgebung signalisieren, welche Probleme ihn plagen. Es liegt am Zuhörer, die richtigen Schlüsse aus seinem Verhalten zu ziehen. Dazu müssen kurze Witze entschlüsselt werden: »Angeklagter, Sie leben im eheähnlichen Verhältnis wie Mann und Frau zusammen?« »Besser, Herr Richter, viel besser!«

Ehewitze, die verkannte Lebenshilfe

Nirgendwo freilich ist bislang die Bedeutung von Ehe-Witzen im Sinne von Lebenshilfe richtig erkannt worden. Der Witz und Spaß rund um das Thema Ehe kann durchaus als psychologischer Notausstieg in Konfliktsituationen angesehen werden. Humor als Krisenmanagement.

Beispielsweise kann mit einem Witz Dampf abgelassen werden. Wo das Zusammenleben explosiven Charakter annimmt, kann eine Entladung, einem reinigenden Gewitter nicht unähnlich, die Atmosphäre wieder bereinigen. Verblümt oder direkt können Wahrheiten gesagt werden, ohne daß eine bleibende Verletzung beim Partner übrig bleibt. Die Entladung geschieht durch phantasievolle Spaziergänge. In Gedanken wird gespielt mit der Vorstellung »was wäre wenn . . .?« Die Verwandtschaft zum modernen Mentaltraining wird deutlich. Es werden aber auch unmittelbar Spannungen entladen und Kräfte freigesetzt. Verkrampfungen lösen sich, indem in der Vorstellung Normen überschritten, Tabus gebrochen werden, Zwänge werden auf ihren Sinn abgeklopft, befreiend ignoriert oder über Bord geworfen. Es braucht nicht länger geheuchelt zu werden, der künstlich aufrecht erhaltene Schein wird entlarvt und lächerlich gemacht. Es darf im stillschweigenden Konsens gelacht werden, augenzwinkernd, nicht an der Wirklichkeit und Wahrheit vorbeimogelnd, sondern *weil* jeder Bescheid weiß, Agierende wie Zuhörer: Ein Ehemann im »zweiten Frühling« begibt sich zum Telefon. Er hebt ab und spricht: »Sie haben falsch gewählt. Hier ist nicht der Wetterdienst.« »Was ist los?« erkundigt sich die Ehefrau. »Ein Mann wollte wissen, ob die Luft rein ist.«

Bei diesem und anderen Witzen kommt es gar nicht so sehr auf die Pointe an, sondern auf die Möglichkeit zur Identifikation. Dieser spielt auf die scheinbare Harmlosigkeit des Gatten an, auf die scheinbare Naivität der Frau. In den Augen Dritter kann sich die Deutung gänzlich anders ausnehmen, der Mann wird für scheinheilig gehalten, die Frau erscheint mißtrauisch-detektivisch. Für welche Interpretation und Identifikation sich einer entscheidet gibt Auskunft über seine Person und Einstellung zum Problem.

Psychologisch leisten Witze mehrfach Dienste. Neben dem erwähnten Identifikationsangebot – »in welcher Lage bin ich selbst?«, »in welche Situation werde ich einmal geraten?« – wird zum Nachdenken über eigene Verhaltensmöglichkeiten angeregt. Was wäre im Konfliktfalle besser: Verschweigen? Leugnen? Aussprechen? Wie würde ich auf einen solchen Partner reagieren? So ein Witz eignet sich geradezu, Partner einem Test zu unterziehen, was ja nichts anderes meint als

Verhaltensprobe – und ein Gespräch zu stimulieren, um Komplikationen vorzubeugen.

Ein Witz kann ferner helfen, eine schwierige Situation unmittelbar zu bewältigen. Beim angeführten Beispiel kommen im Thema gegenseitiges Vertrauen und Mißtrauen ins Spiel. Beteiligte und Betroffene spüren, worum es in der Sache geht. Statt jedoch einen Streit zu entfesseln und womöglich die eigenen Partnerbeziehungen zu verschlimmern, können beide Seiten über den Sachverhalt lachen, weil die Unmöglichkeit solchen Verhaltens akzeptiert wird. Man wird sich hüten, wirklich in eine solche Lage zu kommen und gegebenenfalls sein Verhalten ändern. Mehr könnte ein Psychotherapeut nicht erreichen.

Häufig wird im Witz die Auseinandersetzung auf eine verbale, argumentative Ebene geschoben, wodurch ein Scheidungsanwalt überflüssig werden kann. Sobald man nämlich über festgefahrene Positionen, verhärtete Fronten lachen kann, ist ihnen die Sprengkraft genommen: »Wann wird der Tag kommen, an dem du so gut kochen wirst wie meine Mutter?« mault der Ehemann. Sie erwidert gelassen: »Sobald du soviel Geld verdienst wie mein Vater.« Der erste Schritt zur Friedfertigkeit ist getan, wenn eine Situation durchschaut und sprachlich benannt werden kann. Der Fall, daß um des Streitens willen gestritten wird, ist gar nicht so selten. Da hilft Entlarven und Lächerlich-Machen: Während eines ehelichen Streits besinnt sich der Ehemann und zeigt Versöhnungsbereitschaft: »Meinetwegen. Du hast recht, ich stimme deiner Ansicht zu.« Sie bleibt gereizt: »Das nützt überhaupt nichts. Ich habe inzwischen meine Meinung geändert.«

Der Ehewitz nimmt nicht nur innereheliche Probleme auf, sondern auch von außen herangetragene, in der Gesellschaft erörterte oder von ihr provozierte Themen. Im negativen Sinne läßt sich ablesen, welche Personen oder Gruppen diskriminiert werden, als Sündenböcke für unerwünschte Zustände und Entwicklungen herhalten müssen. Es kann Minderheiten treffen, Angehörige besonderer Berufe oder Rassen, Ausländer oder Abweichler von sozialen Normen. Positiv kann Humor der Vorbeuge, Aufklärung und Abwehr dienen. Wer rechtzeitig über ein Problem lachen kann, ist davor ziemlich gefeit. So gibt es Schicksal und Rolle der vereinsamten Hausfrau in Schlafstädten. Die sogenannten »grünen Witwen« sollen mancherlei Versuchung ausgesetzt sein. Ein Witz kann helfen, heikle Dinge offen auszusprechen und ernste Situationen gar nicht erst entstehen zu lassen, indem er sie prophylaktisch dem Lachen preisgibt: Die Dame des Hauses spricht zum Dienstmädchen: »War jemand da?« »Ja, gnädige Frau, der Briefträger.« »Etwas für mich?« »Kaum. Mickriger Typ, glücklich verheiratet, sieben Kinder.« Versagen die Kochkünste der Hausfrau endgültig, ersetzt Lachen die Trennung: »Schatz, der Teller ist feucht.« »Still, das ist schon die Suppe!«

Sexwitze signalisieren mehr als Sex

Sexwitze handeln eindeutiger vom Sexualtrieb als humorvolle Geschichten um Liebe und Ehe. Ein Hauptmotiv, daß sie so gerne erzählt und angehört werden, ist das Lustprinzip, von dem bereits die Rede war. Es macht einfach Spaß. Die andere Nährquelle der Beschäftigung mit Sexwitzen ist gewissermaßen die Kehrseite davon: Sextabus. Im Sexwitz können Schranken und Grenzen mißachtet werden. In Gedanken und Vorstellung kann mit verbotenen Wünschen gespielt werden, sie müssen nicht geheim bleiben und versteckt, unterdrückt werden. Sexwitze bieten sich als Surrogat, Ersatz, an. Er bedeutet weit mehr als die Freudsche Enthüllung, obszöne Entblößung. Es kann Sublimierung, Verfeinerung im Spiel sein wie Entladung. Der Sexwitz tut so als ob . . . Er wird gesellschaftsfähig: »Sagen Sie, lieber Professor, wie lieben Igel?« »Vorsichtig, Gnädigste, sehr vorsichtig.«

Vorzugsweise wird mit der Vieldeutigkeit von Wörtern operiert. Die Würze kann aus der frivolen Andeutung herausgehört werden – oder nicht. Witztechnisch liegt die Pointe im Wortspiel: Nach längerer Abwesenheit besucht ein junger Mann seine Freundin. Die Zimmervermieterin öffnet ihm die Tür und erklärt: »Fräulein Brigitte ist längst ausgezogen.« »Keine Sorge«, erwidert der junge Mann, »vor mir geniert sie sich nicht.«

Im weiteren Sinne kann der Sexwitz als Surrogat verstanden werden, als Ersatz für Potenz. Verbale Kraftakte und vitale Bilder, kräftige, deftige Vergleiche sollen eine Ersatzbefriedigung schaffen. Sie sollen nach außen vortäuschen, was für ein toller Mann, eine tolle Frau jemand sei, Selbsttäuschung inbegriffen. Das »so tun als ob« wird ziemlich wörtlich genommen: Drei Damen eines Tennisclubs gehen versehentlich am Duschraum für Männer vorbei, dessen Tür offen steht. Sie entdecken einen nackten Herrn, der sich gerade das Hemd über den Kopf streift. Später tuscheln die Damen miteinander. Die erste: »Mein Mann war das nicht.« Die zweite: »Mein Mann auch nicht.« Die dritte: »Es war niemand aus dem Klub.«

Gelegenheit macht Liebe. Es wäre ungerecht, dem Sexwitz vorzu--

werfen, daß er nur auf freier Erfindung beruhe oder Wünsche projiziere. Häufig faßt er lediglich tatsächliche Erfahrungen und Beobachtungen in eine mitteilbare Form. Anlässe und Umstände werden zum Thema: Ein neues Kindermädchen stellt sich bei der Dame des Hauses vor. »Sind Sie bestimmt kinderlieb?« »Gewiß, gnä' Frau. Deswegen habe ich ja meine letzte Stellung verloren.« »Ich verstehe nicht ganz ... wie alt waren denn die Kinder?« »Der älteste Sohn war einundzwanzig.«

Zu einer guten und gelungenen Ehe gehört auch der Sex. Versagen und Verdrängungen höhlen die Institution aus. Im Witz kommt die Aussage und Erkenntnis auf knappste Weise ans Tageslicht: Ein Altwarenhändler läutet an der Wohnungstür. Die Tür wird einen Spalt breit geöffnet, der Kopf einer Frau erscheint. »Haben Sie etwas Unbrauchbares und Überflüssiges in Ihrer Wohnung?« erkundigt sich der Händler. »Bitte, warten Sie einen Moment«, antwortet die Frau, »ich hole meinen Mann.« Ob ihr hier das Unterbewußtsein einen Streich gespielt hat?

Heilen ohne Rezepte

Lachen ist gesund – der geläufige Ausspruch hört sich wie eine Binsenweisheit an. Gesunderhaltung ist jedoch ein entscheidender Bestandteil von Lebenskunst. Es kommt darauf an, alles zu unterlassen, was krank machen könnte und nichts zu übersehen, was der Gesundheit dient. Dazu gehört, was mit Lebensfreude, Lachen, Spaß und Fröhlichkeit umschrieben werden kann. Ärzte und Psychotherapeuten beginnen erst allmählich in größerer Anzahl über die heilende Kraft des Humors nachzudenken. Manche Erkenntnisse und Erfahrungen sind längst vorhanden, sie wollen nur neu ins Bewußtsein gehoben werden.

Naheliegend sind physiologische, körperliche Aspekte. Beim Lachen findet eine Abnahme der Spannung von Skelettmuskeln statt. Aktiv beteiligt ist auch das Zwerchfell, der große Atmungsmuskel zwischen Brusthöhle und Bauchhöhle. Bekannt ist, daß die tiefe Zwerchfellatmung eine besonders gesunde Atmung ist. Experimente haben erwiesen, daß durch Freude am Humor physiologische Erregung abgebaut werden kann. Auch das reflexartige Lachen beim Kitzeln bewirkt letztlich Entkrampfung. In Redewendungen gefaßte Erfahrungen »sich ausschütten vor Lachen«, »vergehen vor Lachen« bestätigen die lösende, heilsame Funktion des Lachens. Kreislauf, Durchblutung und Atmung werden gefördert und wirken auf die psychische Befindlichkeit positiv zurück.

Der englische Philosoph Herbert Spencer charakterisierte das Lachen als eine »Entladung übergroßer nervöser Erregung.« S. Freud legte in seiner Theorie des Lachens auf den Gesichtspunkt der Energieabfuhr großen Wert, wobei er freilich psychische Energie mitmeinte. Daß sich Körper und Seele wechselseitig beeinflussen, war freilich schon immer bekannt: »Ein fröhlich Herz macht das Leben lustig, aber ein betrübter Mut vertrocknet das Gebein«, heißt es in der Bibel (*Sprüche* 17,22).

Der im Mittelalter lebende und wirkende Professor der Wundarzneikunst Henri de Mondeville (1260–1320) warb ausdrücklich dafür, Heiterkeit für die Genesung von Patienten einzusetzen: »Der Wundarzt muß die ganze Lebensweise von Patienten auf Freude und Glück hin ausrichten.« Er empfahl, die Verwandten und Freunde zu den Kranken zu lassen, damit sie aufgemuntert werden und lustige Dinge erzählt bekommen. Das hört sich sehr modern an – und wird trotzdem von vielen Krankenhäusern immer noch nicht ernst genug genommen. Sie reglementieren Besuchszeiten und halten Eltern von den Krankenbetten ihrer Kinder fern. Besucher halten sich aber ebensowenig an die Empfehlung von de Mondeville, Klatsch, Tratsch, Ärger, Aufregung, Haß und traurige Botschaften von den Patienten fernzuhalten.

Lachen ist wirklich gesund

Der englische Gelehrte und Pastor Robert Burton (1577–1640) schrieb ein frühes Lehrbuch der Psychiatrie, *Anatomy of Melancholy,* in dem er eine Theorie vom Lachen als therapeutische Maßnahme entwickelte: »Heiterkeit und fröhliche Gesellschaft dürfen nicht von Musik getrennt werden, denn beide sind hier unbedingt erforderlich. ›Heiterkeit‹ (sagt Vives) ›reinigt das Blut, kräftigt die Gesundheit, ruft eine frische, angenehme und schöne Hautfarbe hervor‹, verlängert das Leben, schärft den Geist, macht den Körper jung, lebendig und tauglich für alle Arten von Beschäftigung. Je fröhlicher das Herz, desto länger das Leben; ›ein gütiges Herz ist des Leibes Leben‹ (Sprüche 14,30) . . . ich werde also zu jedem Melancholiker nur sagen: Feiere oft Feste und bevorzuge Freunde, die nicht traurig sind, deren Scherze und Erheiterungen dich froh machen. ›Wieder und wieder bitte ich dich, fröhlich zu sein; wenn irgend etwas dein Herz bekümmert oder deine Seele bedrückt, achte nicht darauf, verlache es, laß es vorübergehen. Und das schärfe ich dir ein, nicht nur als Geistlicher, sondern auch als Arzt; denn ohne diese Heiterkeit, die das Leben und die Quintessenz der Medizin ist, sind Arzneien und was auch immer zur Verlängerung des Menschenlebens angewandt wird, stumpf, tot und wirkungslos.‹«[19]

Immanuel Kant (1724–1804), der deutsche Philosoph aus Königsberg, nahm in seiner *Kritik der Urteilskraft* Erkenntnisse der modernen Psychosomatik geradezu vorweg: »Nicht die Beurteilung der Harmonie in Tönen und Witzeinfällen, die mit ihrer Schönheit nur zum notwendigen Vehikel dient, sondern das beförderte Lebensgeschäft im Körper, der Affekt, der die Eingeweide und das Zwerchfell bewegt, mit einem

Worte das Gefühl der Gesundheit macht das Vergnügen aus, welches man daran findet, daß man dem Körper auch durch die Seele beikommen und diese zum Arzt von jenem brauchen kann . . . Im Scherz hebt das Spiel von Gedanken an, die insgesamt, sofern sie sich sinnlich ausdrücken wollen, auch den Körper beschäftigen; und indem der Verstand in dieser Darstellung, worin er das Erwartete nicht findet, plötzlich nachläßt, so fühlt man die Wirkung dieser Nachlassung im Körper durch die Schwingung der Organe, welche die Herstellung ihres Gleichgewichtes befördert und auf die Gesundheit einen wohltätigen Einfluß hat . . . Voltaire sagte, der Himmel habe uns zum Gegengewicht gegen die vielen Mühseligkeiten des Lebens zwei Dinge gegeben: die Hoffnung und den Schlaf. Er hätte noch das Lachen hinzurechnen können . . .«[20]

Körperliches und seelisches Wohlbefinden im Einklang

Zu Beginn des 20. Jahrhunderts beschäftigte sich James Sully in seinem Buch über das Lachen *An Essay on Laughter* ausführlich mit seinem physiologischen Nutzen: »Wieviel Wahrheit steckt in der Behauptung, daß das Lachen segensreiche physiologische Wirkungen hat? . . . Zunächst ist zu sagen, daß die Ungebildeten immer die weise Überzeugung hatten, daß das Lachen die Lebensströme antreibt. Sprichwörter wie ›lache und werde dick‹ bezeugen diesen Glauben . . . Wir dürfen auch die Möglichkeit nicht außer acht lassen, daß das Lachen auf andere Weise heilsam auf unseren stark beanspruchten Zustand einwirkt. Wie oben erwähnt, ist ein kräftiges Lachen der natürliche Weg, Fröhlichkeit auszudrücken – eine plötzliche Zunahme des Vergnügens. Nun glauben die Psychologen, daß angenehme Gefühle vermutlich allen organischen Funktionen förderlich sind, indem sie die Nervenkraft verstärken, die sie in Gang hält. Das Lachen übt seinen wohltätigen Einfluß auf unseren körperlichen Zustand zum Teil dadurch aus, daß es über eine erhöhte Stimulation der Nerven eine beträchtliche Steigerung der vitalen Aktivität bewirkt.«[21]

William McDougall, ein bekannter Professor der Psychologie in Harvard, schrieb 1922 in *A New Theorie of Laughter* dem Lachen eine biologische Funktion zu: »Die Körperbewegungen beim Lachen beschleunigen die Blutzirkulation und die Atmung und erhöhen den Blutdruck; sie erzeugen damit einen Zustand der Euphorie oder des allgemeinen Wohlbefindens, der dem Bewußtsein eine angenehme

Spannung verleiht... Diese spezielle Veranlagung schützt uns vor den deprimierenden Einflüssen, die die vielen kleinen Mißgeschicke und Fehler unserer Mitmenschen ausüben würden, wenn wir diesen Schutz nicht hätten... Diese kleineren Kümmernisse sind in einer solchen Vielzahl um ihn herum vorhanden, daß er fast unausgesetzt ihrem deprimierenden Einfluß ausgesetzt wäre, so daß seine eigene Lebenskraft durch den kumulativen Effekt so vieler kleiner Kümmernisse ernsthaft beeinträchtigt würde. Daher wurde ein Gegenmittel, ein Schutz gegen diese allzu häufigen, unnützen kleineren sympathischen Kümmernisse notwendig; so erwarb sich der Mensch als Schutzreaktion gegen sie die Fähigkeit zu lachen.«[22]

Krankhaftes Lachen

Der Vollständigkeit halber sei darauf hingewiesen, daß Lachen auch krankhaft sein kann, worauf Raymond A. Moody in seinem Buch *Lachen und Leiden. Über die heilende Kraft des Humors*[23] hinweist. Eine Anzahl körperlicher Leiden führt zum Lachen oder Ausdruck von Lachen, ohne daß eine fröhliche Stimmung oder Heiterkeit dahinterstünde. Lachen kann dort zum Krankheitssymptom werden. Hervorzuheben sind Muskelatrophien, multiple Sklerose, die Pseudobulbärparalyse wurde früher gar »Lachkrankheit« genannt. Zu unmotiviertem Lachen kommt es ebenfalls bei der Wilsonschen Krankheit, bei Formen von Epilepsie oder Kuru, die bei Eingeborenen des Foro-Stammes in Neu-Guinea vorkommt und auf eine Virusinfektion zurückgeführt wird.

Lachen und euphorische Stimmungslagen können in zivilisierten Kulturkreisen künstlich hervorgerufen werden. Am häufigsten ist an Vergiftungen und Rauschzustände zu denken. Oft dürfte Alkohol im Spiele sein, wenn es darum geht, unmotivierte Heiterkeit und Fröhlichkeit zu erzeugen. Er lockert Hemmungen und sonst vorhandene soziale Schranken, stimuliert Körperfunktionen und befreit humorvolle Äußerungen, die sonst zurückgehalten werden.

Enthemmende Wirkung haben Drogen; Marihuana etwa bringt leicht zum Lachen, auch Gase (Lachgas) oder Gifte wie das Metall Mangan und Strychnin. In diesen Fällen handelt es sich um unnatürliche oder krankhafte Formen des Lachens, begleitet von Erregungen, Verkrampfungen als Folgen künstlich herbeigeführter Euphorien.

Freude läßt wachsen

Der namhafte amerikanische Psychologe W. Allport hat die Wirkungen von Humor in der Erziehung auf einen knappen Nenner gebracht: *Lust prägt ein, Schmerz prägt aus.* Der Aussage widerspricht die private Erfahrung vieler Einzelner nicht, die sich ihr Leben lang an Schläge, verletzende Worte und demütigende Situationen erinnern. Hinterlassene psychische Wundmale und Narben haben zur Folge, daß sie Quellen von Lebenspein künftig aus dem Wege gehen oder das Gegenteil von dem tun, was die Strafe, strenge Erziehungsmaßnahme oder unmenschliche Behandlung erreichen wollte. Ein Scherzwort faßt die Lebenserfahrung und wissenschaftliche Erkenntnis zusammen: »Zum Possen der Katz«, sprach die Maus und sprang in die Falle.

Humor in der Erziehung aufzuspüren ist schwierig und einfach zugleich. Schwierig, weil die Lust am Leid weit verbreitet ist. Fast masochistisch macht es Menschen mehr Freude und Spaß, über persönliche Probleme zu klagen, als Spaß an der Freude zu haben, an Lebendigkeit und Fröhlichkeit. Sündenböcke müssen herhalten, um eigene Erziehungsfehler zu überdecken, Strafen und Disziplinierungsmaßnahmen sollen die mangelnde Zuwendung ersetzen. Spiegelt das Verhalten von Kindern die eigenen Fehler wider, greift die Verunsicherung um sich. Die erziehende Person erschrickt vor den eigenen Verklemmungen, vor persönlicher Borniertheit und geistiger Beengung, kurz, vor der eigenen Humorlosigkeit. Anders herum, wer in der Erziehung Humor walten lassen möchte, muß bei sich selber anfangen.

Eher zeigt sich Humor bei Kindern. Ihre Freuden sind unverstellt, seelische Verkrustungen zwingen sie (noch) nicht zu vermeintlichem Lebensernst. Alexandre Dumas der Jüngere erkundigte sich im vorigen Jahrhundert bei Madame de Grignan: »Wie kommt es, daß die kleinen Kinder so klug und die meisten Menschen so dumm sind? Es muß an der Erziehung liegen.« »Ich habe bemerkt«, erwiderte ihrerseits Madame de Grignan, »daß alle Kinder bis zum Alter von zwölf Jahren gründliche Kenner des menschlichen Herzens sind. Dann, nachdem sie erst alles geahnt und verstanden haben, so zwischen zwölf und zwanzig Jahren, ich weiß nicht, was dann über sie kommt. Plötzlich werden sie blöd. Eine wahre Epidemie! Nur die Faulpelze kommen mit heiler Haut davon!«[24] Ganz so schlimm kommt es natürlich nicht. Viele Kinder retten ihre Lebensfreude in das Erwachsensein mit hinüber. Daher gibt es zum Glück Eltern, Erzieher, Erwachsene, die spürbar Humor in die Erziehung einfließen lassen. Die Hoffnung ist keineswegs verwegen, daß sich der Rest von erziehenden Erwachsenen von ihrem Beispiel anstecken lassen möge. Denn soviel ist sicher: Erziehung setzt Fröhlichkeit des Herzens bei Erziehern voraus. So beschäftigte sich der anerkannte Pädagoge Georg Kerschensteiner in seinem Buch *Die Seele des Erziehers* ausführlich mit dem »großen Humor« als seelischer Grundlage für Erziehung. Gemeint sei damit nicht nur die ebenfalls erwünschte Fröhlichkeit des Herzens und Heiterkeit des inneren Wesens. Großer Humor »ist nicht ein vorübergehender Zustand, eine auftauchende und immer wieder verschwindende Gemütsbewegung, auch nicht bloß ein dauernder Zustand schlechtweg, wie er sich in einer anhaltenden Stimmung kundgibt, sondern eine vollendete Sinnesart, eine Lebensanschauung, eine Lebensauffassung. Er ist ein Ausdruck von Selbstbehauptung, die sich auf Selbsterkenntnis gründet.«[25]

Hilfe zur Erkenntnisgewinnung

Humor ist nicht nur eine Frage der Stimmung, Stimulanz oder, wie es moderner heißt, ein Mittel der Motivation in der Erziehung. Die innere Empfindung von Freude ist zugleich unerläßlich für den Gewinn an Erkenntnis selbst. Der Erziehungswissenschaftler Rudolf Lassahn hat das Ergebnis seiner historischen Analyse über Freude in der Erziehung folgendermaßen zusammengefaßt:[26]

»1. Freude steht in Verbindung mit Charakterbildung. In der Freude liegt eine Weise beständigen Stellungnehmens zur Welt. Wirkliche sittliche Bildung kann deshalb ohne den Faktor Freude nicht geschehen. – Aristoteles und Makarenko.

2. Freude steht in unauflöslicher Verbindung mit der Art unserer Erkenntnis und mit unserem Lernen. Alle unsere Sinneswahrnehmungen werden bereits durch Lust und Unlust geleitet. Freude wird überhaupt zu einem Antrieb für Erkenntnis. – Aristoteles, Fichte, Makarenko.

3. In Verbindung mit Liebe wird Freude zu der Kraft, die unsere

Vernunft treibt, das Erkannte zu wollen. Was wir uns freudig angeeignet haben und lieben, das wollen wir auch. Erkenntnis und Interesse an der Erkenntnis verbinden sich hier zum Willen zur Realisation. Durch die Freude gesellt sich zur Vernunft der Wille zur Vernunft. – Fichte.

4. Freude am Denken als Motiv für eigene Selbstvervollkommnung, als Möglichkeit die Enge des Ich zu überwinden, Welt aufzunehmen und mit der Welt intim zu werden, kann nur im Medium der Freiheit erfolgen. Unfreiheit tötet Freude und Glück. – Spinoza.

5. Als Weise der Stellungnahme ist in der Freude der Grund für Tugend zu suchen. Wir fliehen den Schmerz und suchen die Freude. Darin liegt der Grund für unser Gut und Böse. Das Denken ist nur der Diener dieser Tugend. – Nietzsche.

6. Freude ergibt sich immer aus Tätigkeit. Der Mensch ist von Natur aus aktiv. Wirkliche Freude genießt der Mensch im Schaffen. – Aristoteles, Rousseau, Fichte, Nietzsche, Makarenko.

7. Freude kann auch entarten und tritt in Fehlformen auf als Freude am Nutzlosen, an Tand und Flitter, am billigen Vergnügen, als Freude am Schaden anderer, ja, selbst als Freude am Bösen. Es kommt darauf an, die echten Freuden von den falschen unterscheiden zu lernen und primitive Formen in menschlich wertvollere umzusetzen. – Epikur, Seneca, Rousseau, Makarenko.

8. In der Kindheit tritt Freude in unverfälschter Form auf. Diese reine, kindliche Freude geht verloren. Von der Antike bis zur Gegenwart zieht sich durch die Literatur die Sehnsucht nach dem verlorenen Paradies der Kindheit. Bergson sagt: ›Ja, wer weiß, ob wir nicht von einem gewissen Alter ab für frische und neue Freude unzugänglich werden, und ob die süßeste Freude des reifen Mannes etwas anderes sein kann als wiederbelebte Kindheitsgefühle? Ein duftender Hauch, der uns immer seltener, aus immer fernerer Vergangenheit zuweht?‹ In dieser Form wurde die Freudigkeit der Kindheit zum Topos für ein verlorenes Paradies und zum Zweck einer natürlichen Erziehung überhaupt.«

Was können nun Eltern, erziehende Erwachsene, Geschwister, Lehrer und Ausbilder tun, um wenigstens ein Stückchen Paradies im Alltag wieder Wirklichkeit werden zu lassen? Und wie sollen sie sich verhalten, wenn ihnen selbst nicht nach Freude und Fröhlichkeit zumute ist? Oft genug haben schlechte Erfahrungen und schlimme Enttäuschungen den Vorrat an eigener Freude aufgebraucht. Der graue Alltag tröpfelt vor sich hin. Routine lauert an allen Ecken und erstickt Lebendigkeit. Da reicht es nicht aus, zur Verbesserung und Verbreitung guter Laune sich eine rote Pappnase aufzusetzen und zwanghaft fröhliche Grimassen zu schneiden. Eher ist an Lebendigkeit und schöpferische Phantasie als Vorstufen für Freude und Humor in der Erziehung zu denken. Ein bißchen guter Wille reicht schon aus, die ersten Schritte auf dem Wege zu einer humorvollen Erziehung erfolgreich zu nehmen. Denn humorvoll sein heißt vor allem lebendig sein, keine Langeweile aufkommen lassen und schöpferische Phantasie entfalten. Im Kern geht es um die Aneignung eines schöpferischen Stils in der Erziehung. Woher nehmen? Menschen mit schöpferischer Phantasie, humorvollen Einstellungen und Haltungen fallen nicht vom Himmel, wie mancher Seufzer aus Verzweiflung glauben machen möchte. Nur in seltenen Ausnahmefällen werden sie als angeborene Gaben Menschen zuteil. Mit Hilfe eines kleinen Experiments mag jeder für sich überprüfen, was er für angelernte Humorlosigkeit oder gelernten Humor in der Erziehung halten mag. Wichtiger wäre noch, sich die Anwendung jener Regeln abzugewöhnen und sich diese anzugewöhnen, um in der Erziehung auf den gewünschten Kurs zu gehen. Zum Abbau von Fehlern und Aufbau einer lebendigeren Erziehung als Vorstufe von Erziehung mit Humor kann jeder etwas tun:

Lasterkatalog für humorlose Erziehung

Wann immer es geht, meide den Umgang mit Kindern, denn sie sind vor allem schmuddelig und vorlaut. Von dem, was sie später für ihr Leben brauchen, haben sie nicht die geringste Ahnung. Man muß ihnen erst eintrichtern, wie wertvoll ihnen die Erfahrungen der Erwachsenen zu sein haben – sie brauchen ja nicht zu erfahren, daß es darüber hinaus wenig zu vererben geben wird – höchstens einen Sack Vorurteile und falsche Lebensrezepte. Kommst du gleichwohl mit Kindern in Berührung, sei es als Vater, Mutter, weil du einen pädagogischen Beruf erwählt hast oder weil man dir so ein armes Wurm in Windeln gewickelt vor die Garagentür gelegt hat, versuche nie, dich an den Schicksalsschlag zu gewöhnen. Wenn du Kindern nicht täglich sagst, welche Last sie für dich bedeuten, wirst du bald ihr Eßgeschirr spülen, die Schulaufgaben machen, während sie sich später in Campingzelten mit Partnern vergnügen oder in verräucherten Kneipen revolutionäre Lieder singen. Trau' keinem Säugling ab drei Wochen mehr, sei deine Parole, um den Anfängen zu wehren. Mit dem Erwerb der Sprache kommen auch die Widerworte. Kinder sind verspielt und leicht vergeßlich. Präge ihnen deine Lebensweisheiten früh ein und wiederhole deine Sprüche mehrmals täglich. Haben sie erst einmal begriffen, daß du ein wandelndes Spruchbuch bist, werden sie nicht mehr in Versuchung geraten, einen Menschen in dir zu vermuten.

Gewöhne Kindern früh ab, eigene Fragen zu stellen. Sie könnten auf Antworten kommen, die dir wenig gefallen. Statt dessen sage ihnen, wo es im Leben lang geht, denn du weißt mehr, kannst mehr, du bist größer und wiegst mehr. Sage ihnen Verhaltensregeln auf und Strafen für ihre Übertretung. Immer und immer wieder. Sie werden nicht auf dich hören, aber das beweist aller Welt, wie ernst du deine Pflichten nimmst.

Hast du Schülern oder Jugendlichen Unterricht zu erteilen, dann walze deine Lieblingsthemen aus. Darin kennst du dich aus, und niemand kann dich übertreffen. Wozu Zettelkasten und Karteiblätter erneuern, wenn ohnedies neue Jahrgänge nachrücken? Ratsam ist es, Geschichten aus alten Zeiten zu erzählen, die nichts mit den Kindern, ihrem Leben und der Gegenwart zu tun haben. Sobald sie entdecken, wie wenig solche Geschichten sie beim Spielen oder Schlafen stören, werden sie sich diszipliniert verhalten, und darauf allein kommt es an. Vor allem: lache nie, lächle nicht. Kinder könnten meinen, daß es dir nicht ernst ist. Selbst dann nicht, wenn du dich einmal zur Verfügung stellst, um sie wie auf einem Esel reiten zu lassen.

Wunschkatalog für humorvolle Erziehung

Vor allem: Nimm dich nicht wichtiger als du bist. Die Erziehung von Kindern, Schülern und Jugendlichen hängt nicht von dir alleine ab. Der andere Elternteil, Geschwister, Spielgefährten, Verwandte, Lehrer, Nachbarn und Bekannte erziehen mit. Ja, Kinder lernen aus Büchern und Medien, sie wollen spielerisch Verhalten ausprobieren und eigene Erfahrungen machen. Je mehr du zurücktrittst, freilich bereit, im Notfall einzugreifen, um so besser. Sei darauf gefaßt, mehr von Kindern zu lernen, als sie von dir je lernen könnten. Sie nehmen noch Menschen und Dinge wahr in einer Weise, die du in der Hast des Erwerbslebens längst verlernt hast. Sie sprechen mutig Wahrheiten aus, die du lieber bei dir behältst oder herunterschluckst. Kindermund spricht wahr, heißt es, denke daran. Laß dich anregen, quälende Rücksichtnahmen abzulegen, die Verhältnisse und zwischenmenschliche Beziehungen nur verschlimmern.

Lerne von den Kindern wieder zu spielen und ein fröhlicher Mensch zu sein. Sie können dich lehren, Rollenzwänge abzulegen und neue Verhaltensweisen auszuprobieren. Sei wie sie offen für die Zukunft, statt dich von der Last der Vergangenheit niederdrücken zu lassen. Verweigere dich Leuten, die dir weismachen wollen, daß Erziehung hauptsächlich aus Belehrung bestehe. Stecke den hocherhobenen Zeigefinger weg und mache dich mit den Kindern gemeinsam auf den Weg, Antworten auf Fragen und Lösungen für Probleme zu suchen. Es gibt immer mehrere Wege, zeige sie auf und lasse sie selbst entscheiden, welchen sie gehen wollen. Kindheit ist kein Härtetraining für das spätere Erwachsenenalter. In jeder Altersstufe haben Kinder ein Anrecht auf authentisches Leben, auf wirkliches Leben jetzt und hier. Biete alle deine Phantasie auf, um es lebendig und abwechslungsreich zu gestalten. Streiche die Tage im Kalender dick an, an denen ihr gemeinsam gelacht habt. Freue dich von Anfang an auf den Tag, an dem du entdeckst, daß aus deinen Kindern trotz deiner Erziehung etwas geworden ist.

Humorvoll reagieren

Humor im erzieherischen Alltag darf sich nicht in gutgemeinten Appellen und Vorsätzen erschöpfen. Blitzlichtartig leuchtet in kleinsten Begebenheiten auf, wieviel davon eingelöst wird, was sich in Haltung und Äußerung konkret niederschlägt. Walter Jahn liefert in seinem Buch *Am Anfang war das Lächeln, Der fast vergessene Humor in der Erziehung*[27] dafür ein Beispiel: »Nun geschah es also eines schönen Schultages – die sentimental-poetische Seele in unserem Schulmeister hatte gerade die Oberhand –, daß im Sprachunterricht von einer Himmelswiese mit Sternenblumen oder Blumensternchen, Schäfchenwolken oder Wolkenschäfchen, Engeln, und was immer noch in diese liebliche Landschaft der oberen Sphären gehörte, die Rede war.« Der Lehrer forderte im Verlaufe die Schüler auf, »Himmelswiese« etwas poetischer und schöner, nach Möglichkeit um Nuancen lieblicher und zarter auszudrücken. Insbesondere forderte er auf, nach einem feineren Ausdruck für »Wiese« zu suchen . . . Niemand hatte eine Idee. »Matte« oder »Alm« schienen derb oder unpassend. So schreibt der Lehrer schwungvoll das gesuchte Wort selber an die Tafel: *Himmelsau.* »Und nun bricht augenblicklich das Verhängnis über die eben nur teilweise romantisch verzückte Klasse herein: zuerst in Form eines häßlichen Gekichers aus der Wetterecke der schlimmen Buben, begleitet von einem höchst unpoetischen Gegrinse, das dem sich brüsk umwendenden Lehrer aus besagter Ecke entgegenblitzt und dem sich allmählich die ganze Klasse mehr oder weniger freiwillig ergibt. ›Himmelsau‹ kann natürlich mit der verdorbenen Phantasie acht- bis neunjähriger Buben auch völlig anders verstanden werden, falls man nicht die zwei, sondern die drei letzten Buchstaben des Wortes zusammenfaßt. Und damit ist die ganze zarte, märchenhafte Romantik mit einem Schlag brutal vernichtet.« Der Lehrer geriet in Zorn und verteilte, wie vielfach üblich, Strafaufgaben. »Wieder einmal war eine friedliche Schulszene dank der Humorlosigkeit zum Tribunal geworden«, resümiert Walter Jahn.

Dennoch, hüten wir uns, den Lehrer im Regen stehen zu lassen. Wer hätte nicht wie er reagiert? Vielleicht hat er daraus gelernt? Möglicherweise fehlte es ihm nicht an Sinn für Humor, wohl aber an der Fähigkeit, ihn in einer zugespitzten Situation zu zeigen? Fehlt es einstweilen sowohl an Einsicht als auch an der Fähigkeit zur Anwendung, können sich Erwachsene immer noch behelfen. Sie können zuerst einmal humorvolle Werke oder Medien einsetzen, Produkte anderer, die geeignet sind, die erzieherische Arbeit humorvoll zu unterstützen. Der *Struwwelpeter* mag als klassisches Beispiel dafür gelten, daß mittels lustiger Zeichnung und gereimter Beispiele Wirkung ausgeübt wird. Mit Fragen der Pädagogik haben sich auf diese Weise Wilhelm Busch und Johann Peter Hebel beschäftigt. Im modernen Angebot gibt es lustige Kinderbücher, Bildergeschichten und Comics, geeignete Fernsehsendungen, Karikaturen oder Spiele. Noch nie war das Angebot so groß, der mangelnden eigenen Phantasie und Lebendigkeit auf die Sprünge zu helfen. Die Skeptiker, Vorsichtigen und Mißtrauischen gegenüber Mißbrauch und Überfütterung mögen sich damit trösten, daß die meisten Kinder ihre Erziehung überlebt haben. Schutzengel bewahren sie zu allen Zeiten vor dem Schlimmsten oder gewähren eine Art Schutzhaut aus kindlichem Witz und Humor. Womit wir bei der Frage wären, ob Kinder aus ihrer Sicht etwas über Erziehung zu lachen haben?

Kindern werden gerne witzige Äußerungen zugeschrieben. Erwachsene lachen oft darüber. Halten sie für kindisch, was in Wahrheit tiefere Erkenntnis signalisiert? Friedrich Heer schreibt: »Unser Wort ›Witz‹ entstammt der Aufklärung. Dort aber bedeutet es etwas anderes: Geist; Geist haben. Witzig sein ist da: geistreich sein.«[28] Wer traut das Kindern ohne weiteres zu? Oder steckt Überheblichkeit dahinter, weil nicht sein kann, was nicht sein darf, daß nämlich Kinder weise sein können? Jedenfalls sind sie nicht auf ihre kleinen Köpfe gefallen: Ein Kind bekommt von einer geizigen Patentante ein ausgebleichtes Kleidchen geschenkt, das sie im Ausverkauf erstanden hatte. Das Kind bedankt sich artig. »Nicht der Rede wert«, sagt die Tante. »Ich weiß, aber Mutti hat gesagt, ich soll mich trotzdem bedanken.«

Am wahrscheinlichsten und wünschenswertesten ist, daß Lachen über Schulzeit und »Kindermund« hinaus die Generationen miteinander versöhnt und vereint. Kindermund spricht stellvertretend aus, was Erwachsene vielfach denken. Wie anders wäre zu erklären, daß humorvolle Geschichten aus der Schule und lustige Dialoge zwischen Kindern und Erwachsenen sich so großer Beliebtheit unter Erwachsenen erfreuen? Unterscheiden sich Erzieher und Zöglinge vorwiegend durch ihre Körpergröße? Als Beispiele für Vergnügen und hohen Bekanntheitsgrad mögen Proben aus *Die Knilche von der letzten Bank* des Autors Jean-Charles dienen.[29]

Die Schwierigkeit, mit Begriffen umzugehen, ist auch Erwachsenen nicht fremd: »Antiquar: Ein Händler mit auf alt hergerichteten neuen Sachen. Diktator: Ein Herr, der Diktate schreiben läßt. Pseudonym: Der Zustand, in den sich die Dichter versetzen, bevor sie anfangen zu schreiben. Sirene: Ein Mädchen, das im Altertum sang, um vorübergehende Ehemänner damit umzubringen. Skelett: Ein Mensch, der nicht viel Fleisch auf den Knochen hat. Witwe: Gattin eines Witwers.«

In die Geheimnisse des Lebens einzudringen bleibt eine lebenslange Aufgabe: »Ich weiß, warum die Fische stumm sind! Damit sie beim Reden kein Wasser schlucken, wenn sie das Maul auftun.« Nicht immer sind die Geschwister über neuen Zuwachs erbaut. Aufschlußreich ist da folgendes Zwiegespräch: »Gefällt dir denn dein neues Schwesterchen?« »Ach nein, gar nicht! Die heult ja die ganze Zeit!« »Warum gibt sie denn deine Mutter dem Kaufmann nicht wieder zurück?« »Du bist ja verrückt! Der nimmt sie doch nicht mehr. Die ist ja schon eine ganze Woche im Gebrauch!«

Die Beobachtungsgabe im Nahbereich übt sich früh: »Gastlichkeit. Alles ist bereit. Die eingeladenen Gäste kommen an, und Papa stürzt sich auf die Damen, um sie zu entkleiden.« Unter solchen Umständen nimmt Kinderweisheit geradezu platonischen Rang an: »Das Ärgerliche beim Nachruhm ist, daß man erst nach dem Tode etwas davon hat.«

Zum Wohle: Essen und Trinken

Ärger kann auf den Magen schlagen, wer wüßte das nicht? Hippokrates, später Galen und andere Ärzte im Mittelalter wiesen auf den Zusammenhang von Stimmungen und Körpersäften hin. Nicht zufällig hießen sie *humores,* Säfte, die schädlichen Gallenfluß zu hindern oder ein Gemüt zu erheitern vermögen.

Ein inniger Zusammenhang zwischen Essens- und Trinkgewohnheiten und Freude am Leben, an Genuß, Spaß und guter Laune ist schwerlich zu bestreiten. Der Menschenkenner kann sich nicht vorstellen, wie einer mit griesgrämigem Gesicht an einem köstlich zubereiteten Rehrücken Gefallen finden könnte. Leib und Seele gehören nun einmal zusammen, wo könnte sich das besser zeigen als beim Essen und Trinken? Folglich braucht einer, der Humor im Sinne einer bestimmten Lebenshaltung im Alltag entdecken möchte, nur zu beobachten, wie Menschen essen, welche Namen sie ihren Speisen und Getränken geben, was sie ihnen bedeuten. Auch ohne in die Form von Witz oder Anekdote gekleidet zu werden, wird ersichtlich, daß Humor und Lebenskunst innig miteinander verwoben sind.

Bereitet es dem Menschen Mühe, Wohlstand und Luxus, Fülle und Völlerei einigermaßen schadlos zu überstehen, erweist sich Humor im historischen Rückblick und geographischen Rundblick nicht minder als lebensnotwendige Hilfe, ebenfalls über Mangel und Notzeiten hinwegzuhelfen, denn manche heute wohlbekannte und begehrte Speise geht schlicht auf materielle Armut zurück. Phantasievolle Bezeichnungen für karge Speisen, frugale Mahlzeiten erwecken den Eindruck, Freude erzeugen und trübe Gedanken verscheuchen zu wollen. Wer schmunzelt nicht angesichts solcher Benennungen wie Bremer Hoppelpoppel, Gaisburger Marsch oder Thüringer Pfaffenstücke? Humor im Zusammenhang mit Essen und Trinken hilft nicht nur über Mangel oder Völlerei hinwegzukommen. Es ist der Saft, der die Verdauung fördert, ein Zugewinn für die psychische und physische Kondition. Des rechten Geistes und gelassenen Gemüts bedarf es, um ohne Schaden für Leib und Seele zu überstehen, was kulinarischer Erfindergeist allerorten auf den Tisch bringt. Wo man sich's gemeinsam wohl sein läßt, da ist auch gut miteinander lachen. Fröhliche Tupfer sind auf allen Speisekarten in deutschen Landen zu finden, eine Prise Humor dient allemal dazu, sich guten Appetit und Freude am Leben nicht nehmen zu lassen.[30] Der gibt sich als Optimist zu erkennen, der sich nicht den Spaß an Essen und Trinken verderben läßt.

Fröhliche Kulinarik von Bayern bis Ostpreußen

Vom **Schleswig-Holsteiner** wird behauptet, daß er seine Nahrung hauptsächlich auf zwei solide Säulen gründet: auf Fleisch und Mehl. Der Zweck ist unverhohlen: Er möchte nicht vom Wind weggepustet, von den Meeren nicht davongespült werden. Der spökenkiekerischen Neigung seiner Seele tut Ballast gut, damit sie nicht von der festen Mutter Erde abhebt. Originalia, Spezialitäten tragen zauberhafte Bezeichnungen. Sie heißen Lübecker Schwalbennester und Holsteiner Förtchen. Man schätzt Grünkohl mit Schweinebacke oder Möveneier mit Apfel-Mayonnaise. In Nordfriesland wußte man zu leben. Erzürnt schrieb der protestantische Prediger Petrejus am Ende des 16. Jahrhunderts über die nordfriesische Völlerei: »Nicht von den Frösten, sondern vom vielen Fressen hat dieses Friesland seinen Namen.« Im äußersten Nordwesten ist auch der »Pharisäer« beheimatet. Er belegt, daß die Beschäftigung mit Eß- und Trinkgewohnheiten eine fruchtbare Quelle für die Erschließung der Seelen von Mitmenschen darstellt. Zum krönenden Abschluß einer Mahlzeit wird seit langem der berühmte »Pharisäer« serviert. Seinen Namen verdankt das fast therapeutisch zu nennende Getränk dem Pastor von Nordstrand. Zu vorgerückter Stunde nämlich erwischte er bei einer Familienfeier versehentlich die Tasse eines Gastes, wobei er entdeckte, daß bei allen übrigen Anwesenden unter einer dicken Sahnehaube scheinheilig Rum verborgen war. Womit übrigens erwiesen ist, daß selbst ein Getränk Witz mit einer Pointe haben kann.

Über die **Hamburger** schrieb Heinrich Heine: »Die Hamburger sind gute Leute und essen gut.« Offenkundig spielte er auf einen tieferen Zusammenhang an: Gut essen und trinken macht Menschen gut. Die ewigen Menschenverbesserer sollten sich das Rezept merken! Die dort ortsüblichen Speisenbezeichnungen verlocken gleichermaßen zum Schmatzen und Schmunzeln. Angeboten werden Klüten oder

Vierländer Stubenküken, Schnuffelbohnen oder Snuten und Poten. Draußen bekannter sind Hamburger Aalsuppe, Matjes mit Specksoße, Rote Grütze, von Altbundeskanzler Schmidt geschätzt, und Weißer Kuchen. Der renommierte Hamburger Grog wird auf den Britischen Admiral Edward Vernon (1684–1757) zurückgeführt. Er befahl seinen Matrosen, die Rumration zu strecken, und zwar mit kaltem Wasser. Die Hamburger überlebten diese Zumutung und brauten fortan ihren vorzüglichen Grog von Rum heiß. Sie sind damit gut gefahren und bis heute in bester Verfassung geblieben, die es ihnen erlaubt, den typisch Hamburger Humor um sich herum zu verbreiten. Den Bremern ihren Kohl und Pinkel gönnend.

Für die **Niedersachsen** ist die Verbindung von Essen und Humor keine Frage. Wilhelm Busch nahm sogar die Vorkehrungen zum Mahl liebevoll in den Blick: »Eben geht mit einem Teller, Witwe Bolte in den Keller, Daß sie von dem Sauerkohle, eine Portion sich hole.« Mehr als durch Schlachten ihrer Soldaten wurden sie durch Schlachten von Schweinen berühmt. Gewissenhaft entwickelten sie Wurstspezialitäten und ließen sich darüber hinaus Welfenpudding, Heidesand-Plätzchen und Steinhuder Aal in Dillsoße einfallen. Beim Verzehr solcher Köstlichkeiten möchte kein Mensch gestört werden. Heinrich Heine mäkelte in der *Harzreise,* daß Essen vom Reden verleidet werde: ». . . indem sich ein junger Mensch diskursierend zu mir setzte und so entsetzlich schwadronierte, daß die Milch auf dem Tisch sauer wurde.«

Den **Westfalen** werden guter Appetit und gediegene Kochkunst nachgesagt. Beide sollen auf den Germanenhelden Arminius und seine Gemahlin Thusnelda zurückgehen. Die Römer vertreiben, macht nun einmal Hunger und Durst. Etliche Speisenbezeichnungen sind dem Fremden zunächst unverständlich, Einheimische und Eingeweihte kennen sich aber unter Münsterländer Töttchen, Potthucke, Lappen-Pikkert und Pfefferpotthast bestens aus. Lustig klingen ebenfalls Schlodderkappes, Panhas oder Ballbäuschen. Dem Haudegen Simplicius Simplicissimus verklärten sich im Dreißigjährigen Krieg wundersam die Sinne: »Ich sah, daß der schwarze Himmel auch schwarz voller Lauten und Flöten und Geigen hing. Ich meinte aber damit die Schinken und Knackwürste und Speckseiten, die sich im Kamin befanden.«

Über den **Rheinländer** dürften zwei irrige Annahmen im Umlauf sein. Erstens, daß er immer lustig sei und deshalb trinke. Zweitens, daß er immer trinke und deshalb lustig sei. In Wahrheit wird es sich um zwei verschiedene Seiten ein- und derselben psychischen Befindlichkeit handeln, um den Zustand von Fröhlichkeit. Sie kann ihn gar über den Boden des finanziell Erschwinglichen erheben, hoch in den Himmel hinauf, vor allem während der Karnevalszeit. Ein Berliner Oberschulrat schrieb mißbilligend: »Während des Karnevals hat fast niemand gearbeitet, aber alle haben gegessen und getrunken. Und zwar soviel als möglich, und oft noch mehr. In gleichem Maße, wie sich die Taschen leeren, füllen sich die Leihhäuser.« Den Rheinländern steht eine genügende Auswahl an leiblichen Freuden zur Verfügung, den Spaß am Leben zu fördern. Martinsgans oder Rheinischer Sauerbraten, Püfferche oder Süße Mathilde bringen sie ebenso in Schwung wie ein gutes Tröpfchen. So nimmt der Düsseldorfer Handwerkerspruch nicht wunder: »Wemmer erst mal jut jefrühstückt ham, jearbeitet hammer schnell.«

Die Bewohner von **Saarland** und **Rheinland-Pfalz** verstehen es alljährlich, den Zusammenhang zwischen froher Lebensart und leiblicher Lebenskunst vor aller Welt offenzulegen. Repräsentativ ist der »Derkemer Worschtmarkt« am 29. September jeden Jahres. Das Vergnügen für Leib und Seele läuft nach dem Motto ab: Vor dem Dorscht und nach dem Dorscht, immer schmeckt die Pfälzer Worscht. Wurst zieht sich denn auch durch zahlreiche Speisenfolgen, ohne Brot, versteht sich, rein genossen. Einen weiteren Höhepunkt bildet der Pfälzer Saumagen. Mit lustigen Bezeichnungen für weitere Speisen wird nicht gespart: Dippehas, Franzosensupp, Blechgrumbeeren mit Krachelcher und Backäpfeln. Wohl bekomm's.

In **Baden** müßte dem letzten Skeptiker deutlich werden, daß Freude am Leben und Lust an leiblichen Genüssen in humorvoller Lebenskunst eine Einheit eingehen. Feinste Zungen und französischer Esprit vermählen sich. Frosch und Schnecke nehmen Einzug in die Küche, was sogar eine Art Metamorphose der Einheimischen zur Folge haben soll: Ein schwäbischer Realschullehrer erkühnte sich 1910 zu der Behauptung, daß die Badener eine gewisse, innere Verwandtschaft zum Frosch hätten, glatt und schwer zu packen, sowie dessen sprunghafte Natur, die, Gottseidank, der schwäbischen Bodenhaftigkeit gründlich abgehe. Humor konnten freilich die Badener gebrauchen. Die ausgehungerten Brettener führten im Mittelalter ihren Belagerern einen fetten Hund vor, die Waldshuter ihren Feinden einen gemästeten Hammel – beide mit Erfolg, denn die Belagerer zogen daraufhin ab. Vergessen sei nicht das Heidelberger Faß, allzeit von Riesendurst zeugend. Es hat einen Durchmesser von fast sieben Metern, ist über zehn Meter lang und faßt 221 726 Liter. Der Zwerg Perkeo, Patron der Weintrinker, soll es in einem Zug geleert haben. Ohne Humor ist diese Leistung kaum vorstellbar, geschweige denn zu vollbringen.

Die **Schwaben** legten zu allen Zeiten ein lebendiges Zeugnis vom innigen Zusammenhang zwischen frohem, gelassenen Gemüt und leiblichem Wohlbefinden ab. Möglicherweise wurde gar der berühmte schwäbische Humor in der Küche erfunden. Anno 1859 schrieb jedenfalls ein Chronist nieder: »Es hat hier im schönen Schwabenland ein gut Teil mehr Genies gegeben als anderswo, und der denkende Kopf mag sich fragen, ob das nur an der innewohnenden Begabung dieses Stammes lieget, oder ob die Natur der Gegend oder gar die Nahrung zu diesem geistigen Überfluß des sonst eher armen Ländchens beigetragen haben mag?« Auf alle Fälle wimmelt es auf schwäbischen Speisekarten nur so von Köstlichkeiten, die Magensäfte, Phantasie und Geisteskräfte gleichermaßen anregen. Spätzle gibt es und Knöpfle, Kutteln und Kalbsvögerl, Rostbraten und Gaisburger Marsch. Unbestreitbar ist, daß man im Ländle zum Essen Humor braucht. Manch munterer Zuspruch verscheucht die letzten Zweifel daran: »Besser a Laus em Kraut als gar koi Floisch«, sagt man, oder: »Des isch besser als a Gosch voll Glufa!« Zu deren Verdauung braucht man wahrlich Humor, denn übersetzt handelt es sich um höchstes Einheimischenlob für eine gelungene Speise: Das Essen sei besser als ein Mund voll Stecknadeln!

Gemütlichkeit und Frohsinn in **Bayern** sind schlechterdings ohne Essen und Trinken nicht vorstellbar. Bier, Radi und Weißwürste beflügeln zu Sprüchen und Witzen. Der Münchner Komiker Karl Valentin widmete gar Semmelknödeln seinen berühmten Sketsch. Bei Gottfried Keller *(München I)* fügt sich alles zusammen:

Ein liederliches, sittenloses Nest,
Voll Fanatismus, Grobheit, Kälbertreiber,
Voll Heiligenbilder, Knödel, Radiweiber.

Deftig ging es allemal zu, so recht ein Nährboden für urwüchsigen Humor. Ludwig Thoma und Olaf Gulbransson, der im Bayrischen seine Wahlheimat fand, seien stellvertretend für viele genannt. Man darf gespannt sein, wen Dampfnudeln, Krenschaum, Kronfleisch, Schweinshaxen und Steckerlfisch künftig hervorbringen werden, damit es aus Bayern etwas für die Welt zu lachen gibt.

Theodor Heuss hat die **Franken** einmal Sanguiniker genannt. Das meint unter anderem dünnhäutig. Der innere Zusammenhang zwischen Lebenskunst und Küchenkunst freilich reicht weit über die Dünnhäutigkeit der berühmten Bratwürste aus Nürnberg hinaus. Essen und Trinken hinterlassen ihre Spuren in der Gemütsverfassung. Ein Gymnasiallehrer Konrad Zellner schrieb 1870 nieder: »So schwankt der Franke zwischen biederem, christlichen Weihnachtslebkuchen und dem dionysischen Bocksbeutel hin und her.« Als ob das nicht lachhaft genug wäre, verspeist man überdies Blaue Zipfel, Nürnberger Schäufele, Lammfleisch mit Hopfensprossen, Zickla mit Schlotterbrüh oder Leiterle im Wurzelwerk. Fränkischer Humor ist an kein bestimmtes Körperteil gebunden. Als früher die weltberühmten Biere geprüft wurden, gossen amtlich bestellte Prüfer das Naß einfach über eine Holzbank, setzten sich darauf und warteten ab. Klebten nach gehöriger Zeit die Hosen fest an der Bank, galt die Prüfung als bestanden.

Die **Hessen** haben einen guten Magen und ein weites Herz, schon daran erkenntlich, daß sie den Namen ihrer Stadt Kassel für eine Berliner Spezialität ausgeliehen haben: Kasseler Rippe. Schlechte Zeiten rauben ihnen mitnichten den Humor:

Im Lande zu Hessen hat's große Berge
und nichts zu essen,
Große Krüge und sauren Wein,
Wer wollte gern im Land der Hessen sein!

Die Hessen blieben auf alle Fälle, von etlichen Auswanderern mal abgesehen. Ja, ihre Kinder ließen sich auch vom Suppenkasper nicht in die Flucht schlagen, dessen Autor der Urfrankfurter Dr. Heinrich Hoffmann war. Humor gedeiht allemal in Notzeiten. Sie machen erfinderisch. Die Hessen erfanden die Frankfurter Würstchen, die bereits bei der Krönung des Kaisers Maximilian II. anno 1562 als Füllsel eines gebratenen Ochsen dienten. Die Frankfurter Grüne Sauce schätzte ein Goethe, und damit die Beziehung Speise und Muse auch hörbar werde, gibt es Handkäs mit Musik. Weinernst soll es wahrhaftig nicht zugehen. Der gewitzigte, sterbende Winzer sprach zu seinen Söhnen: »Mer kann aach aus Trauwe Wei mache.«

Zur Landschaft **Thüringen** fallen dem Gebildeten sofort Goethe und Schiller, Weimar, die Wartburg und der Rennsteig ein. Der Lebenskünstler denkt sich Aschkuchen, Thüringer Klöße, Pfaffenstücke, Hüllerchen oder Altenburger Braten hinzu. Rudolf Hagelstange entwickelte angesichts Thüringer Klöße Tiefsinn: »Zur Herstellung Thüringer Klöße echter Art bedarf es einer gewissen Leidenschaft – es bedarf vor allem der leidenschaftlichen Köchin.« Einem Großen der Geschichte gebührt solchermaßen unser Mitgefühl. Kaiser Barbarossa soll im Kyffhäuser vergeblich auf seine Aschklöße warten; angeblich essen die Einwohner des Dörfchens Riethnordhausen Tag und Nacht Aschklöße und lassen ihm keine übrig...

In **Sachsen** und im **Erzgebirge** vermischen sich geistige und erotische Regsamkeit unentwirrbar. Wem fällt nicht August der Starke ein, wer denkt nicht an die Vereinigung geistiger und leiblicher Genüsse, an die unverwechselbare Kaffee- und Kuchenkultur? Eigens zur Verbreitung ihres Ruhmes wurde das Meißener Porzellan von einem Mann namens Böttcher erfunden. Johann Sebastian Bach stand nicht an, eine Kaffeekantate zu komponieren. Sächsisches Liebesmahl heißt hintersinnig eine Mahlzeit aus Kalbsbries, die frisch vermählten Ehepaaren nach der Hochzeitsnacht im Ehebett zur Stärkung serviert wurde. Und geradezu symbolisch für die Einheit von Leib, Seel, Geist und Mut zum Überleben mag für ungewohnte Zungen das Leipziger Allerlei sein.

Über Armut an Geist und Gütern hat Humor zu allen Zeiten hinweggeholfen. Professoren an der Universität Leipzig fragten einen theologischen Prüfungskandidaten peinlich, ob man auch statt mit Wasser mit einer Suppe gültig taufen könne? Antwort des Kandidaten: »Ja, wenn Sie die Suppe aus der Mensa nehmen!« Auch »Bliemchengaffee« ist wohl nur mit humorvoller Lebenseinstellung hinunterzukriegen, ist er doch so dünne, daß die »Bliemchen« (Blümchen) vom Tassengrund des Meißner Porzellans jederzeit durchschimmern.

Aus **Schlesien** weiß ein Reisender aus dem schwäbischen Stuttgart Komisches genug zu berichten: ». . . kaum hat die Hausfrau die Klöße aufgetragen, zückt jeder sein Messer und schlägt es in einen dieser nahrhaften Klumpen, wobei zu verwundern ist, daß die guten Leute einander nicht verletzen . . .« Und als ob er unsere These vom Zusammenhang zwischen Eßvergnügen und Humor stützen wolle, führt er weiter aus, daß man wegen der ausströmenden Wildheit beim Speiseakt die Klöße sinnig »Klößehengst« (Kließlahengst) heiße, was gleichermaßen für Phantasie und Humor der Schlesier spreche.

In **Berlin** und der **Mark Brandenburg** ist die Bulette Inbegriff für Lebensart weit über die Grenzen hinaus geworden. Eher ist sie ein Therapeutikum für alle Lebenslagen denn ein profanes Nahrungsmittel. Mostrich gehört zur Bulette wie die Pointe zum Witz.

Die berüchtigte »Berliner Schnauze« ist nicht nur dazu da, die Welt zu kritisieren, sie versteht sich zugleich als Eingangspforte für Gaumenfreuden, als da wären Sülzkotelett, Eisbein mit Sauerkraut, Erbspüree oder Aal grün mit Gurkensalat. Damit das Gemüt so recht warm wird, gibt es Weiße mit Schuß oder Johannisbeerwein. Der Dichter Klabund beschrieb die Baumblüte im Werder: »Tante Klara ist schon um 1 Uhr mittags besinnungslos betrunken. Ihr Satinkleid ist geplatzt. Sie sitzt im märkischen Sand und schluchzt. Der Johannesbeerwein hat's in sich. Alles jubelt und juchzt. Und schwankt wie auf der Havel die weißen Dschunken.«

Über die Menschen in **Mecklenburg** und **Pommern** schrieb Heinrich Seidel: »Die Menschen dieses köstlichen Landes sind nicht so einfach zu ergründen. Ihr Gelächter ist hörbar, aber ihr Schweigen auch.« Ihre Eßgewohnheiten liefern einige Indizien, geben Auskunft darüber, wie es drinnen in ihrer Seele aussehen mag. Immerhin bevorzugen sie, bei der Abschirmung nach außen seltsam genug, Süßspeisen, sogar Schweinebraten und Blutwurst werden gesüßt. Das soll eine symbolische Liebeserklärung von Hausfrauen bedeuten, weil Pommern und Mecklenburgern Liebeswerben nicht über die Lippen laufe. Ist das wahr, dann darf man auf ein reiches Innenleben gefaßt sein. Zahlreiche Seen und Flüsse spendieren reichlich Fische für Spickhecht mit Sahnesauce, Pommerschen Pflückhecht oder gebackenen Spickaal. Köstliche Plummen hat Fritz Reuter in einem Gedicht gebührend gewürdigt. So antwortet darin ein Lehrling auf eine entsprechende Frage: »Is't en slicht Gericht?« »Rindfleisch un Plummen is en schön Gericht, Doch, mine Herrn, ick krig't man nicht.« Ob Pommerscher Gänsebraten oder Hasenleberpastete oder sonst eine Gaumenfreude, sie wollen wie Widrigkeiten des Lebens glatt hinuntergespült werden. Die Verdauung soll klappen und rechte Stimmung aufkommen. Folglich ist gar nicht mehr auszumachen, ob eine Lebensregel mehr ärztliches Rezept oder Kochrezept ist. Wirkung wird das Rezept für Mecklenburger Punsch, aus dem *Illustrierten Kochbuch für bürgerliche Haushaltungen* von einem gewissen L. Kurth, Berlin 1864, allemal zeigen: »2 Flaschen Thee, 4 Flaschen Rothwein, 1 Flasche Cognak, 1 Flasche Portwein, ½ Flasche Madeira, 2 Pfd. Zucker, den man vorher in dem kochend heißen Thee schmelzen läßt, und ½ Stange Vanille, die man in etwas kochendem Wasser ausgezogen hat.«

Sprichwörter verschweigen manchmal mehr als sie sagen. Diesbezüglich war es in **Ostpreußen** wie anderswo. Die alte ostpreußische Lebenserfahrung: »Vor jedem Schnaps einen Schnaps und nach jedem Schnaps einen Schnaps – so kommt man durch« ist nur die halbe Wahrheit. Eingeweihte wissen, daß ebenfalls vor jedem Essen . . . der Rest läßt sich denken. Dazu brauchte man fraglos einen trainierten Magen und schier unerschöpflichen Humor, um dergleichen lebendigen Leibes und ungetrübten Geistes zu überstehen. Jeder Gelegenheit verpaßte man vorsorglich den angemessenen Rahmen: »Ein Ostpreuße: ein Philosoph. Zwei Ostpreußen: zwei Rudel Patrioten. Drei Ostpreußen: mindestens ein Fest, möglicherweise drei – wenigstens aber eines von drei Tagen Dauer.«

Die kulinarische Rundreise nähert sich dem Ende. Es sollte ja kein Kochbuch geschrieben, sondern dargetan werden, wie mit dem leiblichen Wohlbefinden auch der Seele humorvoll die Flügel wachsen. Eines hängt am anderen. Dem Beobachter und Menschenkenner sagen Essen und Trinken unendlich viel über die Menschen aus. Gar mit Frömmigkeit, Moral und Philosophie haben Essen und Trinken viel zu tun. Der Insterburger Pfarrer Lange erging sich 1836 über die komplizierten Zusammenhänge und hub in seiner Niederschrift an: »Die anheimelnde Weichheit der ostpreußischen Aussprache steht in einem unversöhnlichen Gegensatz zur Härte des ostpreußischen Schädels.« Widersprüchlichkeiten im Charakter führt sodann der besorgte Seelsorger angesichts der Nachwirkung altslavischer Götter bei dem sonst gut christlichen Volk der Ostpreußen geradewegs auf Essen und Trinken zurück: Einerseits: »Fett aber verlangt nach Schnaps, und Schnaps wiederum will Fett.« Andererseits läßt ihn der Königsberger Klops hoffen: »Dieser ist ein vernunftsgemäßes und für Christmenschen unbedenkliches Essen. Und es hat die Stadt Königsberg mit dieser ihrer Erfindung viel für die Tugend getan und darf auf den Klops nicht weniger stolz sein als auf ihren großen Sohn Immanuel Kant...«

Lebenskunst löffelweise. Lacht da jemand?

Humor in der Kunst

»Deutscher Humor ist, wenn man trotzdem nicht lacht!« Mit dieser Ansicht steht S. v. Radecki nicht allein. Allerlei Leute sind davon überzeugt, daß zwar Tiere Humor haben und lachen können, nicht aber die Deutschen. Sollte man da nicht wie Faust zu Mephisto sprechen: »Der Kasus macht mich lachen?« Allerdings hat Erich Kästner in seinen *Gedanken über das Lachen* niedergeschrieben: »Am rarsten jedoch ist der Humor in der deutschen Literatur. Und in der deutschen Literaturgeschichte und Literaturkritik ist man darauf stolz! ... Von der heiteren Kunst, dem höchsten Kleinod der Zweibeiner, sprechen die deutschen Dichter und Denker und vor allem die Hinterdreindenker allenfalls am 29. Februar. Sie nehmen nur den Ernst ernst. Sie stehen wie Kontrolleure am Eingang des deutschen Pantheons, und wer hinein will, muß das Lachen an der Garderobe abgeben. Die deutsche Literatur ist einäugig. Das lachende Auge fehlt.«[31]

Übrigens fehlte auch für lange Zeit ein deutsches Wort für Humor. Der Begriff wurde literarisch erstmals von Hagedorn aus dem englischen *humor* übertragen; humoristisch machte Wieland 1773 aus dem französischen *humoristique*.

G. W. F. Hegel der allergrößte Humorist?

Wäre es denn denkbar, daß die Deutschen zwar Sinn für Humor haben, ihnen aber die Fähigkeit abgeht, ihn zu entdecken? Möglicherweise ist er zu arg vergeistigt, in dem edlen Streben, eine Ausdrucksform zu finden, die dem Anspruch genügt, Dichter und Denker zu sein? So besehen kann der Gebildete von Stand wirklich nicht einfach drauflos-lachen. Es muß Sinn machen und schicklich sein. Höchste Verfeinerungskunst schließt freilich die Gefahr ein, Geist und Witz miteinander zu verwechseln. Nicht auszudenken, daß der eine oder andere Geistesheroe es so ernst nun auch wieder nicht gemeint haben könnte. Der Verdacht vom riesigen Mißverständnis keimt jedenfalls auf, wenn ein großer deutscher Geist den anderen kurzerhand zum großen Humoristen erklärt. So geschehen durch Bert Brecht.[32] In seinen *Flüchtlingsgesprächen* nimmt er die Thesen Hegels auf und führt sie ironisierend, persiflierend durch dialektische Übersteigerung ad absurdum. Der Marxist macht sich über den Ahnen des Marxismus lustig, ein Dialektiker persifliert den anderen. Nicht auszudenken, wie die Geschichte anders verlaufen wäre, hätte einer früher den Humoristen in Hegel erkannt! Bert Brecht schreibt jedenfalls im Kapitel XI: »Er (Hegel) hat einen solchen Humor gehabt, daß er sich so etwas wie Ordnung z. B. gar nicht hat denken können ohne Unordnung. Er war sich klar, daß sich unmittelbar in der Nähe der größten Ordnung die größte Unordnung aufhält, er ist so weit gegangen, daß er sogar gesagt hat: an ein und demselben Platz! ... Sein Buch ›Die große Logik‹ habe ich einmal gelesen, wie ich Rheumatismus hatte und mich selbst nicht bewegen konnte. Es ist eines der größten humoristischen Werke der Weltliteratur. Es behandelt die Lebensweise der Begriffe, dieser schlüpfrigen, unstabilen, verantwortungslosen Existenzen; wie sie einander beschimpfen und mit dem Messer bekämpfen und sich dann zusammen zum Abendessen setzen, als sei nichts gewesen. Sie treten sozusagen paarweise auf, jeder ist mit seinem Gegensatz verheiratet, und ihre Geschäfte erledigen sie als Paare, d. h. sie unterschreiben Kontrakte als Paar, führen Prozesse als Paar, veranstalten Überfälle und Einbrüche als Paar, schreiben Bücher und machen eidliche Aussagen als Paar, und zwar als völlig unter sich verstrittenes, in jeder Sache uneiniges Paar! Was die Ordnung behauptet hat, bestreitet sofort, in einem Atem womöglich, die Unordnung, ihre unzertrennliche Partnerin. Sie können weder ohne einander leben noch miteinander ... Den Witz einer Sache hat er die Dialektik genannt. Wie alle großen Humoristen hat er alles mit todernstem Gesicht vorgebracht.« Hegels *Große Logik* wirklich eines der größten humoristischen Werke der Weltliteratur? Der gute Deutsche fühlt sich in Angelegenheiten des Humors etwas verunsichert. Der unverfänglichere Weg war ihm schon immer die Annäherung an das Phänomen über die Bildung.

Manch einer geht auf Distanz zu Witzen, über die das Volk lacht, man fühlt sich erhaben oder pikiert. Vor allem in der Öffentlichkeit wird Humor in geistreichem Gewand und in gediegener Form bevorzugt.

Spaß in Büchern und auf Bühnen

Aus dem Altertum sind die Komödien von Aristophanes, Plautus und Terenz geschätzt. Aussprüche der großen Satiriker wie Juvenalis und Seneca schmücken manche Lehrer-Rede. Der Gebildete erinnert sich ebenfalls des mittelalterlichen, lebensfrohen Humors in Schwänken und Fastnachtsspielen. Für Qualität bürgen ihm Namen: Hans Sachs, Rabelais, Fischart, Grimmelshausen, Balzac und Ch. de Costers. Überhaupt, literaturfähiges Lachen bleibt am besten mit großen Namen verbunden. Lebensfreude in Lustspielen von Shakespeare ist jederzeit gesellschaftsfähig. Für den trockenen, englischen Humor bürgen H. Fielding, Ch. Dickens und Mark Twain, der Amerikaner. Lachen über Illusionen und Weltschmerz verbreiten die Spanier Cervantes, Lope de Vega und Calderón. Der Franzose Molière belebt mit Witz und Komödien die deutschen Bühnen. Gerne gelesen werden die nachdenklich-melancholischen Geschichten von N. Gogol und A. Tschechow.

Wo findet sich da die Kirche im eigenen Dorf? Immerhin, es gibt sie. Humor in deutschen Landen entfaltete durchaus eine eigene, bunt gemischte Palette. Teils bedenkenswert-gemütvoll, teils poetisch verklärt, nimmt er sich in den Werken von Wieland, Eichendorff, Mörike und Gottfried Keller aus. Aber auch poetischer Realismus klingt durch, mit Witz und feingesponnen, vor allem bei Lessing und Jean Paul, der sich notabene die Mühe machte, in seiner *Vorschule der Ästhetik* eine Theorie des Humors niederzuschreiben. Ins Groteske gewendeter Humor findet sich bei E. T. A. Hoffmann, Tieck, Brentano. Leidvolle Erfahrungen bindet W. Raabe ein, bei Wilhelm Busch werden sie eher ironisch-bitter verarbeitet.

In der neueren Literatur kamen vermehrt Darstellungen in geistreicher Ironie und Satiren auf, heiter-phantastische Akzente wechseln spielerisch mit Groteskem, auch Bitternis mischt sich in versöhnlichen Humor. Hervorragende Namen sind G. B. Shaw, G. de Maupassant, Ch. Morgenstern, Thomas Mann – er nannte übrigens seine Romane einen »höheren Jux«, K. Tucholsky, E. Kästner und Friedrich Dürrenmatt. Volksnäher allerdings dürften andere Autoren und Darsteller geworden sein. Ihre Werke gehören zum Kulturgut breiter Schichten. Dazu zählen vor allem Wilhelm Busch, Fritz Reuter im Norden, Ludwig Thoma im Süden, Karl Valentin auf den Brettern, Carl Zuckmayers Stücke von Bühne und Film sowie Willy Reichert als Schauspieler mit komödiantischem Einschlag.

Von psychologischem Interesse ist zu beobachten, welche humoristischen Kunst-Personen hervorgebracht wurden, die humorvollen

Repräsentanten eigenen Denkens und Fühlens. Solche Stellvertreter stellen eine Verdichtung schlummernder Projektionen dar, sie spiegeln Befürchtungen oder Hoffnungen. Sie dienen dazu, den eigenen Spaß festzumachen, vielleicht gerade dann, wenn er öffentlich nicht gezeigt werden darf. In Narrenkostümen kann vorgeführt werden, wie sich mit Mächtigen und Mächten umspringen läßt. Die Überschreitung sonst im Alltag zu beachtender Grenzen befreit und erzeugt Lust, Gefahren werden komisch verkleinert, enthüllte Dummheit und Willkür machen lachen. Exemplarisch für diese Vorgänge seien die repräsentativen Rollenträger Hans Wurst, Eulenspiegel und die Schildaer Bürger herausgegriffen.

Hans Wurst

Beinahe täglich wird die Redensart geäußert, daß jemand ein Hans Wurst sei. Ob ein Kind in der Schulklasse herumkaspert, sich ein Redner bei einer öffentlichen Veranstaltung albern aufführt, die Bezeichnung Hans Wurst ist bei den meisten Menschen mit einer bestimmten Vorstellung verknüpft. Sie meint ein Verhalten, das die Dinge auf die leichte Schulter nimmt, mit Worten und Gesten lockerfahrig umgeht. Der Hans Wurst ist ein bißchen Clown, ein wenig Harlekin und Narr. Närrisch wie er möchte niemand sein, um nicht aus dem Rahmen zu fallen, aber seine selbst genommene Narrenfreiheit wird ihm geneidet. Wie anders wäre es zu erklären, daß Hans Wurst in einer bestimmten Situation als störend empfunden werden kann, gleichwohl ihm niemand böse sein kann? Im Stillen findet der Zeitgenosse den Hans Wurst möglicherweise äußerlich auffallend, innerlich fühlt er sich seiner lustigen Lebenskunst verbunden. Er personifiziert den Triumph der Komik.

Seinen Weg in das Volk hat der Hans Wurst eigentlich von der Bühne genommen, ein Lebenskünstler auf der Bühne und jetzt einer, der das Leben zur Bühne macht. Wer heute den Hans Wurst spielt, braucht immer noch Publikum, er spielt etwas auf und macht sich zum Spielball für andere. Niemand denkt mehr daran, daß die Bezeichnung auf eine Erfindung zurückgeht, auf eine Kunstfigur im Theater.

Im September 1683 wäre es beinahe, wieder einmal, um das Abendland geschehen. Der Kampf um Wien mit den Türken entbrannte. Der Großwesir Kara Mustapha hatte zum Auftakt der Entscheidungsschlacht – nach zeitgenössischen Quellen – 30000 Christensklaven töten lassen. Es nützte ihm nichts. Bald darauf war das Türkenheer geschlagen, der Großwesir mußte auf Befehl seines fernen Herrschers auf dem Rückzug die Niederlage mit seinem Leben büßen.

War es der rasche Wechsel aus der Rolle vom Bedroher Europas zum persönlich mit dem Todesurteil Bedrohten? Atmete die Bevölkerung befreit auf, weil sie der großen Gefahr entronnen war? Spürte sie vielleicht, daß die Schicksalsmächte mit demjenigen keinen Spaß verstehen, der sich selbst zu ernst nimmt und an ihre Stelle treten möchte?

Auf alle Fälle jubelten die Wiener um 1700 auf ihren Bühnen einer Figur zu, die den Salzburger Bauern Hans Wurst verkörperte.[33] Er trug knöchellange Pumphosen, das Gewand an der Hüfte von einem Ledergurt zusammengehalten. Der Mund blieb frei für ausströmenden Witz. Er war umrahmt von einem schwarzen Vollbart, auf dem Kopf saß ein grüner, spitzer Filz. Anstelle eines Schwertes hatte Hans Wurst eine Holzpritsche im Gürtel stecken, gleichsam als Zeichen des Sieges von Menschlichkeit über Waffen, ein erstes persönliches Symbol für Abrüstung.

Der Erfinder des Wiener Hans Wurst, eines Vorläufers der späteren komischen Figuren Johann Nestroys und des Buffos in Operetten, war der nach Wien zugereiste Theaterprinzipal Stranitzky. Er schrieb Komödien, populäre Schriften, Kalender und betrieb bis zu seinem Tode 1726 das »Komödienhaus nächst dem alten Kärnthnerthor«. Er erwies sich als hervorragender Kenner menschlicher Psyche und ihres Humors. Er färbte seine Witze lokalpatriotisch ein, hütete sich jedoch, als Zugereister die Wiener direkt zu kritisieren. Die Empfindlichkeit von Betroffenen wird heute jeder Humorist und Satiriker in Rechnung zu stellen haben, insofern hat sich zwischenzeitlich wenig geändert. Erwähnenswert ist auch der Hauptberuf von Stranitzky, er war nämlich Zahnarzt, womit wir ein weiteres Mal auf die heilsamen Wirkungen gestoßen wären, die ärztlicher Kunst und humorvoller Clownerie gemeinsam zugrunde liegen.

Till Eulenspiegel

Zur deutschen Symbolfigur für eine besondere Art, das Leben zu meistern, ist Till Eulenspiegel geworden, dessen Herkunft das Städtchen Mölln in der Nähe von Lübeck für sich reklamiert. Seine Schelmenstreiche fehlen in keinem Schulbuch für deutsche Kinder, und

Meister der Schreibkunst haben sich bemüht, ihnen die rechte Fassung zu geben. Zum Beispiel Erich Kästner *(Wie Eulenspiegel einem Esel das Lesen beibrachte)*:[34]

»Eine Zeitlang beschäftigte sich Eulenspiegel damit, daß er von Universität zu Universität zog, sich überall als Gelehrter ausgab und die Professoren und Studenten neckte. Er behauptete alles zu wissen und zu können. Und er beantwortete tatsächlich sämtliche Fragen, die sie ihm vorlegten. Bei dieser Gelegenheit kam er schließlich nach Erfurt. Die Erfurter Studenten und ihr Rektor hörten von seiner Ankunft und zerbrachen sich den Kopf, was für eine Aufgabe sie ihm stellen könnten. Denn so wie denen in Prag, sagten sie, ›soll es uns nicht ergehen. Er soll nicht uns, sondern wir wollen ihn hineinlegen.‹

Endlich fiel ihnen etwas Passendes ein. Sie kauften einen Esel, bugsierten das störrische Tier in den Gasthof ›Zum Turm‹, wo Eulenspiegel wohnte, und fragten ihn, ob er sich zutraue, dem Esel das Lesen beizubringen.«

Im weiteren Fortgang versprach Till, dem Esel Lesen beizubringen. Er machte lediglich den Vorbehalt, daß sein Lehrgeschäft ziemlich lange dauern würde. Schließlich sei ein Esel ein dummes Tier. Auf eine diesbezügliche Frage des Rektors nannte er vorsorglich einen Zeitraum von zwanzig Jahren. Bis dahin könnte der Rektor gestorben sein, er selbst oder der Esel, was ihm die günstigste Lösung schien. Der Rektor ging auf den Handel ein und zahlte einen Vorschuß auf die verlangten fünfhundert alten Groschen aus. Dann ließ er Till mit dem Esel allein.

Der Beobachter wird sich nun fragen, was Till Eulenspiegel anstellen mochte, um am Ende nicht als Betrüger dazustehen. Mehr noch, Till strebte ja mit seinen Streichen immer wieder an, den Menschen zu vertiefter Einsicht über sich selbst zu verhelfen. Er bediente sich hier, bei humorvoll betriebener Psychologie, des vielfach bewährten Verfahrens, Sachverhalte wortwörtlich zu nehmen, Begriffe spielerisch verschmitzt solange zu drehen und zu wenden, bis Wahrheiten zutage treten. So geschah es auch hier. Till führte das Tier in den Stall und legte ihm ein Buch in die Futterkrippe. Zwischen die Seiten legte er Hafer. Der Esel merkte sich das. Um an den Hafer zu kommen, blätterte er mit dem Maul die Buchseiten um. Wenn er keinen Hafer fand, rief er laut »I-a, i-a!« Till Eulenspiegel war es zufrieden und lud den Rektor samt Gefolge ein, die Lernfortschritte festzustellen. Er verwies darauf, daß der Esel in einer Woche immerhin einige Buchstaben gelernt hätte. Erich Kästner erzählt seine Geschichte weiter: »Schon am Nachmittag kam der Rektor mit den Professoren und Studenten in den Gasthof, und Till führte sie in den Stall. Dann legte er ein Buch in die Krippe. Der

Esel, der seit einem Tag kein Futter gekriegt hatte, blätterte hungrig die Seiten des Buchs um. Und da Eulenspiegel diesmal überhaupt keinen Hafer in das Buch gelegt hatte, schrie das Tier unaufhörlich und so laut es konnte: ›I-a, i-a, i-a!‹ ›I und A kann er schon, wie Sie hören‹, sagte Eulenspiegel. ›Morgen beginne ich damit, ihm O und U beizubringen.‹ Da gingen die Herren wütend fort. Der Rektor ärgerte sich so sehr, daß ihn bald darauf der Schlag traf. Und Till jagte den Esel aus dem Stall. ›Scher dich zu den andern Erfurter Eseln!‹ rief er ihm nach. Dann schnürte er sein Bündel und verließ die Stadt noch am selben Tage.«

Till Eulenspiegel ist in seinen Streichen unermüdlich auf erfindungsreiche Weise bemüht, menschlicher Dummheit auf die Spur zu kommen und sie zu entlarven. Statt wissenschaftlicher Analyse bietet er enthüllende Schelmenstreiche an. Die Ergebnisse ähneln sich auf verblüffende Weise, etwa die Erkenntnis, daß sie sich hinter Spezialistentum Arroganz, Überheblichkeit oder Verblendung verbergen kann. Oft braucht Till Eulenspiegel nicht mehr zu machen, als den Menschen einen Spiegel vorzuhalten, um ihre Dummheit bloßzulegen und Eitelkeiten ad absurdum zu führen. Er durchschaut die Menschen und schreckt deshalb nicht davor zurück, ihnen das Unmögliche zu versprechen, läßt doch ein schier faustischer Drang die Menschen hoffen, daß sein wird, was nicht sein kann. Auf der Leimrute aus Selbsttäuschung und maßloser Überschätzung folgen sie Tills Verlockungen und Versprechungen, bis die Blamage unausbleiblich wird. So vermittelt die spaßhafte Schelmentat eine einfache Botschaft: Mensch in seinen Grenzen zu bleiben, nicht Opfer seiner Selbsttäuschungen zu werden. Vermutlich haben die Schelmenstreiche von Till Eulenspiegel nicht nur wegen ihres Wahrheitsgehaltes und Erkenntniswertes ihre überzeitliche Bedeutung und Beliebtheit behalten, sondern auch, weil sie auf humorvolle Art heilsam, therapeutisch wirken. Es ist durchaus wünschenswert, daß sich jeder mit falscher Selbsteinschätzung auseinandersetzt und Gründe für eigene Fehlhaltungen aufspürt. Die Frage ist nur, warum erst zu strengen Erziehungsmitteln oder psychotherapeutischen Methoden greifen, wenn Einsicht und Verhalten auch auf so schmerzfreie, amüsante Weise verbessert werden können?

Wie sehr psychologische Techniken durch Erfahrung vom Volk vorweg genommen werden, erweist sich am Beispiel der Geschichten von Münchhausen. Sie enthalten wesentliche Bestandteile dessen, was heutzutage unter Autosuggestion, Autogenem Trainung und Mentaltraining verhandelt wird. Münchhausen bietet Reisen in das Land der Phantasie an. Grenzen von Realität und Wirklichkeit werden überschritten, neue Identifikationsmöglichkeiten werden angeboten. Sehnsüchte und Wünsche werden personalisiert, wer will, kann sich in die Lage versetzen, träumerisch auf einer Kanonenkugel zu fliegen oder sich aus einem Dilemma zu befreien, indem er sich am eigenen Schopf aus dem Sumpf zieht. Der Seele wachsen gleichsam Flügel zu.

Von Gottfried August Bürger stammt die Erzählung *Münchhausens seltsame Bärenjagd,*[35] über einen komischen Helden übrigens, weil seine Großtaten stets eine notvolle Situation voraussetzen: »Es war gewissermaßen recht mein Schicksal, daß die wildesten und gefährlichsten Bestien mich gerade alsdann angriffen, wenn ich außerstande war, ihnen die Spitze zu bieten, gleichsam als ob ihnen der Instinkt meine Wehrlosigkeit verraten hätte. So hatte ich einst gerade den Stein von meiner Flinte abgeschraubt, um ihn etwas zu schärfen, als plötzlich ein schreckliches Ungeheuer von einem Bären gegen mich anbrummte. Alles, was ich tun konnte, war, mich eiligst auf einen Baum zu flüchten, um mich dort zur Verteidigung zu rüsten.« Unglücklicherweise fiel unserem Helden bei diesem Manöver das Messer zu Boden. Er benötigte es, um das Gewehr wieder schußfertig zu machen. Münchhausen warf sehnsuchtsvolle Blicke auf das im Schnee stekkende Messer, davor stand bedrohlich der Bär. Was unternimmt der Mensch in solch aussichtsloser Lage? Münchhausen gibt in seinen tolldreisten Geschichten auf seine Weise zu erkennen, was es heißt, in Grenzsituationen Humor zu haben. Er bleibt gelassen und zuversichtlich, auch in schier aussichtsloser Lage zu überleben. Es wachsen ihm ungewöhnliche Kräfte und Ideen zu. Das Mittel der Übertreibung, Flunkerei, ja augenzwinkernden Lüge, schließlich spricht man vom Lügenbaron Münchhausen, dient letztlich nur dazu, das Prinzip Dennoch herauszustellen und zu unterstreichen. So bekommt, was nicht sein kann, seinen wahren Kern und Aussagecharakter. Niemand wird sich buchstabengetreu wie Münchhausen retten können, aber lachend können alle lernen, nicht aufzugeben. In der Geschichte geht es so weiter: »Sehnlich blickte ich nach meinem Messer, das unten senkrecht im Schnee steckte. Aber die sehnsuchtsvollen Blicke machten die Sache nicht um ein Härchen besser. Endlich kam ich auf einen Gedanken, der so sonderbar als glücklich war. Ich gab dem Strahle desjenigen Wassers, von dem man bei großer Angst immer großen Vorrat hat, eine solche Richtung, daß er auf das Heft meines Messers traf. Die fürchterliche Kälte, die eben war, machte, daß das Wasser sogleich gefror und sich in wenigen Augenblicken sich über meinem Messer eine Verlängerung von Eis bildete, die bis an die unteren Äste des Baumes reichte. Nun packte ich den aufgeschossenen Stiel und zog ohne viel Mühe, aber mit desto mehr Behutsamkeit mein Messer zu mir herauf. Kaum hatte ich damit den Stein festgeschraubt, als Herr Petz angestiegen kam. Wahrhaftig, dachte ich, man muß so weise als ein Bär sein, um den Zeitpunkt gut abzupassen, und empfing Meister Braun mit einer so herzlich gemeinten Bescherung von Rollern, daß er auf ewig das Baumsteigen vergaß.«

Das einfache Volk hat schon immer viel von Psychologie verstanden. Uralte Erfahrungen und erprobte Menschenkenntnis sind in Regeln und Spruchweisheiten eingegangen. Der Umstand, daß sie manchmal in die Irre leiten oder als Rezepte mißverstanden werden, spricht nicht gegen ihre Richtigkeit, sondern gegen falschen Gebrauch. Die moderne Forschung befaßt sich wieder aktuell mit den sogenannten Alltagstheorien, mit ihrem Zustandekommen und ihrer Gültigkeit. Vielfach bleibt universitärer Psychologie gar nichts anderes übrig als zu bestätigen, was im Volk längst bekannt ist und praktiziert wird.

Die Schildbürger

Einen eindrücklichen Einblick in vom Volk humorvoll betriebene Psychologie gewähren die Geschichten von den Streichen der Schildbürger. Wie erinnerlich handelt eine vom Bau eines Rathauses. Der Bauplan stammte von einem Schweinehirten. Er gab an, den Schiefen Turm von Pisa erbaut zu haben und überredete die Bürger, einen dreieckigen Turm zu bauen. Er sprach im Brustton der Überzeugung: »Mit dem dreieckigen Turm wird Schilda berühmter werden als Pisa.« Ohne Zweifel kommt hier tiefe Menschenkenntnis zum Ausdruck. Nicht nur mit der Dummheit läßt sich rechnen, sondern auch mit dem Drang berühmt zu werden. Daran hat sich seit dem Mittelalter bis heute nichts geändert.

Es kam, wie es kommen muß, wenn man einen Dilettanten zum Meister macht. Als das Gebäude hochgemauert und mit einem Dach zugedeckt war, stürmten die Bürger in Scharen zur Einweihung und purzelten alsbald kopfüber durcheinander. Panische Reaktionen kamen auf: »Was ist los?«, »Wie konnte das passieren?« riefen sie durcheinander und wußten keinen Ausweg. Nur dem schüchternen Schneider kam eine Erkenntnis, er sprach zu den anfänglich Ungläubigen: »In unserem Rathaus ist kein Licht!« Was jetzt geschah mutet wie ein neuzeitlicher Beitrag zur Psychologie von Gruppen an. Die Bürger begaben sich in die nächstliegende Gastwirtschaft und begannen zu diskutieren. Durcheinander wurden die abenteuerlichsten Vorschläge gemacht, wie man Licht in das finstere Rathaus bringen könne. Nach einem langen

Palaver wurde der Vorschlag des Schusters angenommen. »Licht ist ein Element wie Wasser«, hatte er ausgerufen, fortfahrend: »kann man Wasser in Eimern tragen, warum nicht Licht?« Die Menge schrie Bravo und Hurra, weil sie keine Lust mehr hatte nachzudenken, nahm sich vor am nächsten Morgen mit der Arbeit zu beginnen und rief nach mehr Bier.

Am anderen Tag geschah es. Sämtliche Schildbürger fanden sich auf dem Marktplatz ein und schaufelten mit Spaten Licht in ihr Rathaus. Mit Eimern, Kannen und Töpfen fingen sie Sonnenstrahlen ein und trugen sie flugs in das Innere. Einige hielten alte Säcke gegen das Sonnenlicht, banden dann die Säcke hurtig zu und schleppten die eingefangenen Strahlen in das Rathaus. Einer gar fing das Sonnenlicht mit Hilfe einer Mausefalle ein. So schufteten sie im Schweiße ihres Angesichts bis zum Anbruch der Dämmerung. Dann traten sie erwartungsvoll in das Rathaus und mußten zu ihrer Enttäuschung feststellen, daß es so dunkel wie vorher war. Notabene ist hier ein weiteres, psychologisches Phänomen in erzählerisch leichter Weise eindrucksvoll beschrieben, die Tatsache nämlich, wie weit psychische Ansteckung gehen kann.

Eine gute Beschreibung menschlichen Verhaltens wird in der nächsten Phase der Geschichte geliefert. Was machen Menschen aus Ratlosigkeit in einer schwierigen Situation? Sie vertrauen einem hergelaufenen Experten! In diesem Falle war es ein zufällig vorüberkommender Landstreicher. Er warf einen flüchtigen Blick auf das Rathaus und erklärte kurz und bündig: »Mich wundert nicht, daß es in euerm Rathaus finster ist. Ihr müßt das Dach abdecken!« Die Zuhörer waren verblüfft, aber in ihrer Not nicht abgeneigt, dem Vorschlag zu folgen. Zum Dank versprach ihm der Ochsenwirt Kost und Logis in seinem Hause solange er wolle. Der Landstreicher rieb sich die Hände und begab sich schnurstracks ins Wirtshaus, um sich einen großen Braten und braunes Bier zu bestellen. Mit Spürsinn für die menschliche Psyche konnte er darauf bauen, daß Vertrauen in Expertenweisheit ziemlich lange währt.

Die Schildbürger begannen ohne Verzug, das Dach von ihrem Rathaus abzudecken. Siehe da, der Landstreicher hatte recht gehabt. Es wurde hell im Innern. Die Verwaltung konnte einziehen und ihren Geschäften nachgehen, Steuern einziehen und Trunkenbolde in den Keller sperren. Zum Glück blieb es den ganzen Sommer über trocken, so daß es niemand störte, kein Dach über dem Kopf zu haben. Der Landstreicher ließ es sich auf kommunale Kosten gut sein, auch das eine zutreffende Beschreibung der Situation mancher Experten oder Funktionäre in der modernen Gesellschaft.

Erst im Herbst wurde es im Rathaus ungemütlich. Regen fiel auf die Schreibtische der Beamten. Dem Bürgermeister sauste ein Hagelkorn von oben herab mitten auf den Kopf. Besucher wurden durchnäßt und mußten zu Hause heißen Tee trinken. Immer mehr Schildbürger liefen mit verquollenen Augen, roten Nasen und dicken Mandeln durch die Stadt. Psychologisch betrachtet machen die Schildbürger nun das, was alle Menschen in solchen Situationen tun: sie machen sich auf die Suche nach einem Sündenbock. Vor allem kam der Fremde in Betracht, der Landstreicher, der sogenannte Experte. Indessen hatte er sich längst aus dem Staube gemacht. Den Bürgern blieb gar nichts anderes übrig, als ihr Dach wieder in Ordnung zu bringen. Bald verfügte das Rathaus wieder über einen abgedeckten Dachstuhl, aber drinnen war es erneut dunkel. Die Schildbürger schubsten sich betreten herum und sannen verzweifelt auf Abhilfe. Zufall oder Fügung, in höchster Not entdeckte der Schmied einen Lichtstrahl, der durch einen Mauerspalt fiel. »Wir Esel, brüllte er vor Freude, wir haben die Fenster vergessen!« Der Rest ist schnell erzählt. Flugs wurden die Fenster eingelassen und bald erschienen Fremde, um das dreieckige und vormals fensterlose Rathaus zu bestaunen. Die Bürger sprachen: »Solange wir gescheit waren, mußten wir das Geld in der Fremde verdienen. Da wir jetzt dumm geworden sind, bringt man es uns ins Haus!«

Die in der Geschiche verpackte Botschaft ist bis heute psychologisch einsichtig und aktuell: Vernunft wächst nicht notwendig mit der Anzahl der Köpfe. Wahrheiten können keinesfalls nur auf der Seite von Mehrheiten gesucht werden. Schon gar nicht sind Institutionen und Funktionäre vor Dummheit gefeit. Mag der einfache Bürger zeitlebens diesen Verdacht nähren, bevor er ihn äußert, schaufelt er lieber Sonnenstrahlen ins Rathaus. Kommunalpolitisch oder gesellschaftlich, die Schildbürgerstreiche legen die Bedeutung der Irrationalität im politischen Leben bloß, ewiger Widerpart von Aufklärung.

Humor wäre aber nicht Humor, käme hinter dem Sinn der Streiche nicht noch ein Hintersinn zum Vorschein. Die Geschichte vom Rathausbau geht nämlich versöhnlich aus. Am Ende läßt sich mit der Dummheit ganz gut leben, sowohl mit der eigenen als der von Zugereisten. Die Solidarität in der Einfalt, die Gescheite und Mitläufer, Herrschende und Gehorchende gleich macht, ist dem Volk aus dem Herzen gesprochen und entspricht seinen Lebenserfahrungen. Nicht zuletzt deswegen dürften die Schelmen- und Schildbürgerstreiche einen so hohen Stellenwert im volksnahen Kulturgut einnehmen. Zweifellos lassen sich psychologische Erkenntnisse humorvoll vermitteln. Umgekehrt gilt auch: Humor ist ein wichtiger Beitrag zur Psychologie des Menschen.

So funktioniert Humor

Dahingestellt bleiben muß, ob es überhaupt ein einziges, allgemeingültiges Erklärungsprinzip für Humor und Witz geben kann. Auf eine wissenschaftliche Betrachtungsweise wird etwas später noch einmal Bezug genommen. Zuvor soll an praktischen Beispielen gezeigt werden, wie Humor funktioniert. Funktion ist dabei in einem doppelten Sinne zu verstehen. Einmal erhebt sich die Frage, wie ein Witz, ein Scherz, eine Karikatur oder anekdotenhafte Geschichte angelegt sein müssen, damit sie den Humorfunken entzünden. Zum anderen ist der Effekt bei der empfangenden Person von Interesse. Was bewirkt eine Pointe bei Zuhörern oder Lesern, wie kommen Freude und Spaß zustande, warum erlebt der Zuschauer einer Komödie Erleichterung und lachhafte Entspannung? Um sich die doppelte Funktion einmal klar zu machen, werden wichtige Funktionen des Witzes angeführt. Sie lassen sich ebenso bei anderen Formen und Gattungen von Humor aufzeigen. Mit Überschneidungen und Mischformen ist ohnehin stets zu rechnen. Gleichwohl ist es psychologisch aufschlußreich, sensibel dafür zu werden, wie Humor aufgebaut ist und ausgesendet wird und schlußendlich empfangen wird. Eine Rolle spielen immer drei Elemente: Sender – Struktur/Humorfigur (vergleiche Kapitel »Humorfiguren identifizieren können«) – Empfänger. Jedes ist wichtig und alle stehen in Beziehung zueinander. Keines darf ausfallen, wenn Humor funktionieren soll.

Im einzelnen kommt es darauf an zu begreifen, was passiert. Irrtümlich wird womöglich von Humorlosigkeit gesprochen, wenn Sender oder Empfänger einfach durch die Struktur überfordert sind, wenn etwa im Witz eine rasche, geistige Wendung vollzogen werden muß. Lachen hingegen kann signalisieren, daß eine Pointe richtig placiert und begriffen wurde. Beispiele:

Perspektivwechsel. Der folgende Witz repräsentiert eingängig ein wirkungsvolles Grundmuster: Ein kleiner Junge kommt zu seiner Mutti und fragt: »Mutti, wo komme ich her?« Die Mutter erschrickt und läßt im Kopf Revue passieren, was sie alles über Sexualaufklärung gehört hat. Sie zeigt ihm schließlich alles in einem Bilderatlas. Am Ende fragt sie: »Warum willst du das eigentlich wissen?« »Weil zu uns in die Klasse ein Neuer aus Hamburg gekommen ist.« Die Einleitung weckt Neugierde und lenkt das Interesse in eine bestimmte Richtung. Intellektuell und emotional angeregt stellt sich der Empfänger, gleich Zuhörer, die Frage, wie er anstelle der Mutter reagieren würde. Plötzlich und überraschend aber wird die Perspektive »Sexualaufklärung« gewechselt, sie schlägt um in die Frage der geographischen Herkunft eines neuen Schülers. Die Pointe ist richtig am Schluß placiert. Der Perspektivwechsel führt eine unerwartete Wendung im Denken herbei und enthebt zugleich der Nötigung, ein Problem mitfühlend lösen zu müssen. Es könnte auch Befreiung von Ängsten mitschwingen, über Sexualaufklärung sprechen zu müssen. So gerät der Sender nicht in Schwierigkeiten, die Struktur gleich Humorfigur Witz ist stimmig und der Empfänger versteht und ist erleichtert. Es darf gelacht werden.

Ebenenwechsel. Ideenwelt und reale Welt, Theorie und Praxis begegnen sich oft genug auf verschiedenen Ebenen, stehen spannungsreich zueinander. Den daraus resultierenden Konflikt aus dem Kontrast machen sich die bekannten Radio-Eriwan-Witze zunutze: Frage an Radio Eriwan: »Wäre es für die Beziehungen zwischen den beiden deutschen Staaten nicht von Vorteil, wenn Willy Brandt mit Erich Honecker ganz privat und ungezwungen mal einen heben würde?« Radio Eriwan antwortet: »Im Prinzip ja. Dann hätten beide wahrscheinlich die gleiche Fahne.« Ein weiteres Beispiel: Frage an Radio Eriwan: »Mit welcher Strafe muß ich rechnen, wenn ich den Regierungschef beleidige?« Radio Eriwan antwortet: »Da müssen Sie uns erst mitteilen, in welchem Land Sie wohnen und welchen Regierungschef Sie meinen.« Normen, Prinzipien werden auf einer abstrakten Ebene abgehandelt, Menschen, Einzelfälle, Kasualien werden konkret erlebt. Das Gefälle zwischen Anspruch, Versprechen, Forderung und Einlösung drängt nach Ausgleich oder Explosion. Wo mit Prinzipientreue diktatorischer Anspruch und Unterdrückung einhergehen, entwickelt sich der Radio-Eriwan-Witz vom Flüster- und Widerstandswitz zum Enthüllungswitz. Er entlarvt die vorgetäuschte Wirklichkeit und ermöglicht, die Realitäten ohne propagandistische Verkleidung zu sehen. Es findet eine Uminterpretation statt, die der Wahrheit näher kommt als der verordnete, ideologische Schein. Auf alle Fälle wird ein Stück innerer Freiraum geschaffen, Befreiung von Druck, Nötigung und Vortäuschung empfunden. Über Manipulation, Zwänge, falsche Normen und Prinzipien kann nun gelacht werden. Zu Leid und Last stellt sich Trost ein. »Wie ist zu erklären, daß Kanada so viel Weizen an die Sowjetunion liefern kann?« Radio Eriwan antwortet: »Wie alle Länder des Westens leidet auch Kanada an der für den Kapitalismus typischen Krankheit: der Überproduktion.«

Verschiebung. Der Mensch ist gewohnt, in bestimmten Kategorien zu denken. Er weiß sein Gewicht in Kilogramm anzugeben und seine Größe in Zentimetern. Kommt es zu einer Verschiebung seiner Denkgewohnheiten, entsteht eine komische Situation: Eine Dame beantragt einen Paß. »Alter?« fragt der Paßbeamte. »Neununddreißig und ein paar Monate,« gibt die Dame Auskunft. »Wieviel Monate genau?« erkundigt sich mißtrauisch der Beamte. Zögernd und leise kommt die Antwort: »Vierundsiebzig.« Der Witz nimmt eine heiterkeitsauslösende, überraschende Wendung. Die Dame rettet sich durch die unübliche Angabe von Lebensjahren in Kalendermonaten. Niemand sonst zählt so. Unvernunft erscheint vernünftig, die unerwartete Pointe stößt zugleich auf Verständnis beim Empfänger. Die Dame lügt ja nicht, sie möchte nur ihr Alter in einem milderen Licht erscheinen lassen. Wer hat sich nicht schon selber einmal gewünscht, für jünger gehalten zu werden, als er ist? Durch Verschiebung gewohnter Denkkategorien und -gewohnheiten wird ein Blick in die Tiefe menschlicher Empfindungen und Befürchtungen ermöglicht. Es läßt sich aber damit leben, darauf kommt es an, wenn die kleine Begebenheit Spaß machen soll. Verschoben werden kann auch der gesamte Bezugsrahmen einer Denkoperation oder Lebenssituation: »Nur für acht Tage, Fritzchen, möchte ich deine Mutter sein«, sagt die Lehrerin. Darauf Fritzchen: »Ich werde mit meinem Vater reden. Vielleicht läßt sich die Sache drehen.« Hier Lehrerin, dort Ehefrau auf Zeit, die Rollen werden vertauscht, der Bezugsrahmen Schule-Ehe gewechselt, der Denkhorizont erlaubt–unerlaubt umgekippt. Neue Perspektiven werden eröffnet. In der Phantasie wird freigestellt, womit sich einer identifizieren möchte, frei von Zwang und Rücksichtnahme. Im Lachen ist's erlaubt.

Verdichtung. Häufig sind Witze, Anekdoten, humorvolle Geschichten kurz gehalten. Der Wortwitz namentlich reduziert sich auf das nach allen Seiten gewendete Wort; der gezeichnete Witz in der Karikatur beschränkt sich auf das Wesentliche. Nur bei Anwendung bestimmter Techniken während eines Erzählvortrags oder im Kabarett kann es angebracht sein, eine Geschichte zu dehnen, Pointen immer wieder hinauszuschieben, um die Spannung zu steigern. Überwiegend verdichtet gerade Witz einen Sachverhalt, zieht er Erfahrungen und Beobachtungen auf einen Punkt zusammen. Die in ihm enthaltene Aussage wird entsprechend verdichtet, woraus der Effekt komprimierter

Signale und von Zauberei mit Einfällen entsteht: Eine städtische Touristin spricht auf dem Lande zu ihrem Begleiter: »Wie gut die Luft hier ist, Schatzilein!« Darauf der Herr: »Kein Wunder, solange die Bauern ihre Fenster geschlossen halten.«

Verdichtet, zusammengebracht wird nicht bloß Zusammengehöriges, sondern ebenso Widerstrebendes, ja Gegensätzliches. Erinnert sei an Brecht über Hegel: »Der Witz einer Sache ist die Dialektik.« Verdichtung kann leicht auf überflüssige Worte verzichten: Aus Werbung für den Alkoholkonsum: »Wer sein Geld auf die Bank trägt, bekommt 4 Prozent; wer Schnaps kauft, kriegt 40 Prozent!« Einstellungen und Einsichten brauchen zu ihrer Preisgabe nicht viel Worte: »Großmutter, was warst du, als du klein warst, Bub' oder Mädchen?« Steckt nicht eine ganze Welt in dieser kurzgefaßten Szene? Der kleine Loisl sieht, wie die Mutter das Neugeborene an die Brust legt: »Sag! Mama, muß der Bub den ganzen Knödel essen?«

Enttabuisierung. Das menschliche Leben und Zusammenleben wird wesentlich von Tabus gesteuert. Unausgesprochene Verbote oder Gebote behindern und gängeln. Öffentlicher Rasen darf nicht betreten werden, in deutschen Kirchen wird nicht gelacht, Fahnentuch wird mit Ehrfurcht behandelt. Ganze Lebensbereiche werden verdrängt oder geflissentlich nicht beachtet: Sexualität im persönlichen Nahbereich – in den Medien gibt es weit weniger Schranken- oder Weiße-Kragen-Kriminalität. »Man spricht nicht darüber.« Tabus, Regeln und Rituale können irgendwann sinnentleert oder mißbraucht werden. Kein Wunder, daß sich dann verschiedene Humorformen der Fragwürdigkeit von Sitten und Gebräuchen, Institutionen und Überlieferungen annehmen. Die Enttabuisierung von Mächtigen und Macht, die Entlarvung von Gewalt schafft Freiraum und Entladung. Der Druck wird gemildert, ein Alptraum der Lächerlichkeit preisgegeben. Erstarrte Wertmaßstäbe werden unversehens in Frage gestellt, etwa durch Verschiebung von Größen-Proportionen: Aus einem kaiserlichen Hofbericht: »Alsdann begaben sich die Allerhöchsten in den Dom, um dem Höchsten zu danken.« Ein Auto verliert seinen Wert als Status-Symbol: »Respekt, mein Lieber, Sie fahren ja einen Mercedes?« »O ja, das bin ich meinem Beruf schuldig.« »Das kostet Sie vermutlich sehr viel Geld?« »Das bleibe ich meiner Bank schuldig.« Auf die Beachtung ehelicher Tabus wird sogar in Quasi-Ehen geachtet: Der Top-Manager empfing traurig seinen Freund im Büro. »Was ist los mit dir?« erkundigte sich dieser. »Meine Privatsekretärin hat gekündigt.« »Nanu, ihr wart doch so gut wie verheiratet?« »Eben. Sie hat mitbekommen, wie ich meine Frau geküßt habe.«

Verzerrung. Ein Blick in den Zerrspiegel ist das rascheste Mittel, Sehgewohnheiten zu verändern. Dickes wirkt schmal, Großes wird winzig, feste Linien bieten keinen Halt mehr, die gebogene Nase erscheint plötzlich komisch – der Mensch lernt, über sich selbst zu lachen. In einem Spiegelkabinett auf dem Jahrmarkt kann er es selbst ausprobieren. Vollkommen zu recht spricht man vom Lachkabinett. So ist man ja in Wirklichkeit gar nicht, und doch wirft man einen tiefen Blick in sein innerstes Ich. Zu seinem sorgsam nach außen gepflegten Bild von sich geht man einmal auf Distanz und lernt wohltuend über sich lachen.

Beim gezeichneten Humor ist es die Karikatur, welche Verzerrung, vor allem mit dem Mittel der Übertreibung beziehungsweise Überzeichnung, bis zur Perfektion bringt. Erfahrungen, Beobachtungen und Aussagen werden auf das wichtigste Detail reduziert. Gleichzeitig wird es übergroß herausgestellt. Die Übertreibung ermöglicht eine Hervorhebung ohne überflüssiges Beiwerk. Sinn und Unsinn werden unmittelbar einsichtig und ermöglichen, einen neuen Standpunkt zu gewinnen. Verzerrt wird auf unterschiedliche Weise:

Die Zeitachse wird überzogen: »Herr Direktor, ich habe einen neuen Sekretär aus der Biedermeierzeit.« »Was Sie nicht sagen. Glauben Sie wirklich, daß dieser alte Herr es noch schaffen wird?« Anfang und Ende werden vertauscht: Der Friseur hält nach dem Haarschnitt dem Kunden den Spiegel vor. »Ist es so recht, mein Herr?« Der Kunde prüft den Haarschnitt: »Etwas länger, wenn ich bitten darf.« Zahlenordnungen werden durch Wechsel des Bezugsrahmens verzerrt: Der Auktionator gibt laut bekannt: »Ein Herr im Saal hat seine Brieftasche mit 20000 Mark verloren. Er bietet dem ehrlichen Finder 800 Mark.« Im Saal entsteht Unruhe. Aus dem Hintergrund ruft eine Stimme: »Ich biete 1000 Mark.«

Wortspiele. Das Spiel mit Wörtern und ihren Bedeutungen ist nahezu unerläßlich, wenn Humor funktionieren soll. Die Skala reicht vom Wortwitz bis zum Kalauer. Gespielt wird mit der Vieldeutigkeit von Wörtern oder ihrer Klangähnlichkeit. Oft werden sie einfach aus einem ursprünglichen Zusammenhang genommen und in einen neuen hineingestellt. In der neuen Umgebung, im veränderten Bezugsrahmen erzeugen sie durch den ungewohnten Kontrast eine komische Wirkung. Sie kann soviel Spaß erzeugen, daß dabei schon mal der gute Geschmack flöten geht. Beispielsweise ist die Marke Nesquick des Nestle-Konzerns in der Schweiz bekannt. Die Markenbezeichnung in einen gänzlich anderen Zusammenhang gestellt, ergibt einen Witz: Der Schwarzafrikaner liefert dem Dorfältesten ein Tongefäß mit dem eingeäscherten Stammesbruder ab: »Nes-Mensch, bitte«. Auf Wortspiele zurückgehende Heiterkeit gilt zu recht nicht immer als die geistreichste, vor allem Kalauer erleben viele als primitiv. Wenn sie sich trotzdem so großer Beliebtheit erfreuen, liegt es wohl daran, daß die Spielfreude gelegentlich vernünftige Kontrolle ausklinkt.

Zahlreiche Wortspiele machen einfach Spaß. Trotzdem. Zum Beispiel dadurch, daß einer beim Wort genommen wird. Der brave Soldat Schweijk macht es so bei seinem Vorgesetzten, Karl Valentin mit seiner Partnerin auf der Bühne. Man ist versucht, an ein Spiegelkabinett auf sprachlicher Ebene zu denken. Der Sprecher bekommt seine Äußerung zurückgesprochen, er mag sich besinnen, ob er etwas Richtiges oder Blödsinn gesagt hat: Bei der Armee wird Unterricht erteilt. »Stabsgefreiter Armleuchter, warum soll der Soldat sein Leben freudig fürs Vaterland opfern?« »Recht haben Sie, Herr Unteroffizier. Warum soll er?« Ein Mann betritt die Conditorei und sagt: »Ich möchte bitte Rumkugeln.« »Bitte«, antwortet die Verkäuferin, »wenn es Ihnen Spaß macht? In fünf Minuten ist der frischgewischte Fußboden trocken.« Manche Sizilianer stehlen angeblich gerne. Auf ihren Schildern steht deshalb nicht: »Vorsicht vor Dieben!« sondern »Achtung vor Dieben!« Ebenfalls doppelsinnig: »Das Schwein trägt seinen Namen mit vollem Recht.«

Durch die wissenschaftliche Brille betrachtet

Literaten und Gebildete haben bis heute zu Humor ein Verhältnis wie zu einer spröden Geliebten gepflegt, von löblichen Ausnahmen abgesehen. Zu diesen gehört Sigmund Freud, der allerdings mit Nichtbeachtung bestraft wurde, was seine Beschäftigung mit Humor anging.

Freud begann früh Anekdoten zu schätzen, vor allem jüdische. Er übertrug sie auf seine eigene Situation und wertete sie vielfach aus. Zu seinen ideenreichsten Büchern wird von Kennern *Der Witz und seine Beziehungen zum Unbewußten* gerechnet. Es wurde lange Zeit verkannt und wenig zur Kenntnis genommen. Es gilt als schwer eingängig. Vermutlich spielen bis heute Widerstände und Blockaden bei den Rezipienten eine Rolle, wie sie bei jeder Beschäftigung mit Humor aus psychologisch naheliegenden, eingangs bereits angesprochenen Gründen auftreten können. Freud wurde im Jahre 1898 durch die Lektüre des Buches von Theodor Lipps *Komik und Humor* angeregt, sich in die Psychologie des Witzes zu vertiefen. Zunächst geht er auf die Frage ein, ob es die Mühe lohne, sich mit dem Witz zu beschäftigen: »Ob das

Thema des Witzes solcher Bemühung wert ist? Ich meine, daran ist nicht zu zweifeln. Wenn ich von persönlichen, während der Entwicklung dieser Studien aufzudeckenden, Motiven absehe, die mich drängen, Einsicht in die Probleme des Witzes zu gewinnen, kann ich mich auf die Tatsache des intimen Zusammenhanges alles seelischen Geschehens berufen, welche einer psychologischen Erkenntnis auch auf einem entlegenen Gebiet einen im vorhinein nicht abschätzbaren Wert für andere Gebiete zusichert. Man darf auch daran mahnen, welch eigentümlichen, geradezu faszinierenden Reiz der Witz in unserer Gesellschaft äußert« (G. W. VI, S. 12f.).

Bald entdeckt S. Freud Beziehungen und Bezüge zu seiner Sexualtheorie, an der er gleichzeitig arbeitet: *Drei Abhandlungen zur Sexualtheorie*. Zum gemeinsamen Nenner und Erklärungsmodell wird das Lustprinzip. Der Witz leite den Erwachsenen vergnüglich wie vernünftig zu seinen Kindheitsspielen zurück: »Ich meine, welches immer das Motiv war, dem das Kind folgte, als es mit solchen Spielen begann, in weiterer Entwicklung gibt es sich ihnen mit dem Bewußtsein, daß sie unsinnig sind, hin und findet das Vergnügen in diesem Reiz des von der Vernunft Verbotenen. Es benützt nun das Spiel dazu, sich dem Druck der kritischen Vernunft zu entziehen. Weit gewaltiger sind aber die Einschränkungen, die bei der Erziehung zum richtigen Denken und zur Sonderung des in der Realität Wahren vom Falschen Platz greifen müssen, und darum ist die Auflehnung gegen den Denk- und Realitätszwang eine tiefgreifende und lang anhaltende« (G. W. VI, S. 140f.).

Im Kern unterliegen Lachen, Humor, Witz und Komik dem Mechanismus des Lustprinzips, aber sie erschöpfen sich nicht darin. Viele seelische Aspekte und Effekte treten hinzu, die in zahlreichen Punkten an die Traumverarbeitung erinnern. Der Witz bearbeitet unbewußtes, infantiles Material, das verbal auszusprechen normalerweise gegen gesellschaftliche Regeln und Tabus verstößt. Auch Aggressivität schafft sich so eine erlaubte Abfuhr. Unerlaubte und unzeitgemäße Wünsche können auf diese Weise angesprochen oder erfüllt werden. Die Technik des Traumes scheint auch auf diesem Feld einschlägig, denn Gedanken werden in Bilder übersetzt, es kommt zu Verdichtungen und Verschiebungen. Auf diese Weise können Gedanken verschleiert oder verraten werden. Ähnlich wie im Traum findet sich vielfach im zunächst vermeintlichen Unsinn Sinn. Ein deutlicher Unterschied besteht im sozialen Bezug. Mit seinen Träumen kann einer allein sein, Witz braucht stets Publikum. S. Freud sieht das Verhältnis von Witz und Traum so: »Im übrigen sind die beiden, Witz und Traum, auf ganz verschiedenen Gebieten des Seelenlebens erwachsen und an weit voneinander entlegenen Stellen des psychologischen Systems unterzubringen. Der Traum ist immer noch ein, wiewohl unkenntlich gemachter, Wunsch; der Witz ist ein entwickeltes Spiel. Der Traum behält trotz all seiner praktischen Nichtigkeit die Beziehung zu den großen Interessen des Lebens bei; er sucht die Bedürfnisse auf dem regressiven Umwege der Halluzinationen zu erfüllen, und er verdankt seine Zulassung dem einzig während des Nachtzustandes regen Bedürfnis zu schlafen. Der Witz hingegen versucht, sich einen kleinen Lustgewinn aus der bloßen, bedürfnisfreien Tätigkeit unseres seelischen Apparats zu ziehen, später einen solchen als Nebengewinn während der Tätigkeit desselben zu erhaschen, und gelangt so *sekundär* zu nicht unwichtigen, der Außenwelt zugewendeten Funktionen. Der Traum dient vorwiegend der Unlustersparnis, der Witz dem Lusterwerb; in diesen beiden Zielen treffen aber alle unsere seelischen Tätigkeiten zusammen« (G. W. VI, S. 204f.).

Die These, daß sich der Witz gewissermaßen auf Nebenfeldern des Lebens tummele, läßt sich heute nicht mehr durchhalten. Erstens, weil Witz kein Exote oder ein Gegenüber von Humor wäre, sondern allenfalls eine Sonderform. Zweitens, weil gerade Verdrängungs- und Unterdrückungsprozesse im Seelenleben es unmöglich machen, von vornherein einzuteilen, was große Interessen eines Lebens und was bedürfnisfreie sein könnten. Die ganzheitliche Betrachtung erweist sich als fruchtbarer als ein analysierendes Vorgehen, weil mehr der ganze Mensch und die Bedeutung von Humor für Lebenshaltung und Existenz in den Blick kommen.

Manès Sperber, der 1905 in Zablotow, Ostgalizien, geborene Schüler und Mitarbeiter des Psychologen Alfred Adler, schrieb im hohen Alter in seinem Buch *Nur eine Brücke zwischen Gestern und Morgen* Nachdenkenswertes über »Schmerzliches Gelächter«.[36] Aus seiner Kindheit sind ihm die ersten Filme von Charlie Chaplin und Buster Keaton unvergeßlich geblieben. Die Erinnerung daran gab ihm Anlaß darüber nachzudenken, worüber die Menschen lachen. Charlie Chaplin gilt ihm, und offensichtlich seinem großen Publikum, als der Typus des Gegenhelden. Er ist stets auf der Seite von Schwachen, auf der Flucht vor Starken, vor Polizei, Hunger und Kälte. Chaplin jedoch bewahrte »die sonderbare Eleganz in Kleidung und Geste. Im voraus besiegt, blieb er unbesiegbar.« Die Zuschauer ahnten, daß Chaplin im Kampf gegen Giganten und Übermächtige die Menschlichkeit verkörperte, indem er in jedes Loch stolperte, Pech bei jeder Gelegenheit hatte, aber immer wieder hervorkroch und seine Wanderung fortsetzte.

Auch Buster Keaton werde als Hauptfigur wehrlos allen möglichen

Zufällen ausgeliefert, am Schluß freilich tritt unerhoffter Erfolg ein, anders freilich als das oft wortlos traurige Ende bei Charlie Chaplin. Buster Keaton wiederholt gewissermaßen die Geschichte der Menschheit, wie sie Gefahren entgegenläuft, hervorruft, sich von einem Fehlschlag zum anderen weiterrettet. Sie überlebt Unglück, Epidemien, Kriege in ständig wiederkehrender Folge. Vordergründig lachten die Menschen gewiß über die beiden Pechvögel, unbewußt lernten sie dabei über sich selber lachen.

Interessanterweise verweist Sperber darauf, daß es für das deutsche Wort »Witz« keine adäquate Übersetzung gibt. Die Bedeutung des englischen *wit* oder *pun* sei von seiner verschieden: »Unglückliche Völker bringen mehr Witze hervor als die anderen, vielleicht weil sie sie nötiger haben.« Auf solchem Hintergrund tieferen Verstehens wird die Geschliffenheit und Vielzahl jüdischer Witze auf der Welt nicht weiter überraschen. Der Witz des heimatlosen Volkes in der Diaspora erweist sich als Erkenntnis der Ohnmacht und des Geführtsein zugleich, entsprechend Seufzer und Lachen zugleich hervorrufend, eben schmerzhaftes Gelächter.

M. Sperber liefert selbst einige Beispiele dafür. Er verweist darauf, daß in einer Anzahl von Witzen und Anekdoten eine Enttäuschung mit der typischen Wendung »Sie werden lachen . . .« angekündigt werde. Lachen ist aber beileibe nicht nur bei Nebensächlichkeiten angesiedelt, sondern auch dort, wo es im Leben ums Ganze geht: »Der alte Vater liegt im Sterben. Seine Söhne und Töchter horchen ängstlich auf den stockenden Atem; es sind gewiß seine letzten Atemzüge. Der Sterbende, der noch ein letztes Wort zu sagen wünscht, hebt mühsam den Kopf: ›Ihr wißt, meine Kinder, daß ich mir das Leben hätte leichter machen können, wenn ich nicht alle Gebote erfüllt und alle Verbote strengstens beachtet hätte. Armut und Plage habe ich auf mich genommen, nur um des ewigen Lebens würdig zu werden. Jetzt ist es endlich soweit. Ich stehe an der Schwelle des Jenseits – nur noch wenige Minuten.‹ Er verstummt eine Weile und fügt beinahe röchelnd hinzu: ›Lachen aber möcht' ich, wenn es überhaupt kein Jenseits geben tät.‹«

Rabbiner kommen häufig in jüdischen Witzen vor, sie »sind gewöhnlich weltfremd und naiv und nur selten scharfsinnig und ironisch«, meint Sperber: »Ein junger Mann, der sich eine Geflügelfarm angeschafft hat, kommt zum Rabbiner, um sich Rat zu holen: Seine Hühner siechen dahin, täglich sterben mehrere von ihnen. Ohne Zögern rät ihm der Rabbiner, die Tiere mit Maiskörnern zu füttern. Nach einer Woche kommt der junge Mann wieder, das Mittel hat nicht geholfen. Der Rabbi fragt: ›Hast du dem Geflügel die Körner roh oder gekocht gegeben?‹ ›Roh‹, antwortet der unglückliche Züchter. – ›Also füttere sie ausschließlich mit gekochten Maiskörnern, dann wird alles gut sein.‹ Wenige Tage später kommt der Mann verzweifelt wieder, es ist schlimmer denn je. – ›Womit nährst du die Hühner?‹ ›Wie Ihr geraten habt, mit gekochten Maiskörnern.‹ ›Kalt oder warm?‹ fragt der Rabbi. – ›Kalt.‹ ›Dann geh nach Hause und füttere sie nur mit heißen Körnern.‹ – ›Gewalt, Rabbi!‹ ruft der Züchter, als er nach zwei Tagen wiederkommt, ›meine Hühner krepieren noch schneller als vorher.‹ ›Wie gibst du ihnen die Maiskörner, trocken oder im Kochwasser?‹ ›Trocken‹, erwidert er. Ihm wird geraten, sie nur im warmen Wasser zu verabreichen. Wieder zwei Wochen später klagt der junge Mann verzweifelt: ›Es ist furchtbar, die Hühner sterben mir alle weg. Habt Ihr vielleicht noch einen Rat für mich?‹ – ›Sei getrost‹, antwortet der Rabbi, ›solange dir noch Hühner bleiben, solange werde ich Ratschläge für dich haben.‹«

»Was bleibt, wenn nichts mehr bleibt, das Rettung bringen könnte oder auch nur einen letzten Rest an Hoffnung, das ist der schwarze Humor« (M. Sperber). Er findet sich in authentischen Witzen von Leidenden, im quälenden Bewußtsein ihrer Ohnmacht und der Verfolgung: »Die Verfolgten verspotten so sich selbst, ihre Wehrlosigkeit und die unerklärliche Gleichgültigkeit des Allmächtigen:« »Winter 1942 in Polen. Ein Flüchtling aus dem benachbarten Städtel berichtete über die Gewalttaten der Nazis: böswillige Quälereien, namenlose Demütigung, Raub und Totschlag, Deportationen, Erschießungen auf dem Marktplatz und im benachbarten Wäldchen. Man fragt ihn: ›Was habt ihr da gemacht?‹ – ›Nach den letzten Aktionen haben wir nicht wie sonst nur die ersten 75 Psalmen aufgesagt, sondern alle 150 bis zum allerletzten Wort, und außerdem haben wir gefastet wie am Versöhnungstag.‹ – ›So war's recht‹, antwortete man ihm. ›Man darf sich nichts gefallen lassen. Man muß sich wehren!‹«

»Man ahnt, daß es einen engen Zusammenhang geben könnte zwischen diesen Witzen und den tragischen Gags Kafkas, Ionescos und Becketts«, so Manès Sperber in seinen Ausführungen. Es bedarf keines weiteren Beweises mehr, daß Witz nicht allein daraus lebt, daß über *andere* gelacht wird, Humor hilft, wenn einer gerade *selber* leidet. Erschütternd und ermutigend zugleich ist, was Viktor E. Frankl in seinem Buch *... trotzdem Ja zum Leben sagen. Ein Psychologe erlebt das Konzentrationslager*[37] schreibt. Im Kapitel »Lagerhumor« heißt es unter anderem: »Auch der Humor ist eine Waffe der Seele im Kampf um ihre Selbsterhaltung.« An anderer Stelle fährt der 1905 geborene Wiener Professor für Neurologie und Psychiatrie fort: »Stellt der Wille zum Humor, der Versuch, die Dinge irgendwie in witziger Perspektive zu sehen, gleichsam einen Trick dar, dann handelt es sich jeweils um einen Trick so recht im Sinne einer Art Lebenskunst. Die Möglichkeit einer Einstellung im Sinne von Lebenskunst, auch mitten im Lagerleben, ist jedoch dadurch gegeben, daß dieses Lagerleben reich an Kontrasten ist, und die Kontrastwirkungen wiederum haben eine gewisse Relativität allen Leidens zur Voraussetzung.« Dieser Erkenntnis über den Zusammenhang von Witz, Humor und Lebenskunst in eigener Betroffenheit und Lebensbedrohung ist nichts hinzuzufügen.

Unfreiwilliger Humor und Nonsens

Humorlose Zeitgenossen haben es schwer. Die Bezeichnung »humorloser Mensch« nimmt den Rang eines Schimpfwortes ein. Den armen Schluckern ist zugute zu halten, daß sie selber unter solchem Mangel leiden. Wer sich über Gebühr ernst nimmt und sein Ego hochstilisiert, ist gestraft genug.

Humor läßt allerdings selbst diese Bedauernswerten nicht im Stich. Sie dürfen sich der Segnungen unfreiwilligen Humors teilhaftig preisen. Völlig absichtslos läßt sich Spaß in die Welt setzen, wenn schon einer kein schöpferischer Humor-Typ ist. Passiv schließlich läßt sich unfreiwilliger Humor allemal köstlich genießen. Unverhofft erhellt, durchwärmt er gleich einem Sonnenstrahl den grauen Alltag. Gestelzten Ernst gibt er dem Spott preis; er ist das Schmiermittel von Lebenskunst.

Dem unfreiwilligen Humor ist eine Anzahl kleiner Helfer stets zu Diensten in Gestalt von Druckfehlerteufelchen, Amtsdeutsch oder Stilblüten. Passiert einem zu Lebzeiten nicht solcher Schabernack, dann bleibt ihm immer noch die Möglichkeit, durch eine entsprechende Inschrift auf dem Grabstein postum Humorhaftigkeit zu bezeugen.

Für die Menschenkenntnis ist wiederum die Reaktion auf unfreiwilligen Humor von Interesse. Ärgert sich einer »blau«, weil die Ordnung gestört ist, fühlt sich der andere über soviel Einfalt oder Schludrigkeit erhaben. Unfreiwilliger Humor hat andererseits Gönner und Könner gefunden, die ihn liebevoll und kunstgerecht pflegen. Er hilft, holpernd zwar, über Schlaglöcher im Alltag hinwegzukommen.

Unfreiwilliger Humor läuft immer Gefahr, nicht bemerkt zu werden. Vermutlich laufen deshalb unnötig viele Menschen mit bierernstem Gesicht herum. Hört sich ein solcher Dialog nicht wahrhaftig ernsthaft an? Ein Liebespaar sitzt engumschlungen auf der Gartenbank. »Schatz, hättest du das gedacht, als wir uns vorgestern kennen lernten?« »Warum nicht?« »Du kennst mich kaum.« »Gewiß, aber ich kenne mich!«

Vom »Schlesischen Schwan«

Als Ahnfrau unfreiwilligen Humors gilt Friederike Kempner. Sie lebte von 1836 bis 1904 und handelte sich die Ehrenbezeichnung »Schlesischer Schwan« für ihr dichterisches Nonsens-Tun ein. In Schwaben meldete sich der oberschwäbische Priester Michael Jung zu Wort. Unverdrossen sang er etwa zur Laute »Bei dem Grabe einer vortrefflichen Sängerin, die an der Kolera starb«:

Dort modert Rittler Katharine.
Die holde Sängerin entschlief
Mit hochentrückter Engelsmiene,
Als Gottes Vaterstimme rief:
Komm her in meinen Sängerchor
und sing mir deine Lieder vor!

Sie traf die fernesten Distanzen,
Sang tief hinab und hoch hinauf
Und löste alle Dissonanzen
In schönste Harmonien auf.
Und, hörend ihre Arien,
Blieb jedermann bezaubert stehn.

Sie hätt vielleicht auf dem Theater,
Das oft der Sünde Gift versüßt,
Die Herzensunschuld in zu später
Verzweiflung schmerzlich eingebüßt,
So daß die Kolera sogar
Für ihre Seele besser war.

Erfreulich an unfreiwilligem Humor ist, daß jedermann ihn sich leisten kann. Ob Amtsvorstand, Anzeigentexter oder Theaterkritiker,[38] jeden Tag bieten sich zahllose Möglichkeiten, Mitmenschen unbeabsichtigt zu erfreuen, sei es als Urheber oder wachsamer Beobachter und Zeitgenosse. Ein Blick auf Bekanntmachungen eröffnet Erstaunliches: »Bekanntmachung: Habe vom Magistrat die Erlaubnis Gäste zu beherbergen, zu beköstigen und zu schlachten.« Da möchte einer in seiner Zeitungsannonce nicht nachstehen: »Dauermieter, pünktlicher Vorauszahler, reinlich, ruhig und solid, sucht geräumiges Zimmer, wo er sich auf Spiritus selbst kochen kann.« »Der Minister lieh ihm sein Ohr. Der Bürger behielt es.«

Ein beliebtes Betätigungsfeld für unfreiwilligen Humor sind Theater- und Kunstkritiken. Die Autoren möchten sich besonders angemessen und gewählt ausdrücken und erzeugen gleichwohl oft Geschraubtheiten, Nonsens und Komik. In einer Konzertkritik heißt es: »Die junge Sängerin zeigte ab und zu noch einige kleine Unreinlichkeiten.« Na sowas, kann man dazu nur sagen. Oder zu dieser seltsamen Feststellung: »Herr Müller leistet Vortreffliches. Diesen Namen wird man sich merken müssen!« Frage, wer kannte ihn nicht schon ohne die abschließende Aufforderung in der Rezension? Dagegen erfordert es beinahe tiefes Sprachverständnis, um der komischen Formulierung auf die Schliche zu kommen: In einer Unterrichtsanweisung für Benehmen in einer Tanzschule heißt es: »Ein Kavalier kommt auch manchmal in die Lage, einer Dame die Hand küssen zu müssen, über deren Qualitäten er seine begründeten Ansichten hat.« Aus einer Widmung: »Durch die Bäume geht ein Wind von deiner Tante Ida.« Bei solchen Beispielen will die Deutsche Bundespost nicht zurückstehen. Ein Briefträger vermerkte auf einer unzustellbaren Postsache: »Empfänger verstorben. Wohin unbekannt.«

Stilblüten, Schulaufsätze, Kindermund

Eine schier unerschöpfliche Quelle unfreiwilligen Humors sind die Stilblüten.[39] Formulierungen, Worte und Bilder verschmelzen auf ungewohnte Weise miteinander und ergeben einen komischen Sinn durch ungewohnte Zusammenstellungen und Kontraste: »Der Zahn der Zeit, der so viele Tränen getrocknet hat, wird auch über diese Wunde Gras wachsen lassen.« »Wie zu hören ist, läuft in bayrischen Bierwirtschaften die Kellnerschar in kurzen Lederhosen herum, von denen einige die Gäste mit Jodeln unterhalten.« »Eduard empfand nur wenig vom musikalischen Genuß, er sah Ulrike, die nirgends zu erblicken war.«

Zur eigenen Spezies hat sich unfreiwilliger Humor aus Kindermund und in Schulaufsätzen entwickelt. Schade ist nur, daß es dafür keine guten Noten gibt. Am liebsten lachen Eltern und Erwachsene darüber, wenn alles vorüber ist und sie an ihre eigene Schulzeit zurückdenken. Oft genug drücken Kinder nur offenherzig Wahrheiten aus, freilich in ungewohnter Sprachform. Aber auch umgekehrt gilt: ungewohnter Sprach- und Wortgebrauch enthüllt Wahrheiten, die sich sonst hinter Fremdwörtern, abstrakten Begriffen und Verklausulierungen verstekken. Wer möchte daran zweifeln, daß die folgende Feststellung richtig ist: »Ich bin am 23. März geboren«, sagte Karl, »gerade an meinem Geburtstag.« Die Antwort der Kleinen könnte geradezu von einer Naturschützerin stammen: »Sieh mal, Ida, da fliegt ein Storch.« »Unsinn, Ilse, meine Mutter hat mich aufgeklärt. Es gibt keine Störche.«

Warum viele Umschweife machen, wenn sich zwei Sachverhalte zusammenziehen lassen: »Der Landwirtschaftsminister ließ die Bauern zu sich kommen, denn die Schweine fressen zuviel.« Logisch auch die folgende Feststellung: »Von Schiller besitzen wir zwei Schädel. Einer davon ist vermutlich unecht.« Was man einen gesunden Menschenverstand nennt, ist davon nicht weit entfernt, komisch nur, daß man ihn so selten gebraucht oder sich seiner gar schämen muß. Erdkunde: »In Portugal fängt das Klima erst im Februar an.« Gibt es nicht genug Menschen, die den Winter nicht mitzählen? Auch die Vorsorge des englischen Königs hatte gute Gründe: »Richard III. ließ alle seine Nachfolger hinrichten.« Und nach einer Schlacht geht es wirklich drunter und drüber: »Nach der Schlacht von Leipzig sah man Pferde, denen drei, vier und noch mehr Beine abgeschossen waren, herrenlos herumlaufen.« Könnte ein Nobelpreisträger das apokalyptische Geschehen trefflicher beschreiben?

Unfreiwilliger Humor aus Kindermund ist nicht das letzte Wort. Selbst mit den Lebzeiten endet er nicht. Grabinschriften und Marterlsprüche zeugen von seinem glänzenden, warmen Schimmer über den letzten Erdentag hinaus: »Von sieben Stichen todtgebohrt/Starb Peter Hofer hier am Ort/Der gerechte Gott im Himmel/Wird strafen einst auch diesen Lümmel.« Einer hat sich nicht mit dem Schicksal abgefunden: »Hier liegen meine Gebeine. Ich wollt, es wären deine.« Und gleich sind, vielleicht, doch nicht alle Menschen? Die Zählweise enthüllt in unnachahmlicher Kürze und Komik eine Weltanschauung über die Gleichheit von Menschen, Rassen und Völkern: »Im kalten Winter 1853 sind hier zwei Menschen und zwei Böhmen ertrunken.« Solche menschengemachten Unterschiede auszumerzen, braucht es einen frommen Pfarrer. Schlimm, wenn er seinerseits dahingeht. Der masurische Pfarrer Michael Pogorzelski, im Jahre 1740 geboren, sprach am Grabe des Ortelsburger Pfarrers in Ostpreußen zum letzten Geleit:

O weh dir, Ortelsburgsch Gemein!
Hast verloren Pfarrer dein.
Geschlossen ist das Auge, tott,
Maul zu, was hat geredt von Gott.

Das Leben erfährt aus der Rückschau freundliche Nachsicht. Man weiß zu unterscheiden: »Hier ruht in Gott Herr Leopold. 27 Jahre lebte er als Mensch und 36 Jahre als Ehemann.« Da nimmt man es auch mit der Moral und Sitte nicht mehr so genau, Widersprüche im Leben lösen sich in Wohlgefallen auf: »Hier ruht die ehr- und tugendsame Jungfrau Josefa Birklerin, betrauert von ihrem einzigen Sohne.«

Unvollkommen ist der Mensch, gewiß, unfreiwilliger Humor hilft aber über Mängel hinweg, er braucht nicht Gefangener seiner Schwächen zu bleiben. Er muß sie nur zugeben. Der Perfektionswahn ist, was ihn hindert, sich freizulachen. Der Widerspruch, oder auch Kontrast, muß besonders dort komisch erscheinen, wo Menschen es mit Gerichten und Polizei zu tun bekommen. Justitia kann bei der Zeugenaussage nur lachen: »Daß der Wirt Schnäpse panscht, ist sehr unwahrscheinlich, da er selbst welche trinkt.« Ob diese Aussage der Urteilsfindung dient? »Der Kläger mußte einen Arzt aufsuchen, infolgedessen er für mindestens zehn Tage arbeitsunfähig wurde.«

Nonsens, Unsinn, ist ein naher Verwandter des unfreiwilligen Humors. Er hat seine eigene Geschichte und Vorläufer, vor allem im Angelsächsischen.

Zu den Klassikern zählen Lewis Carroll, der *Alice im Wunderland* schrieb, und Edward Lear mit seinem *Book of Nonsens*. In Deutschland nahmen sich seiner Joachim Ringelnatz *(Kinderverwirrbuch)*, balladisch Heinrich Heine *(Loreley-Lied)* und Erich Kästner *(Handstand auf der Loreley)* an, um nur einige Autoren beispielhaft zu nennen. Natürlich darf Karl Valentin als Repräsentant des bühnengerechten, szenischen und dialogischen Nonsens eigener Prägung nicht fehlen. Der Kinderbuchautor James Krüss macht in jüngerer Zeit mit seinem Buch *Seifenblasen zu verkaufen* den Versuch, den Nonsens in Deutschland heimischer und bei großen und kleinen Kindern beliebter zu machen.

Nonsens ist nicht gleichbedeutend mit blühendem Unsinn, mit Blödelei und Witzelei, sondern ist am besten, einem Ratschlag von Krüss folgend, als »Nicht-Sinn« zu übersetzen. Nonsens ist die Freiheit von dem, was unter dem lateinischen Begriff *sensus* nicht im Wörterbuch steht: Er sprengt die Abhängigkeit von Empfindung und Wahrnehmung, befreit von Bewußtseinseinengung und Gedankenbegrenzung.

James Krüss versteht dieses »frei von Sinn« sein als »Freiheit von den geltenden Gesetzen: Das ist der Grenzübertritt von außen oder von innen: als Einfall oder als Ausbruch, als Revolte. Das ist das Übertreten der Gesetze und Grenzen, auch der vom Tag zum Traum, vom Wissen in die Ahnung und vom Gesicherten ins Ungesicherte ... Man kann auch sagen, Nonsens ist die Freiheit vom Regelzwang der Gesellschaft ... Nonsens ist Spiel ohne Regel ... Nonsens ist nicht Gedanke, sondern die alleräußerste Gedankenfreiheit ... Das ist die Spielwiese, auf der man ausprobiert: Was wäre wenn ...?«[40]

Nonsens ist das regellose Spiel mit den Regeln. Daraus folgt dreierlei. Erstens haben Kinder noch eine spielerische Freude an Unsinn. Zweitens signalisieren Erwachsene durch Sinn für Nonsens, daß sie sich noch wie Kinder freuen können. Ihr spielerischer Umgang mit scheinbar festen Regeln läßt sie Hintersinn und Unsinn in scheinbarem Sinn entdecken: Sie finden ihren Humor wieder. Drittens könnten Erwachsene und Kinder im Nonsens-Spiel zusammenfinden.

Zunächst Beispiele aus der Welt kindlichen Nonsens-Erlebens. James Krüss hat in seinem erwähnten Buch eine Fülle von Gedichten ausgewählt, die belegen, daß angesehene Dichter Nonsens keineswegs auf die leichte Schulter nehmen. »Briefmarken zu erfinden« von Gianni Rodari:

Müssen die Briefmarken,
Die wir belecken,
Alle so fade
Nach Rübe schmecken?
Auf, ihr Erfinder!
Laßt uns schlecken
Briefmarken, die nach Himbeere schmecken!
Oder Briefmarken beispielsweis
Mit dem Geschmack von Zitroneneis.
Oder für Feinschmecker – schmeck und hör –
Briefmarkenklebstoff mit Kirschlikör!

Geradezu als kleiner Lebensrat, vergnüglich durch die Woche im Alltag zu steuern, liest sich die gereimte Nonsens-Empfehlung von Michael Ende:

Die vergnügte Woche
Am *Montag* beginnt unsre Woche noch leise,
Kichertümlich und schmunzelweise.
Der *Dienstag* steigert sich allmählich
Purzelbäumlich und kopfstehlich.
Der *Mittwoch* wird dann schon johlerisch,
Juxig und kapriolerisch!

Am *Donnerstag* geht es erst richtig los,
Kissenschlachtig und gaudios.
Der *Freitag* gestaltet sich riesenlachig,
Unsinnförmig und faxemachig.
Am *Samstag* sind wir am Ende der Kraft,
Bäuchehaltig und lächerhaft.
Am *Sonntag* erholen wir uns ermattet,
Da sind nur tiefernste Gesichter gestattet!

Es bedarf allerdings nicht der Professionellen, um Nonsens zu erfinden. Die Wirklichkeit ist erfinderisch genug. Wem ist es nicht schon einmal widerfahren, daß er Sitzungen und Tagesordnungen für unsinnig oder irrsinnig komisch hält? Auf seltsam abstruse Weise ist Nonsens im Alltag zäh, nicht totzukriegen und lebendig wie ein Stehaufmännchen. Alle schimpfen und produzieren ihn immer wieder neu – etwas anders und doch unverwechselbar. Nehmen wir das Ritual einer ganz gewöhnlichen, sterbenslangweiligen, hundsgemeinen, auf alle Fälle routinemäßigen Sitzung oder Besprechung. Kommen diese Tagesordnungspunkte nicht immer wieder vor, mal so herum, mal andersherum?

Begrüßung
Dank für Erscheinen
Vertagung wichtiger Punkte
Betriebsausflug besprechen
Privatgespräche mit Diensttelefon regeln
Erörterung einer Teepausenregelung
Verschiebung auf die nächste Sitzung
Dank an die Sitzungsteilnehmer
Dank an Vorsitzenden und Protokollführer
Geselliges Beisammensein im Bierkeller

Neben Sitzungen sind Reden ein bevorzugtes Feld für Nonsens. Auf ihm tummelt sich alles, was Unsinn, Stumpfsinn mit schier unerschöpflicher Phantasie hervorzubringen vermag. Worthülsen und Leerformeln werden wohlklingend in Worte gekleidet, banale Rituale und Äußerungen wohlverpackt. Fast ist man geneigt, eine Nonsens-Allzweck-Kurzrede für jene zu entwerfen, die täglich zwar viel zu reden, aber wenig zu sagen haben. Natürlich kann man variieren und auf die besondere Situation und Zuhörerschaft abwandeln, jedoch dürfte sich eine Nonsens-Kurzrede im großen und ganzen immer wieder so ausnehmen:

»Meine sehr verehrten Damen und Herren,

gedrängt, das Wort zu ergreifen, fühle ich mich nicht berufener als jemand unter Ihnen, auszusprechen, was uns alle in diesem Augenblick tief bewegt. Meine geringe Rednergabe hindert mich, unsere Empfindungen in Worten auszudrücken, ja, besäße ich sie, wäre es anmaßend von mir zu sagen, was Sie empfinden. So darf ich, meine sehr verehrten Damen und Herren, jeden weiter seinen eigenen Empfindungen überlassen. Ich habe nur meinen tiefempfundenen Dank zu sagen für die Ehre, das Unaussprechliche stellvertretend für alle Anwesenden erwähnen zu dürfen.

Preisen wir uns glücklich, in einer Zeit leben zu dürfen, die es jedem erlaubt, seine Empfindungen für sich zu haben, seien es mehr oder weniger. Dieser Umstand ist der sicherste Schutz vor Manipulation und Kollektivierung. Mehr, ich scheue mich nicht, das Wort auszusprechen: Freiheit. Ja, Empfindungen sind frei.

Lassen Sie uns in dem Bewußtsein scheiden, daß es uns trotz aller Unmöglichkeit irgendwie möglich war, über unsere Empfindungen zu sprechen. Mich überwältigt diese Erkenntnis derart, daß ich besser darüber schweigen möchte. Vielleicht ergeht es Ihnen ebenso.

Ich danke Ihnen und wünsche einen guten Tag. Das Bufett ist geöffnet.«

Nonsens kommt nicht nur unfreiwillig auf, vielerorts wird er bewußt eingesetzt, oder wenigstens wird darauf spekuliert, daß die Menschen einen Sinn für Unsinn haben. Der gesunde Menschenverstand hat es dann schwer, zu unterscheiden, ob er für dumm verkauft werden soll oder was dahinter steckt, wenn ihm zuviel vor Wahlen versprochen, von den Massenmedien etwas vorgemacht wird. Eine kecke Probe aufs Exempel führt der Süddeutsche Rundfunk vor, der erklärtermaßen eine Nonsens-Sendereihe anbietet und darauf setzt, daß die Hörer täglich soviel Nonsens ausgesetzt seien, daß sie ihn geradezu für normal halten. Die wundersame Reihe heißt *Der Frauenarzt von Bischofsbrück*. Tag für Tag lauschen Millionen Hörer den romanhaften Fortsetzungsspots, bar jeden Sinns. Natürlich liegt die Frage nahe, ob die Sendung deswegen so beliebt ist oder ob es heutzutage derart schwierig geworden ist, Sinn von Unsinn zu unterscheiden?

Die Autoren und Redakteure immerhin haben es an Ehrlichkeit und Offenheit wahrlich nicht mangeln lassen. In ihrem gleichnamigen Buch[41] geben sie kund und zu wissen: »Die Autoren haben weder Zeit noch Mühen noch Rotwein gescheut, um den Erlebnissen des jungen, sympathischen Frauenarztes jene Tiefe und jenen Gefühlsreichtum zu geben, nach dem Hörer und Leser lechzen. Doch die erlösende Umarmung könnte ja auch der Beginn weiterer Verwicklungen sein ... und daß man, hoffentlich, dennoch darüber lachen kann und muß.« Soviel Aufrichtigkeit und Verblasenheit macht schon wiederum verdächtig. Muß sich dahinter nicht ein tieferer Sinn verbergen? Scheint's will es den Hörern nicht eingehen, daß Klischees, Kitsch, Banalitäten in gefällig-trivialer Form dargeboten, nichts anderes im Sinn haben als eben diese zu veralbern. Anders herum, Nonsens begegnet uns allerorten in sinnfälliger Verkleidung. Vorsicht also, wenn jemand die Stirne kraust und von tieferem Sinn zu sprechen anhebt, es könnte Nonsens dahinterstecken. Dazu eine kleine Kostprobe zum Exempel aus der Serie: »169. Lange hatte sich die Unterredung zwischen Mutter Maria und Dr. Borg hingezogen. Gräfin Retzlow lauschte atemlos. Manfred Maulwurf schlief mit offenem Mund, leise schnarchend, auf Mutter Marias Bett ein. ›Die junge Frau bleibt am besten hier bei mir, da ist sie am sichersten‹, bot Mutter Maria an. Die Gräfin nickte.« Im Zuge der weiteren Verwicklungen läßt Dr. Borg die besagte junge Frau im Kloster zurück; die vorübergehende Trennung von der Gräfin fiel keinem leicht: »Verstohlen wischte Mutter Maria eine Träne aus ihren Augenwinkeln. Manfred Maulwurf, der ebenfalls nahe am Wasser gebaut hatte, war auch etwas gerührt. ›Auf‹, sagte er. ›Genug geschmust.‹«

Angesichts solcher dramatischer Ereignisse darf man auf den weiteren Fortgang gespannt sein. Dr. Borg kann sich daran machen, sich als Krankenpfleger in Dr. Frankensteins privater Klinik einzuschleichen. Im Originalton so zu vernehmen: »Was hatte Dr. Borg vor? Wozu hatten Jumbo Fant und Manfred Maulwurf Dr. Fehler überredet?« Mit diesen lebenswichtigen Fragen wird die lauschende Hausfrau wieder an ihren Spültisch, der Büroangestellte an seinen Computer entlassen. Werden sie in der Nacht ruhig schlafen können, wo doch die Verwicklungen zunehmen und das Unheil bekanntlich schnell schreitet? Bis zum nächsten Morgen werden sie schon warten müssen, vorher schlägt das Schicksal nämlich im Radio nicht zu. Später aber enthüllt sich Dr. Frankenstein als gefährlicher Zeitgenosse, der sich übelster psychologischer Tricks bedient: »208. Der erste Therapieschritt, den Dr. Frankenstein mit gewichtigen Blicken einleitete, bestand in folgendem: ›Sie schreiben auf dieses weiße Blatt Papier, das ich Ihnen hier mitgebracht habe, mit diesem Bleistift 50mal: Ich darf löschen. Wenn Sie fertig sind, nehmen Sie diesen Radiergummi und radieren alles aus, was Sie geschrieben haben.‹ Dr. Frankenstein war bekannt für seine ungewöhnlichen Therapiemaßnahmen.« Der Radiohörer mag seufzen. In der Tat, ungewöhnlich wie seine Methoden waren die Diagnosen und Indikationen des Arztes. Offensichtlich wollte er seinen Patienten Dr. Fehler von irgendeinem Druck befreien. »Sie müssen lernen, mit Ihrem Zwang umzugehen. Ein langer Weg.‹ ›Ich gehe meilenweit‹, verwendete Dr. Fehler irgendwo Gehörtes. ›Schön, schön – nur was mich beschäftigt, ist die Tatsache, daß Sie den Radiergummirest einfach geschluckt haben.‹« Fatal, daran ist nicht zu zweifeln. Listig unterbrechen die Nonsens-Autoren an dieser Stelle und regen ihre Zuhörerschaft zu unerhörter Aktivität an. Sie fragen: »Gelingt es Dr. Fehler, Dr. Frankenstein weiter hinters Licht zu führen? Was wird er mit der Pille, die angeblich die Verdauung fördern soll, machen?« Tja, mag sich der geneigte Leser an dieser Stelle fragen, wird er oder wird er nicht? Vielleicht ahnt er auch, daß es gänzlich ohne Belang ist, wie die Nonsens-Geschichte weitergeht. Wer fühlt sich nicht an die Geschichte von des Kaisers neuen Kleidern erinnert oder hört nicht Till Eulenspiegel im Himmel kichern? Nonsens als Spaß und Vergnügen – mit Hilfe des gesunden Menschenverstandes läßt sich täglich um uns herum mehr davon entdecken als manche Sinnschürfer uns weismachen wollen.

Von Humoristen läßt sich lernen

Müßig und herzlich langweilig bleibt er ewige Streit, ob Humor letztlich angeboren sei oder nicht. In jedem Falle kann der vermeintlich humorlose Mensch etwas für sich tun. Schon beim geringsten Studium bekannter Humoristen, Autoren, Darsteller oder ihrer Werke wird er bemerken, wieviel Arbeit und Fleiß sie aufwenden. Sie rechnen nicht damit, daß den Menschen humorvolle Einstellungen und Haltungen wie gebratene Tauben in den Mund fliegen. Letztendlich steckt dahinter die Erkenntnis, daß Freude und Lachen weniger mit passiver Berieselung zu schaffen haben als mit aktiver Lebensgestaltung.

Abgucken läßt sich vor allem folglich, daß sich mit einer humorvollen Grundeinstellung zum Leben Abkapselung und Menschenscheu nicht vertragen. Öffnung und Zuwendung sind vonnöten, selbst dann, wenn einem nicht danach zumute ist. Eugen Roth beschrieb die Rolle von Humoristen so:[42]

Der Wunderdoktor
Der Humorist, meist selbst nicht heiter,
Gibt Frohsinn nur an andere weiter.
Die Wissenschaft, die kaum je irrt,
Nennt sowas einen Zwischenwirt.

Psychologisch gesprochen heißt dies Selbstbemitleidung, Wehleidigkeit in Grenzen halten und statt dessen seine eigene Bedeutung für die Mitmenschen wahrnehmen. Irgendwie ist jedermann Weitergeber, Zwischenwirt. Je mehr Frohsinn anstelle von Trübsinn weitergegeben wird, desto besser für alle. Wer aber Gelegenheit hat mitanzuhören, mit welcher Sorgfalt sich zwei wildfremde Menschen bei einer ersten Begegnung ihre Krankheitsgeschichten erzählen, der spürt, daß für die Verbreitung von Frohsinn noch viel zu tun bleibt.

Von Humoristen lernen heißt weiter darauf achten, wie sie Menschen meisterhaft beobachten, Verständnis für ihre oft vertrackten

Mißlichkeiten oder Fehler haben und zugleich nicht die Lebensfreude zu verlieren. Sich mit ihnen beschäftigen bringt mehr als Zugewinn an psychologischen Einsichten, nämlich eine Stärkung des eigenen Sinnes für Humor. Mit offenen Augen durch die Welt gehen, ein Herz für Menschen haben, in den Wind hineinlachen. Letzeres haben Humoristen den Psychologen voraus. Was sollte dagegen sprechen, sich von ihnen anstecken zu lassen?

Verhalten in ungewohnten Situationen

Bei fröhlichen Festen, während des Urlaubs oder angesichts eines Lotteriegewinnes läßt sich leicht lachen. Um das mit einiger Wahrscheinlichkeit vorauszusagen, bedarf es keiner vertieften Menschenkenntnis. Die alltägliche Erfahrung und Beobachtung genügt.

Mit hinreichender Verläßlichkeit lassen sich ebenfalls Voraussagen machen, die an gewohnte Situationen anknüpfen. Wessen Ehepartner nie zum Tanzen geht, wird kaum Nebenbuhler auf dem Tanzparkett kennenlernen. Ein sparsamer Mensch, der stets eine Rücklage macht, wird höchstwahrscheinlich nicht in die Lage kommen, aus Hunger etwas zum Essen zu stehlen. Ist einer musikalisch, singt oder musiziert er selber, wird er wahrscheinlich auch Konzerte aufsuchen.

Von größerem Interesse für praktische Menschenkenntnis ist die Frage, wie sich jemand künftig in ungewohnten Situationen verhalten werde. Wird ein Stellenbewerber die Position ausfüllen können? Kann sich einer auf den Partner verlassen? Wie weit reicht die Opferbereitschaft, wenn es darauf ankommt? Psychologisch ist vom prognostischen Wert einer Verhaltensbeurteilung die Rede, und nicht selten ist man so ratlos, daß Tests zur Hilfe genommen werden. Im Volk werden instinktiv eigene Voraussagen gewagt: Was der Bauer nicht kennt, das ißt er nicht, heißt es. Es bleibt in der Schwebe, ob mehr von einer uralten Erfahrung oder schlicht von einem Vorurteil gesprochen werden muß.

Sofern die vielfach aufgestellte These richtig ist, daß Humoristen zugleich gute Psychologen seien, müssen sie sich gleichfalls mit dem menschlichen Verhalten in ungewohnten Situationen auseinandersetzen. Mehr noch, sie werden wie experimentierende Wissenschaftler Menschen in ungewohnte Situationen hineinstellen, um ihr Verhalten deutlicher beobachten zu können. Tatsächlich haben sich namhafte Humoristen solche Gelegenheiten nicht entgehen lassen. Wenn sich die

Ergebnisse ihrer Studien unterhaltsamer als wissenschaftliche Fachbücher lesen, dann spricht das nur für sie und nicht gegen den verpackten Erkenntniswert.

Ausgezeichnet hat Ludwig Thoma in seiner Geschichte *Das Baby*[43] Verhalten und Empfinden beobachtet und beschrieben. Der Autor kleidet psychologische Prozesse in eine humorvolle Darstellung. Sie macht schmunzeln und zugleich nachdenklich: Wie kommt ein Baby zu seinen Reaktionen? Welches Verhalten ist einem Kleinkind gegenüber angemessen? Der Vorzug humorvoller Behandlung psychologischer Sachverhalte besteht nun darin, daß es nicht bei der zu gewinnenden Einsicht bleibt. Es können darüber hinaus auf buchstäblich lachhafte Weise eigene Fehlhaltungen korrigiert, Wahrnehmungsweisen verändert und Komplexe abgebaut werden. Nicht eine Analyse führt zu Befreiung, sondern das Lachenkönnen:

»In der Ostervakanz sind der Bindinger und die Marie gekommen, weil er jetzt Professor in Regensburg war und nicht mehr hier bei uns. Sie haben ihr kleines Kind mitgebracht. Das ist jetzt zwei Jahre alt und heißt auch Marie. Meine Schwester heißt es aber Mimi, und meine Mutter sagt immer Mimili. Wie es der Bindinger heißt, weiß ich nicht genau. Er sagt oft Mädele, aber meistens, wenn er damit redet, spitzt er sein Maul und sagt: ›Duzi, duzi! Du, du!‹ Es hat einen sehr großen Kopf, und die Nase ist so aufgebogen, wie beim Bindinger. Den ganzen Tag hat es den Finger im Mund und schaut einen so dumm an.«

Nun entspinnt sich ein Gespräch zwischen dem Bindinger und dem kleinen Ludwig, hauptsächlich seine miesen Schulleistungen betreffend. Die Frauen kümmern sich derweil um das Baby. Das kleine Mimili sitzt eine Weile brav da und sagt nichts. Später mischt es sich unversehens in die Szene.

»Das Mädel schaute meine Mutter an und lachte. Auf einmal machte es seinen Mund auf und sagte: ›Gugu-dada.‹ Es strampelte mit den Beinen und streckte seine Hand dabei aus. Es war doch gar nichts, aber alle taten, als wenn ein Wunder gewesen ist. Meine Mutter war ganz weg und rief immer: ›Habt ihr gehört! Das Kind! Gugu-dada!‹ ›Sie meint, der gute Papa. Gelt, Mimi? Und die Liebe Omama!‹ sagte Marie. ›Nein, wie das Kind gescheit ist!‹ sagte meine Mutter. ›In dem Alter! Das habe ich noch nicht erlebt. Das liebe Herzchen!‹ Der Bindinger lachte auch, daß man seine großen Zähne sah. Er bückte sich über den Tisch und stach dem Mädchen mit dem Zeigefinger in den Bauch und sagte: ›Wart, du Kleine, duzi, duzi!‹ Und zu meiner Mutter sagte er: ›Sie hat einen lebhaften Geist und beobachtet ihre Umgebung mit sichtlicher Teilnahme. Ich hoffe, daß sie sich in dieser Richtung weiter entwickelt.‹ Meine Mutter wollte, daß ich es auch sehe, aber ich war so giftig auf den Bindinger und fragte: ›Was hat es denn gesagt?‹ ›Hast du nicht gehört, wie sie ganz deutlich sagte: Gugu-dada?‹ ›Das ist doch gar nichts‹, sagte ich. ›Es heißt der gute Papa‹, sagte Marie und wurde ganz weinerlich. ›Du bist recht abscheulich, Ludwig! Wie kannst du das nicht verstehen‹, sagte meine Mutter und schaute mich zornig an. ›Das versteht jeder Mensch.‹ ›Ich kann es nicht verstehen‹, sagte ich. ›Weil du überhaupt nichts weißt, loser Bube!‹ schrie Bindinger und machte blitzende Augen, wie in der Schule; ›wenn du jemals den Aristoteles kennenlernen wirst, so wirst du begreifen, daß die Sprache unsres Kindes die onomato-poetische, die schallnachahmende Wortbildung ist.‹ Er brüllte so laut, daß der Fratz zu weinen anfing. Marie nahm ihn auf den Arm und ging damit auf und ab. Meine Mutter ging daneben und sagte: ›Will das Kind lustig sein? Will das Kindchen nicht mehr sprechen, gugu-dada?‹ Aber der Bindinger lief hintendrein und sagte: ›Nein, es soll nicht sprechen! Es soll hier nicht mehr sprechen! Dieser Bube hat vor nichts Ehrfurcht.‹ Ich machte mir aber gar nichts daraus.«

Zweifellos wird sich mancher selbst – oder liebe Mitmenschen – wie in einem vorgehaltenen Spiegel wiedererkennen. Ein geschulter Psychologe hätte das Verhalten der Beteiligten kaum treffender beobachten und beschreiben können. Darüber hinaus wirkt der Kontrast zwischen starrem Rollenverhalten und menschlicher Empfindung komisch. Er macht lachen und ermutigt in versöhnlicher Weise, sich in ungewohnten Situationen und Lebenslagen einfach und natürlich zu geben.

Nicht minder sorgfältig beobachtet Siegfried Sommer in seiner Geschichte *Die Quiz-Begrüßung*.[44] Hierin geht es um die jedermann zugängliche Erfahrung und Bedrängnis, jemanden mit Namen begrüßen zu müssen. Der jedoch ist einem entfallen. Nun beginnt die große Kunst des Drumherumredens:

»Irgend jemand aus dem Strome der Passanten lächelt, lüftet den Hut und bleibt schließlich stehen. ›Hallo, wie geht's?‹ lautet dann die erste Anrede. Und der Angesprochene, der natürlich nicht weiß, wo er diesen hintun soll, kontert geschickt: ›Und selber?‹ Nun beginnt es im Kopf zu arbeiten, alle paraten oder längst verstaubten Namen werden abgespult. Nichts. Wo könnte man seinem Visavis schon einmal begegnet sein? Auf dem Fußballplatz? Während einer Reise? Beim Kommiß? Zum Beispiel fragt man: ›Na, wohin geht die Reise?‹ Und kriegt zur Antwort: ›Na ja, ein bisserl unter die Leut halt.‹ ›Und wie geht's daheim?‹ ›Soso, lala.‹ ›Ist alles gesund?‹ ›Na ja, es geht.‹«

Die Verlegenheit ist damit nicht behoben. Auch Entlastungsversuche helfen nicht viel weiter, nach dem werten Befinden der Frau Gemahlin oder der Kinder zu fragen. Wehe, wenn die Bekanntschaft gar nicht verheiratet ist oder nur ein uneheliches Kind sein eigen nennt. Heikel ist es allemal, nicht zu wissen, ob man noch per Sie oder schon per Du ist. Manche behelfen sich durch Anrede in der dritten Person oder das vereinnahmende wie nichtssagende Wir.

Siegfried Sommer läßt am Ende seinen in Anrede-Not befindlichen Bekannten auf einen Trick verfallen: »›Übrigens, haben Sie vielleicht eine Visitenkarte dabei? Ich kann mir nämlich Adressen so schlecht merken‹, wird der Ertappte nunmehr in die Enge getrieben. Das Kärtchen wechselt den Besitzer, und man versucht schnell mit einem schrägen Blick den Namen zu erhaschen. Und schnauft erleichtert auf. Denn da steht es schwarz auf weiß: ›Ferdinand Haubensack, Immobilien.‹ Na endlich. Und jetzt wird der neue alte Bekannte pausenlos benamst. Herr Haubensack hin und Herr Haubensack her. Und bei der Verabschiedung klopft man ihm auch noch in enger Verbundenheit kräftig auf die wiedererkannte Schulter. ›Wiederseh'n, Herr Haubensack, hat mich wirklich sehr gefreut. Schönen Gruß an die verehrte Frau Haubensack.‹ Und man wendet sich, die Augen dankbar zum Himmel gehoben. Bis einem der andere schon halb im Gehen noch einen vernichtenden Genickschlag verpaßt: ›Übrigens, Fischer heiß ich. Franz Josef Fischer. Haubensack ist nur der Name meiner Firma, bei der ich beschäftigt bin. Auf Wiederseh'n, Herr-Herr-Herr‹.«

In ungewohnte Lebenslagen kann man auch durch Anpassung an andere soziale Gruppen geraten, Rituale wollen eingeübt sein. Fügen wir ein Beispiel für die Beobachtung gesellschaftlich geprägter Rollen hinzu. Jürgen von Manger beschreibt in seiner Geschichte *Feines Benehmen I*, wie es in einer Tanzstunde zugehen kann:[45] »Ich bin ja jetzt in so ein Tanzkurs, der läuft vom Personalrat aus für ›fortgeschrittene Ehepaare‹, aber is auch dies feine Benehmen mit bei, alles für'n selben Preis.« Der Tanzlehrer kommt aus dem Sauerland auf seinem Moped angefahren und bemüht sich, neben Anstandsregeln Tanzschritte zu vermitteln. Jürgen von Manger weiter original: »Paßt ja auf, Ihr alten Heinis, Ihr kommt mir noch lange nicht am Tanzen! Jetzt wird erst der ganze Anstand eingetrichtert!‹ Der Tanzlehrer erklärt die Unterschiede in allen Einzelheiten, die es von Fall zu Fall zu beachten gilt: »Weil es ja ein Unterschied wär zwischen mainzwegen eine Hochzeit und eine Beerdigung, und wenn man dann in die feine Gesellschaft Witze erzählt, müßten die verschieden sein, indem man sie dem einzelnen Ereignis auch ganz schön anpaßt.« Im übrigen will nicht nur bei den Tischsitten aufgepaßt sein. Auch zwischen dem Dienstmädchen und der Gastgeberin heißt es sorgfältig unterscheiden: »Die meisten denken, dat genügt, wenn man da hinmarschiert und sich nur eben kurz de Wampe vollschlägt. Ja mein lieber Scholli – denkste! Schon wenn Du bei die Leute ankommst, lauert hinter der Tür die erste Gefahr – dat Dienstmädchen! Sagt der Tanzlehrer, das wäre nicht richtig, wenn man die sofort unterm Kinn kitzelt, oder sogar in ihr'n ... Dingens ... da reinkneift.« Sich fein benehmen müssen scheint wirklich anstrengend zu sein. Da kommt einer ganz schön in's Schwitzen, oder in's Transpirieren, wie man wohl in solchen Kreisen zu sagen pflegt. Der Tanzlehrer empfiehlt, weibliche Schmeicheleien und höfliche Sprüche für alle Fälle bereitzuhalten. So wohlvorbereitet steuert die Begrüßung ihrem Höhepunkt zu: »Jetzt kommt aber noch wat Gefährliches, das sind die Blumen, die man für die Dame des Hauses mitbringt. Nicht wegen die Dornen, daß sie sich vielleicht im Finger sticht, sondern rote Rosen darf man überhaupt nicht! Da könnte nämlich der Hausherr eifersüchtig werden, und schmeißt er einen am Ende noch de Treppe runter. Rote Rosen darf man nur schenken als ein Zeichen, daß man schon richtig was gehabt hat mit die Dame; und wenn das nicht stimmt, is klar, daß dann der Hausherr böse wird. Am besten is also, man klemmt sich so'n bunten Strauß unterm Arm, vielleicht von diese schöne Feldblumen. Nur muß man da aufpassen, daß es hinterher nicht heißt, man wäre ein schrappigen Hund, indem man nix anlegen wollte, oder hätte die Blümkes sogar selber gepflückt am Bahndamm, für dat Geld zu sparen.« Ungewohnte Situationen, Lebenslagen sind die kleinen Dinge, die sich freilich zu Krisen und Katastrophen auswachsen können.

Hinter Masken und Kulissen schauen

Menschenkenntnis, Humor und Psychologie unterscheiden sich auch in dieser Zielsetzung kaum voneinander: Vordergründiges will von Hintergründigem unterschieden sein. Daten, Informationen und Fakten über äußeres Verhalten wollen zwar sorgfältig beobachtet und gesammelt sein, sie dürfen jedoch nicht für bare Münze genommen werden. Oberfläche ist nicht gleich Tiefgang. Schein kann trügen. Der Ersteindruck von einer Person entspricht nicht unbedingt dem nachhaltigen, verbleibenden Bild bei längerem Kennenlernen. Somit kann auf die Deutung, Interpretation und Enthüllung des Wahrgenommenen, auf die Freilegung von Ursachen, Motiven und vielschichtigen Zusammenhängen nicht verzichtet werden, will man andere Menschen verstehen und ihnen gerecht werden. Ihre innere Seite verdient mindestens genausoviel Beachtung wie die äußere. Eine möglichst vollständige und tiefgehende Menschenkenntnis sollte nicht durch die Zufälligkeit von Eindrücken, vordergründigen Vorurteilen oder äußerlichen Nebensächlichkeiten entwertet werden.

Wie gehen Meister des Humors vor? Der Querdenker Karl Valentin läßt in vermeintlich vordergründiger Wortklauberei den Menschen dahinter durchschimmern, seinen Charakter, seine geistige Einstellung bis hin zum Verständnis von Welt und Existenz. Ängste und menschliche Begrenztheit werden vielfach beklemmend deutlich. Wortspiele, Wortwitze und Kalauer sind lediglich Träger seiner Botschaften und Erkenntnisse über die menschliche Natur. Karl Valentin bevorzugt in seinem Sketchdialog *Semmelknödel* die indirekte Methode. Er sagt mit keinem Wort: »So sind die Menschen«, aber er läßt sein Publikum schlagartig erkennen: »Die Menschen sind so«, zumindest ganz bestimmte. Das befreiende Lachen, das er auslöst, läßt sie hoffen, zu sich selbst auf Distanz gehen und sich womöglich einmal ändern zu können. Da Valentin sich mit den Menschen auskennt, verhilft er ihnen mit instinktsicherer Psychologie zur Selbsterkenntnis nicht mittels Beispiel großer Heldentaten oder strahlender Vorbilder, sondern alltäglicher Figuren und Geschehnisse. Er weiß, das Leben wird in kleiner Münze gewechselt.

In dem bekannten Sketch verspätet sich Valentin, weil er in einer kleinen Wirtschaft Mittag gegessen hat. Karlstadt stellt ihn zur Rede. Valentin klärt seine Partnerin auf, daß er solange auf seine Semmelknödel habe warten müssen.[46]

»*Karlstadt:* Und ausgerechnet Semmelknödel hat er sich bestellt, wo doch ich heute auch Semmelknödel gemacht habe.

Valentin: Was, dieselben?

Karlstadt: Ah, dieselben! Unsinn – andere habe ich halt gemacht, aber Semmelknödel sind Semmelknödel.

Valentin: deln.

Karlstadt: Was deln?

Valentin: Semmelnknödeln heißt's.

Karlstadt: Ich hab ja g'sagt, Semmelknödel.

Valentin: Nein, Semmelnknödeln.

Karlstadt: Nein, man sagt von jeher Semmelknödel.

Valentin: Ja zu *einem* – aber zu *mehreren* Semmelknödel sagt man Semmelnknödeln.«

Im weiteren Disput beharrt Valentin unerbittlich darauf, daß man in der Mehrzahl Semmelnknödeln sage. Karlstadt hat die rettende Idee:

»*Karlstadt:* Ja wie heißt es dann bei den Kartoffelknödeln?
Valentin: Dasselbe ›n‹, Kartoffelnknödeln!!!
Karlstadt: Und bei den Schinkenknödeln ah-hahaha-
Valentin: Da ist's genau so, da ist das ›n‹ schon zwischendrin, es gibt keine Knödeln ohne ›n‹.
Karlstadt: Doch, die Leberknödeln.
Valentin: Ja, stimmt – Lebernknödeln kann man nicht sagen!«

Besonders reizvoll ist es, einmal hinter die Maske eines speziellen, allerdings häufig anzutreffenden Zeitgenossen zu schauen. Von ihm liefert Willy Reichert beiläufig eine Persönlichkeitsstudie in seiner Untersuchung »Der Witzeerzähler«.[47] Er zeichnet darin unterhaltsam, aber treffend, charakteristische Wesenszüge, läßt typisches Rollenverhalten erkennen und wie Mitmenschen darauf reagieren. Zunächst stellt er fest, daß es manchmal Menschen nicht recht gelingen will zu lachen: »Da wirkt unser Lachen gequält, wir werden keine Spur gelockerter, und die Gesichtszüge entgleisen gewissermaßen. Man bemüht sich zu lachen oder wenigstens zu lächeln, aber es wird ein verlegenes Grinsen daraus. Das ist immer dann der Fall, wenn einer kommt, der uns um jeden Preis erheitern möchte, indem er uns Witze erzählt. Zwei oder drei kann ich ertragen. Aber wenn einer so hintereinander, ohne aufzuhören, pausenlos, einen nach dem anderen losläßt, dann werde ich traurig.«

Hier ist, psychologisch ausgedrückt, die Wirkung von Übersättigung angesprochen. Ständig Süßigkeiten, unentwegt Zärtlichkeit – das erweckt fast zwangsläufig das Bedürfnis nach dem Gegenteil. Der sich unbeliebt machende Witzeerzähler läuft überdies einem weiteren Irrtum auf. Er vergißt die Einbindung in die angemessene Situation, verwechselt äußere Rahmen, Kulissen und mißachtet die Betroffenheit seiner Zuhörer.

Willy Reichert fährt in seinen Betrachtungen fort: »Schlimm ist es, daß die Witzeerzähler nicht nur in fröhlicher Runde ihre Kiste öffnen, um eine möglicherweise eingetretene Gesprächspause zu füllen oder über eine kleine Peinlichkeit hinwegzureden. Nein, sie erzählen Witze auch in völlig unangebrachten Situationen. Zum Beispiel mitten in geschäftlichen Besprechungen. Wenn in einer Konferenz die Sekretärin den Herren etwas Nichtalkoholisches zu trinken bringt, sagt Herr Witzemann plötzlich: ›Da fällt mir gerade etwas ein, meine Herren. Treffen sich zwei Milchflaschen vor der Haustür.

Die kleine grüßt höflich. Keine Antwort. Sie grüßt nochmals. Da knurrt die andere: ›Laß mich in Ruh – ich bin heute sauer.‹«

Der Witzeerzähler nimmt weder auf Personen noch auf Situationen Rücksicht. Es stört ihn nicht mal, wenn keiner mitlacht. Er besorgt es dann selber für seine Zuhörer und klatscht sich laut auf die Schenkel. Ein besonderes Auge wirft Willy Reichert auf Witzeerzähler in anderer Gestalt oder Verkleidung. Sie können als Friseur auftreten, dem man als Zuhörer unter dem Messer hilflos ausgeliefert ist oder als Nachbar im Schlafwagenabteil, dem man nicht entrinnen kann. »Manchmal begegnet man ihm in der Maske eines Vertreters, eines Reisenden. Eigentlich will er rostfreie Bestecke verkaufen oder Bettwäsche ab Fabrik – aber er meint, er müsse uns erst ›auflockern‹ und fängt ein Verkaufsgespräch so an: ›Eben habe ich unten auf der Straße zwei Nullen getroffen. Plötzlich geht eine Acht vorbei. Sagt eine Null zur anderen: Schau mal, wie geschnürt die ist! Hahaha!‹ Aber schließlich kann man ja die Tür nicht gleich wieder zuschlagen, wenn einem einer sagt, er hätte vor dem Haus gerade zwei Nullen getroffen. Es könnte ja sein, daß er etwas über die Frau Ruckdäschl und die Frau Buttermoos zu berichten hat. Wunderliche Zeitgenossen, die Witzmänner.« Der Mißbrauch indessen, der mit Witzen getrieben werden kann, mindert nicht seine Wertschätzung bei rechtem Gebrauch. Willy Reichert resümiert: »Ein guter aktueller Witz kann eine Sache manchmal schärfer ins Licht rücken als eine langatmige Diskussion, kann auch Böses entschärfen oder etwas Lächerlichem die Peinlichkeit nehmen. Immer vorausgesetzt, daß der Ursprung des Wortes Witz, das von ›Wissen‹, also von Verstand, Klugheit, Schlauheit herkommt, noch erkennbar ist. Wie in ›gewitzigt sein‹.«

Humorvolle Psychologie beschäftigt sich nicht nur mit der Erfassung charakteristischer Merkmale von Personen, ihrer Durchleuchtung, sondern ebenfalls mit ihrer Wiedergabe und Darstellung. Ein Paradebeispiel ist die Parodie. In der Kunst der nachahmenden Wiedergabe wird durchaus deutlich, ob es gelungen ist, mit teilnehmender Beobachtung äußere Erscheinungsformen zu durchdringen und neu zu gestalten. Die gute Parodie ist eine Nagelprobe darauf, ob in spezifischer, humorvoller Weise ein Mensch oder sein Werk erfaßt wurde. Besonders gelungene Beispiele verdanken wir dem Schriftsteller Robert Neumann. Er hat eine große Anzahl bedeutender Dichter und Autoren parodiert.[48] In der Skizze *Der fröhliche Landmann – Nach Friedrich Schnack* kann er sich in diesen hineinversetzen und aus dessen Sicht künstlerisch nachgestalten: »›Und dieses Rapünzchen‹, sagte Adventer, von seiner Malerei aufblickend, ›ist in Anbetracht seiner taufrischen Morgenschönheit genau das richtige Gemüse, um es dir, wenn auch nur im Bilde, zu dieser frühen Stunde zu überreichen, Dorine!‹« In dem sich nun entwickelnden, zartfühligen Dialog bemühen sich beide um die Klärung der ach so lebenswichtigen Frage: »Rapünzchen, Radieschen, nie zusammen auf einem Wieschen?«

Der hinzutretende Gärtner Borngart kann die komplizierte Frage gleichfalls nicht beantworten. Er schüttelt nur sein ergrautes Haupt. Dorine wendet sich erneut der Malerei zu. »›Was aber sind diese schwarzen Pünktchen, die du in deinem Rapunzelgemälde just auf die besten Blätter gezaubert hast, mein Lieber – ich wollte sagen: mein lieber Adventer?‹ fragte das Mädchen, das Bild genauer betrachtend. ›Sind es Blattläuse, so wollen wir sie mit schlichtem Seifenwasser bekriegen und aus dem Felde schlagen, wenn wir denn schon nicht einfach zu der von den Herren Borstenhauer & Klapp auf den Markt gebrachten Wundermixtur ›Läusetod‹ greifen wollen. Sind es aber nützliche Baumwanzen, die du hier darstellst, so wollen wir ihnen just einen Kuß auf ihre Lippen drücken und ihnen bedeuten, in Frieden weiterzuziehen.‹ ›Ja, das wollen wir‹, sagte Adventer ernst und blickte ihr tief in die Augen, und auch der alte Gärtner nickte gedankenvoll und reichte ihnen beide Hände hin. ›In diesem Sinne wollen wir fest zusammenhalten‹, sagte er herzlich. ›Nun aber muß ich hinüber, zu meinem Salat.‹« Der Parodie ist es überhaupt eigen, daß sie Vorbilder daraufhin prüft, ob sie es wert sind, welche zu sein.

Humor in der Bewährungsprobe

Von der Bewährung des Humors angesichts äußerster Lebensbedrohung war schon die Rede im Zusammenhang mit Stellungnahmen von M. Sperber und V. Frankl. Zum Glück aber befinden sich die Menschen nicht ständig in Grenzsituationen und existenziellen Krisen. Das Leben wird freilich gerade in kleine Stücke aufgelöst, und dieser Umstand ist es, der den Alltag so grau, ärgerlich, trübsinnig und trostlos zu machen pflegt. Darum stellt sich ganz natürlich die Frage ein, was Humor psychologisch beitragen könnte, um die kleinen Malesten besser zu ertragen, Reibungsverluste zu vermeiden, Fehler und Unzulänglichkeiten zu tolerieren?

Heinrich Spoerl nahm den Ärger auf's Korn. In *Man soll es nicht tun*[49] rät er, wie man mit dieser Wichtigkeit-Nichtigkeit fertigwerden könnte: »Man soll sich nicht ärgern. Niemals. Auch *dann* nicht. Ärger ist Zeitverschwendung, Kraftvergeudung. Er sollte durch Notverordnung verboten werden. Er vollbringt keine Leistungen, sondern zerstört: Stimmung, Freundschaft, Geschäft.«

Ähnliche Erfahrungen werden viele Menschen machen und darin dem im Umgang mit Menschen und Humor gleichermaßen erfahrenen Autor voll zustimmen. Er weiß überdies wie ein Psychotherapeut, daß von der richtigen Einsicht bis zum veränderten Verhalten oft ein weiter Weg ist. Guter Rat ist teuer. Verhaltensweisen werden mental durchgespielt: »Wohin mit dem Quadratärger? Man kann ihn heldenhaft vornehm herunterschlucken. Dann sitzt er quer und liegt im Magen, kommt gallig wieder hoch. Man kann seinen Ärger auch austoben. (Der Gebildete sagt abreagieren.) Beliebt ist Porzellangeschirr. Aber auch kostspielig. Nicht im Augenblick – da ist einem alles egal.« Spoerl beschreibt psychologisch Affekte oder affekthafte Abreaktionen. Ärger wird aber anders besiegt, kunstvoller. Er läßt sich auch verfeinert, sublimiert, sozusagen veredelt aus der Welt schaffen. Humorvoll dargestellt liest sich der kluge Lebensrat bei Heinrich Spoerl weiter so: »Der vornehme Mann schmeißt nicht. Der vornehme Mann schreibt. Er verspritzt seinen Ärger in Tinte. Wir sind ein vornehmer Mann. Also schreiben wir: an unseren Ärger, ans Gericht, an die Behörde. An wen, ist gleichgültig. Die Hauptsache ist, daß der Brief saftig wird. Er muß triefen. Man muß ihn schreiben mit knirschenden Zähnen und geballten Fäusten. Noch besser: diktieren und dabei wie ein Löwe durch den Käfig stampfen. Man nehme kein Blatt vor den Mund.« Die positive Wirkung wird sich alsbald einstellen, vor einem Magengeschwür bewahren und womöglich den Psychotherapeuten einsparen: »Wenn man sich diesen Brief vom Leibe geschrieben hat, mit den nötigen Unterstreichungen, verdoppelten Ausrufungszeichen und sonstigen Verzierungen – dann ist einem wohler. Man trinkt einen Kognak und geht an die Arbeit.« Ist das nicht ein vorzügliches Rezept? Das kann man wohl sagen. Vermutlich hat es sich bereits vieltausendfach bewährt. Humorvoller Lebensrat indessen wäre nicht humorvoll, gäbe es nicht ein Pointe, eine versöhnliche, versteht sich. Denn niemand kann wollen, daß sich einer auf Kosten anderer Leute abreagiert, mit seinen Äußerungen aus Ärger heraus Menschen verletzt. Das Rezept kann nur heilsam wirken, wenn es bis zum letzten i-Tüpfelchen befolgt wird. »Hallo – da hätte ich beinahe eine Kleinigkeit vergessen. Der Brief darf natürlich nicht herausgehen. Unsere kluge Sekretärin muß den Mut haben, die Absendung zu vergessen. Nach zwei, drei Tagen kann sie es süß-errötend eingestehen. Wir tun dann so als ob: ›Sie dürfen nichts vergessen; der Brief war glücklicherweise nicht eilig –

geben Sie ihn noch mal her, vielleicht – ja, eigentlich sollte man ihn abschicken – aber wir wollen uns das Porto sparen. Und die Anwaltskosten!‹«

Kaum zweifelhaft, daß Humor einer aufwendigen, psychotherapeutischen Behandlung ebenbürtig sein kann, ja, sie unter Umständen sogar überflüssig macht. Freilich gibt eine medizinische Erfahrung zu denken. Wann nehmen schon Ärzte selbstverordnete Medizin ein, gar mit Erfolg? Humoristen wären keine Humoristen, wenn sie dieser Möglichkeit, der mangelnden Wirkung an sich selbst, nicht unverzagt ins Auge sähen.

Der Kabarettist Werner Finck[50] bekennt sich zu solchen, fast tragisch zu nennenden Erfahrungen. Er »singt« das Lied vom »Glanz und Elend des Conférenciers«. »Es ist 19.59 Uhr. Der Fernseh-Bildschirm ist von einem magisch leuchtenden Ziffernblatt bis zum Rand ausgefüllt. Der unnatürlich helle, überdimensionale Zeiger wippt von Sekunde zu Sekunde in hektischer Präzision. Der berühmte Conférencier steht auf seinem ihm von der Technik angewiesenen Platz. Wenn der Zeiger auf die Zwölf kommt, wird es ernst. Dann werden viele Millionen ihn sehen und hören. Und er? Was wird er sehen? Zwei oder drei Techniker und Bühnenarbeiter, die ihren genau vorgeschriebenen Platz eingenommen haben, um ihre genau vorgeschriebenen Handgriffe und Bewegungen auszuführen. Wenn die Sendung läuft, so lautlos wie möglich. Denn Millionen würden es als illusionsstörend empfinden, wenn ein Arbeitsgeräusch zu hören wäre.«

Der Uhrzeiger rückt weiter vor. Die Ansagerin liest ihren Text vor und kündigt eine Kabarett-Sendung an. Der Conférencier wird dadurch nur verwirrt, denn er sieht eine Montagehalle vor sich und kein Kabarett mit Publikum. Zu allem Überfluß soll er jetzt seinen Fuß auf ein vorgezeichnetes Kreidekreuz stellen, während das Glasauge des Objektivs auf ihn gerichtet wird. Der Abstand zum Millionenpublikum wird ihm immer bewußter. Am Beifall kann er sich nicht orientieren. Der Künstler fühlt sich entsetzlich einsam, verlassen. »Die rote Lampe brennt. Seit zwei Sekunden. Der berühmte Conférencier hätte in dieser (kostbaren) Zeit schon launig plaudern müssen. Hat er nicht aufgepaßt in seiner Verwirrung? In seinem Publikummer? (Ein Wortspiel, das von ihm stammt.) Hat er in alter Gewohnheit abgewartet, bis der Applaus verebbt ist? Auf dem Bildschirm, der sekundenlang sprachlos war, hatte man ein unendlich trauriges Gesicht gesehen, mit einem Diadem aus Schweißperlen auf dem kahlen Haupt. Eine dicke Perle zieht sich langsam in die Länge und erscheint als Überflüßchen an der Wange. Er erwachte noch rechtzeitig, bevor es zu einer Panne kam. Er lächelte verlegen. Die Kamera verzieht keine Miene. Oder lacht sie? Dann nur aus. Das Glausauge starrt ihn verglast an. Und doch nüchtern. Da man es ihm – dem großen Conférencier – selbstverständlich überlassen hat, was er in den ihm zugeteilten einhundertachtzig Sekunden sagen wollte – zwei davon, wie gesagt, hat er bereits nichtssagend vergeudet, sagt er nach kurzer Überlegung: ›Scheiße!‹ Darauf entwindet er sich dem Sehfeld der Kamera. Auf dem Bildschirm erscheint ›Bildstörung‹ und meint ›Geistesstörung‹. Der Sendeleiter kommt gutgekleidet und aufgeregt ins Studio: ›Sind Sie wahnsinnig geworden? Es war das erste und letzte Mal, daß Sie hier konferiert haben‹. ›Das will ich glauben‹, sagte der berühmte Conférencier und verläßt – nicht ohne über ein Kabel zu stolpern – das Studio.«

Erfolg ist kaum Merkmal einer humorvollen Grundhaltung, zumindest ist es ebenso wichtig, Niederlagen einzugestehen und auszuhalten. Es wird – dennoch – weitergemacht. Erforderlich ist, sich nicht übermäßig ernst zu nehmen. Und neidlos wird anderen Erfolg gegönnt. Allenfalls wird ihnen augenzwinkernd geraten, sich nicht in Ernsthaftigkeit zu verbiestern, nicht einmal dann, wenn sich eine Tragödie anbahnt, jedenfalls auf der Bühne.

Thaddäus Troll hatte ein Herz für junge Autoren. Seinerseits vor allem in die Erforschung schwäbischen Humors vertieft, nimmt er sich die Zeit, dem hoffnungsvollen Nachwuchs Ratschläge zu erteilen. Als angehende Humoristen oder Autoren brauchen sie nicht lange nach geeigneten Sujets zu suchen. Kenner wissen, was könnte auf das verehrte Publikum komischer wirken als eine antike Tragödie? Seine Schreib- und Regieanweisungen faßt er hintersinnig zusammen: *Zum Lob der antiken Tragödie.*[51] Ganz im Sinne Jean Pauls wird das Erhabene auf seine Nichtigkeiten abgeklopft. Die Entlarvung schreitet schnell voran, gleichsam wie in einer psychologischen Analyse wird offenkundig, wie lächerlich Humorlosigkeit ist, die sich in den Mantel von Ernsthaftigkeit, Schwermut und Tiefe hüllt. Humor beweist der Betrachter oder Leser, der antiken Tragödien mit der angemessenen Distanz begegnet.

»In antiken Tragödien trabt Pegasus meist in fünffüßigen Jamben. Wenn der Vers nicht gut zu Fuß ist, kann man ihm leicht mit Füllwörtern wie ›Ach‹, ›Traun‹ und ›Sei's drum‹ auf die Beine helfen. Eine Einheitssprache, die sich im Umgang mit Gymnasiallehrern leicht erlernen läßt, beherrscht die antike Tragödie. Man geht nicht, sondern schreitet; führt nicht Kriege, sondern ›obliegt dem Kriegshandwerk‹; sagt statt ›ich glaube‹: ›mich dünkt‹ und ersetzt das prosaische ›langsam‹ mit ›gemach‹. In der antiken Tragödie hat der Autor wie nirgendwo das Recht, die Leidenschaften rasen und die Greuel wuchern zu lassen. Auch die antiken Männer haben einen Busen, der jedoch zweckentfremdet Argwohn nährt, Böses ahnt, in seiner Tiefe Geheimnisse bewahrt oder in dem sich sonst allerlei Abstraktes tut.«

Tragödien können nichts dafür, daß Menschen ihre alltäglichen Erfahrungen und Machenschaften überhöhen oder veredelt sehen wollen. In Wahrheit geht es zu wie bei dem bekannten Mann von der Straße, bei Müller oder Meier. Es klingt nur gediegener, wenn ein König dem Gast Gift ins Essen einmischt und heuchlerisch erklärt: »Das Mahl scheint Euch zu munden.« Grund zu morden gibt es alle Tage, weil jeder mit jedem verwandt ist und bei der geringsten Annäherung an das andere Geschlecht der blutschänderische Verdacht auf der Hand liegt. Schließlich sei die Aufführung einer antiken Tragödie billig: »Meist genügt – von Aischylos bis Wilder – eine Dekoration. Säulen, die wackeln, wenn man sich an sie lehnt, und die manchmal zukunftsweisend abgebrochen sind, sind üblich.« So können sich die Helden auf Tempelstufen herumlümmeln. Die am Mittelmeer ortsüblichen Kakteen werden durch stilisierte Pinien und Zypressen ersetzt: So weiß es auch der unbegabteste Bühnenbildner aus dem Schulbuch. »Wenn ich aus allen diesen Gründen jungen Autoren rate, mehr antike Tragödien zu schreiben, werden sie einwenden, man könne darin das dramaturgisch so wichtige Telefon nicht benutzen. Gemach, Freund! Statt des Fernsprechers nimmt man einen Boten, der Briefträger, Zeitung, Fernsehen und Telefon ersetzt. ›Ich bring' euch gute Kundschaft‹, sagt der Bote, so daß dem Verkaufsleiter im Parkett das Herz höher schlägt. Häufiger allerdings ist es der Unheilsbote, der auf die Bühne taumelt, zusammenbricht und wie die erste Seite unserer Tageszeitungen deprimierende Dinge meldet.« Die Verquickung geschichtlicher Ereignisse mit psychologischen Reflexionen darf nicht fehlen; solche Tupfer nähren beim geschulten Publikum den Wunsch, Näheres über die anale Phase der Akteure zu erfahren. Und sieh einer an: »Vor dem Kampf beschimpfen sich die Helden und erzählen dabei ihre ganze Familiengeschichte, die meist auf Ödipus, den Erfinder des gleichnamigen Komplexes, oder auf Tantalus, zurückgeht.« Sigmund Freud läßt grüßen. Angesichts der seelischen Strapazen empfiehlt sich eine kleine musikalische Auflockerung: »Oft tritt ein Chor auf, der meist aus Greisen und alten Damen besteht, so daß das Theater Gelegenheit hat, seine Pensionäre wieder einmal zu beschäftigen. Häufig schaut der Chor in die Zukunft und vertritt damit die Rolle unserer beim Publikum so beliebten Meinungsforscher.« Überhaupt stellen sich komische Wirkungen, nicht selten unbemerkt, dort ein, wo

Ernsthaftigkeit gespreizt daherstelzt: »Wenn die Schauspieler im Nachthemd eurhythmisch schreiten, wenn die Jamben plätschern, entsteht im Publikum jene erhabene Langeweile, die so eng verwandt mit Bildung ist.« Es wird gleichsam spürbar, daß die Darstellung von Leben als Tragik und Trauer nur eine halbe Sache bleibt; sie wird seinem von Lebendigkeit her bestimmten Wesen nicht gerecht. Unlebendigkeit aber macht Gähnen. Beinahe spottend kann daher Thaddäus Troll den von ihm beratenen jungen Autoren raten, sich auf den Erfolg zu freuen: »Jeder wird das Stück weiterempfehlen – ›Wenn ich mich schon gelangweilt habe, dann sollen sich die Pfuderers auch langweilen‹ – und eine solche Empfehlung hat noch den Vorteil, daß sie ihren Urheber als gebildetes Mitglied der guten Gesellschaft kennzeichnet. Unsere jungen Autoren sollten deshalb viel mehr antike Tragödien schreiben. Es täte ihnen und ihrem bildungshungrigen Publikum gut.« Die Nutzanwendung für den Beobachter liegt auf der Hand. Selbst wenn einer alle Anstrengung macht, Humor aus seinem Leben oder aus Werken zu verbannen, er lugt immer um die Ecke, bereit einzuspringen, wenn Trübsinn und Tiefsinn alle Lebenslust zu ersticken drohen.

Die Frage, ob Humor angebracht und nützlich sei, wenn es um Kopf und Kragen gehe, hat seit je bedeutende Dichter und Erzähler beschäftigt. Der bedeutendste Repräsentant feinsinnigen, poetischen Humors, Johann Peter Hebel (1760–1826), hat, als Gottesmann immerhin im Dienst der Kirche stehend, in einer seiner schönen Geschichten dazu Anschauungsunterricht erteilt. Keine Lage ist so aussichtslos, kein sicherer, naher Tod mache so hoffnungslos, als daß Witz und Humor nicht doch noch zu Leben verhelfen könnten. In seiner Erzählung *Die leichteste Todesstrafe*[52] heißt es:

»Ein Mann, der sonst seinem Vaterland viel Dienste geleistet hatte und bei dem Fürsten wohl angeschrieben war, wurde wegen eines Verbrechens, das er in der Leidenschaft begangen hatte, zum Tode verurteilt. Da half nicht Bitten, nicht Beten. Weil er aber sonst bei dem Fürsten wohl angeschrieben war, ließ ihm derselbe die Wahl, wie er am liebsten sterben wolle; denn welche Todesart er wählen würde, die sollte ihm werden. Also kam zu ihm in den Turm der Oberamtsschreiber: ›Der Herzog will Euch eine Gnade erweisen. Wenn Ihr wollt gerädert sein, will er Euch rädern lassen; wenn Ihr wollt gehenkt sein, will er Euch henken lassen. Es hängen zwar schon zwei am Galgen, aber bekanntlich ist er dreischläfrig. Wenn Ihr aber wollt lieber Rattenpulver essen, der Apotheker hat. Denn welche Todesart Ihr wählen werdet, sagt der Herzog, die soll Euch werden. Aber sterben müßt Ihr, das werdet Ihr wissen.‹ Da sagte der Malefikant: ›Wenn ich denn doch sterben muß, das Rädern ist ein biegsamer Tod, und das Henken, wenn besonders der Wind geht, ein beweglicher. – Aber Ihr versteht's doch nicht recht. Meines Orts, ich habe immer geglaubt, der Tod aus Altersschwäche sei der sanfteste, und den will ich denn auch wählen und keinen andern‹, und dabei blieb er und ließ sich's nicht ausreden. Da mußte man ihn wieder laufen und fort leben lassen, bis er an Altersschwäche selber starb. Denn der Herzog sagte: ›Ich habe mein Wort gegeben, so will ich's auch nicht brechen.‹«

Mit frechem Witz läßt Heinrich von Kleist (1777–1811) Menschen in aussichtsloser Lage reagieren: *Die letzte Bitte*.[53] »Den ungeheuersten Witz, der vielleicht, solange die Erde steht, über Menschenlippen gekommen ist, hat im Lauf des letztverflossenen Krieges ein Tambour gemacht; ein Tambour meines Wissens von dem damaligen Regiment von Puttkammer; ein Mensch, zu dem, wie man gleich hören wird, weder die griechische noch römische Geschichte ein Gegenstück liefert.

Dieser hatte, nach Zersprengung der preußischen Armee bei Jena, ein Gewehr aufgetrieben, mit welchem er, auf seine eigene Hand, den Krieg fortsetzte; dergestalt, daß, da er auf der Landstraße alles, was ihm an Franzosen in den Schuß kam, niederstreckte und ausplünderte, er von einem Haufen französischer Gendarmen, die ihn aufspürten, ergriffen, nach der Stadt geschleppt und, wie es ihm zukam, verurteilt ward, erschossen zu werden.

Als er den Platz, wo die Exekution vor sich gehen sollte, betreten hatte und wohl sah, daß alles, was er zu seiner Rechtfertigung vorbrachte, vergebens war, bat er sich von dem Obristen, der das Detachement kommandierte, eine Gnade aus; und da der Oberst, inzwischen die Offiziere, die ihn umringten, in gespannter Erwartung zusammentraten, ihn fragte, was er wolle, zog er sich die Hosen ab und sprach: sie möchten ihn in den Hintern schießen, damit das Fell kein Loch bekäme. – Wobei man noch die Shakespearesche Eigenschaft bemerken muß, daß der Tambour mit seinem Witz aus seiner Sphäre als Trommelschläger nicht herausging.«

In der Geschichte bleibt offen, ob der Einfall dem Delinquenten das Leben gerettet hat. Hans Balzer berichtet in seinem Buch *Die lachende Muse* von einer wahren Begebenheit über eine Expedition, für die Humor lebensrettend wurde. »Humor ist Leben«, schreibt Balzer und fährt fort: »Wem der Tod fühlbar im Nacken sitzt, dem müßte der Humor vergehen, sollte man meinen, wenn man unter Humor das versteht, was man sich gemeiniglich darunter vorstellt: die Heiterkeit, die frohe Laune und den unbeschwerten Spaß. Aber es gibt Beispiele dafür, daß der Humor in seinem wahren und großen Sinne erst dann zeigt, was es mit ihm auf sich hat, wenn alle anderen Hilfskräfte der Seele versagen.«

Die Bewährungsprobe für eine geographische Expedition in der Hölle südamerikanischer Urwälder ließ nach dem Bericht nicht lange auf sich warten. Forscher und Träger kamen auf dem Rückmarsch zur Küste in eine äußerst notvolle Lage. Die Menschen erschlafften in der Sumpfhitze und wurden von Fieber und Durst gequält. Der Urwald mit Schlingpflanzen und Dickicht wurde immer undurchdringlicher. Der Proviant war knapp und es war auszurechnen, wann er ausgehen würde. Die Stimmung der Expeditionsteilnehmer sank auf den Nullpunkt. Dem Leiter der Expedition fiel es immer schwerer, nach häufiger werdenden Ruhepausen die Teilnehmer zu bewegen, das schwere Gepäck zu schultern und den Marsch fortzusetzen. Eines Morgens folgte niemand mehr seinen Anweisungen: »Die erschlafften Gestalten fanden nicht mehr den Willen, sich zu erheben, und resignierend ließ auch der Führer sich wieder auf sein Lager sinken. Im Dickicht stand der Tod, seiner Beute sicher.

Da ertönte plötzlich von einer Lagerstätte her so etwas wie ein Lachen. Das war etwas Langentbehrtes. Einige Köpfe erhoben sich, ein paar Gestalten richteten sich auf, und bald zielten alle Blicke auf einen Mann, der schmunzelnd auf seiner Plane lag. Was war in ihn gefahren? War es der Wahnsinn, der in dieser ausweglosen Situation aus ihm grinste? Er sah nicht danach aus. Nun steigerte sich sein Schmunzeln zu einem belustigten Glucksen, und langsam, jedes Wort deutlich formend, zitierte er Wilhelm Buschs berühmtes Verspaar: ›Denn hinderlich, wie überall, ist hier der eigne Todesfall.‹ Es war, als hätte ein leuchtender Blitz gezuckt. Hier und da wurde ein stoßhaftes Lachen laut, es kam Bewegung in die Schar, jeder ging wie selbstverständlich, den Aufbruch vorbereitend, an seine Hantierung, binnen kurzem waren die noch vor wenigen Minuten dem sicheren Tod geweihten Männer auf dem Marsche, und Freund Hein verduftete, ärgerlich fluchend, im Dunst des Waldes. Die Lähmung war überwunden, und obwohl es in den nächsten Tagen des Schweren noch genug gab, griff sie nicht wieder Platz.«

Hans Balzer resümiert: »Unser aller Leben ist eine Expedition, und oft genug haben wir beschwerliche Engpässe, wüste Strecken und lichtloses Dunkel zu durchqueren. Kämpfen wir um unser Leben mit Ernst und, wenn es sein kann, mit Lachen. Sorgen wir dafür, daß uns der Humor nicht ausgehe, denn er ist Leben.«

Nicht immer, zum Glück, geht es gleich um die Frage Tod oder

Leben. Bewährt sich aber Humor als Grundhaltung auch in notvollen Lebenssituationen, erhebt sich naturgemäß die Frage, wie sie einer im gewöhnlichen Alltag bereits zu Lebzeiten erwerben könne, um sie parat zu haben, wenn er darauf angewiesen ist. Noch einmal sei auf Johann Peter Hebel zurückgegriffen, der in der ihm eigenen Darstellungsform Überlegungen angestellt hat darüber, was es heißen könne, fröhlich zu machen. Zum Nachdenken darüber anzuregen dient ihm ein *Morgengespräch des Hausfreunds und seines Adjunkts*. An einem schönen Sommermorgen gehen sie spazieren. Die Luft ist heiter und erquicklich. Unversehens kommen sie darauf, den Spruch »Du machst fröhlich alles, was da webet, beides Morgens und Abends« auszulegen. Der Hausfreund bittet seinen Begleiter auszulegen, was er unter fröhlich machen verstehe:

»Erstlich und vordersamst«, sagt er, »die Spinnen. Denn die Spinne webt ihr Netz und schlägt gleichsam wie ein Krämer auf dem Jahrmarkt den Stand auf, so sie doch nichts feil hat, sondern sie wiegt sich hin und her in der luftigen Morgenluft und zwischen den Rosensträuchern im Garten und betet in ihrer Art auch das Sprüchlein: Aller Augen warten auf dich, sonst wär' das Sprüchlein nicht wahr. Hernach ißt sie eine Fliege und, wenn's sein kann, zwei, weiß nimmer, daß sie gestern keine gehabt hat, und denkt nicht daran, wann der Sperling kommt. Also macht er jedes Tierlein fröhlich in den kurzen Tagen seines Daseins.« »Zweitens, versteh' ich darunter«, sagt er, »den Weber. Denn ob er schon in einer dunklen Kammer sitzt und sich viel rühren und einen dünnen Faden nach dem andern einschießen muß in den langen Zettel, so sieht er doch, wie sein Tuch gedeiht. Das Tuch wird glatt und fest, das Werk lobt den Meister, und wenn er innehaltet und eine Prise nimmt, denkt er: Du nährst dich durch deiner Hände Arbeit, wohl dir! du hast es gut.«

»Drittens«, sagt er, »versteh' ich darunter mich, den Adjunkt. Denn nach allen andern webe ich noch lustige Liedlein, Brechrätsel, ja Standreden in Euern Kalender, und alle Eure Leser haben mich gern.«

Der Adjunkt dreht dabei seine leeren Taschen um und zeigt, daß es dabei auf materielle Vorteile nicht ankomme. Weben und Webern heiße soviel wie sich bewegen, rührig sein und etwas Gutes schaffen. Denn: »Wer die Hände in den Schoß legt und nicht rührig und emsig ist an seiner Arbeit, der kann auch nie recht fröhlich sein, wenn er schon so aussieht. Denn es heißt: Du machst fröhlich alles, was webet.«

An dieser Stelle bleibt also festzuhalten, daß eine humorvolle Grundhaltung entscheidend etwas mit der Lebenseinstellung und Lebensgestaltung zu tun hat. Sie entwickelt sich und reift im Alltag und legt ihre Bewährungsprobe unter besonderen Belastungen ab. Keinesfalls ist sie zu verwechseln mit künstlichem Optimismus für nur gute Tage oder mit Verdrängung. Ernst und Lachen gehören zusammen, im Sinne Friedrich Gottlieb Klopstocks: »Nicht nur das Lächeln, selbst die Lache, führt oft des Ernstes Sache!«

Gute Erzähler haben zumeist Humor

Humoristen sind ausgeprägte Menschenkenner. Gleich Psychologen beobachten sie genau, unterscheiden vordergründiges Verhalten von tieferem Hintersinn und prüfen den Humor an seiner Tragfähigkeit in unterschiedlichsten Lebenssituationen. Wie Philosophen betrachten sie die Rolle des Menschen in der Welt. Von den Profis der schreibenden, darstellenden, dichtenden und singenden Zunft läßt sich für den Alltag eine Menge lernen. Allerdings kann der normale Bürger schwerlich darauf warten bis ein Komiker, Kabarettist oder Satiriker daherkommt, seine Probleme aufgreift und so kunstvoll aufspießt und gestaltet, daß er später herzhaft darüber lachen kann. Er möchte vielmehr selber wenigstens ein bißchen davon haben oder doch wenigstens Zeitgenossen um sich wissen, die etwas von der Lebenskunst verstehen.

Wie zeigt man aber Humor? Woran erkennt man beim anderen, ob er welchen hat? Gibt es Darstellungsmittel und Äußerungsformen, die Humor besonders angemessen sind? Jedermann wird einleuchten, daß einem Witz die langatmige Erzählung nicht entspricht. Ein humorvoll gemeinter Brief mißglückt, wenn er den Empfänger karikiert. Die Stilmittel sind es, die in bevorzugter Weise signalisieren, ob wir ein humorvolles Gegenüber haben. Humorvolle Menschen sind selten daran zu erkennen, daß sie sich witzboldig aufführen. Ein besseres Indiz ist die Fähigkeit, erzählen zu können. Zahlreiche Menschen, die gerne und gut erzählen, sind auch humorvoll. Erzählen, mündlich oder schriftlich, ist nichts für Einzelgänger, weltabgewandte Asketen, in sich selbst verliebte, narzißtische Einzelgänger. Wer nämlich gerne erzählt, sich freimütig vor anderen äußert, erfüllt bereits eine Grundbedingung für das Gedeihen von Humor: Er wendet sich anderen Menschen zu, ihren Freuden und Sorgen, sucht ihre Gemeinschaft und schätzt Geselligkeit. Isolation und Resignation als Grundmuster persönlichen Verhaltens passen wenig dazu.

Zum Erzählen gehört weiterhin ein gewisser Überblick und Durchblick. Die hoffnungslose Selbstverstrickung in das Geschehen steht oft der nötigen Gelassenheit und Distanz im Wege. »Humor ist Distanzgefühl«, sagte Bert Brecht, wie erinnerlich. Gewiß handelt in Erzähltem durchschimmernder Humor von dem, was Menschen bewegt, die persönliche Sympathie und Emphatie ist unverzichtbar, jedoch wird sich der Erzählende nicht von den Ereignissen und Gefühlen gleichsam mit fortspülen lassen. Humor läßt zumindest die Möglichkeit ihrer Bewältigung mitanklingen. In der humorvollen Haltung wird eine spezifische Teilnahme von Menschen an Mitmenschen erkennbar, sie läßt sich mit ihnen ein, nimmt an ihrem Schicksal solidarisch teil, verweist aber auf die Möglichkeit, nicht daran zu zerbrechen. Die Perspektive wird gewechselt, eine höhere Warte eingenommen. »Humor ist das überwundene Leiden an der Welt«, sagt Jean Paul. Woraus folgt, daß humorvolle Erzähler nicht mit Chronisten zu verwechseln sind, die Ereignisse chronologisch berichten, oder mit Dokumentaristen, die Fakten, Daten, Namen und Geschehen exakt wiederzugeben haben. Humorvolle Erzählungen enthalten mehr, als zu sehen und zu erleben war. Freilich hat nicht jeder von vornherein einen Blick, ein Gespür dafür und muß sich dergleichen Einsicht und Erkenntnis erst erwerben. Nur möge er sich solange hüten, humoristische Erzählungen für »unwahr« zu halten. Sie könnten dem wahren Kern eines Ereignisses oder einer Person näher sein als ein beeidigter Erlebnisbericht oder ein Sachverständigengutachten.

Die professionellen Humoristen und Akteure haben ihre Mittel der Darstellung sowie humoristische Stilformen weniger im Himmel gefunden als auf der Straße. Sie haben dem Volk ins Herz und aufs Maul geschaut, vielleicht verfeinert und zur Kunstform entwickelt. Auf jeden Fall ist es nur recht und billig, sich einmal anzusehen, wie sie es machen. Vielleicht geht davon eine Ermutigung aus?

Zunächst ein Beispiel für humorvolle Anspielungen, die über Chronistenpflicht hinausgehen. Der Journalist Walter Henkels, auch »Bonner Hofchronist« in der Bonner Szene genannt, publizierte unter anderem Jagdgeschichten *Wer einen Treiber erschießt, muß die Witwe heiraten.*[54] Für viele Menschen ist eine Jagd nichts weiter als eine Jagd. Jäger gehen hinaus auf den Anstand, warten ab, schießen, blasen Halali und essen Erbsensuppe. Walter Henkels macht mehr daraus. Unversehens wird aus dem Bericht eine humorvolle Philosophie über Menschen und Jäger, Tiere, Jagd und Tod. Dabei gehen Unterhaltung, Ironie und Information eine ansprechende Mischung ein:

»Das Treiben war angeblasen, Hermann Höcherl hatte sich von seinem Jagdstock erhoben, Nachbarschütze war der Militärkorrespondent des ›Spiegel‹, Hagen Graf Lambsdorff. Höcherl, noch Jungjäger, mit Strauß und Stücklen auf krummer Tour Absolvent eines Jägerprüfungslehrgangs im niedersächsischen Gifhorn, wenig gesonnen, die ironische Behandlung seines großen Vorsitzenden Strauß durch ein desto innigeres Bekenntnis zum edlen Waidwerk wettzumachen, stieß schon beim Thema Jagen und ›Spiegel‹ an die Grenzen seiner Vorstellungskraft. Etwas schußhitzig, wie es bei jungen Jägern oft vorkommt, backte er auf einen Mümmelmann an, der sein Heil zwischen Höcherl und Lambsdorff sah. Höcherls Schuß, er war mit seiner Flinte schön mitgeschwungen, krachte, aber der Krumme rettete seinen Balg. Nur: Der ›Spiegel‹-Mensch hatte vier Schrote im Hintern, gebremst freilich durch eine nagelneue Lederhose, es brannte nur ein bißchen beim ›Spiegel‹. Höcherl riskierte die scherzhafte und scheinheilige Bemerkung an den ›Spiegel‹: ›Das kann aber nicht sein, daß ich die Kehrseite traf‹.« Eine solche Erzählweise liest sich anders als jeder Polizeibericht. Immerhin hat sie noch einen Anhalt an tatsächlichen Ereignissen. Manch einer wird Bekannte oder Freunde haben, die in ähnlich humorvoller Weise von einer Reise oder einem Vergnügen am Arbeitsplatz erzählen. Als Zuhörer sollte man solche Versuche durch freundliche Rückmeldungen stärken, statt sie durch Zwischenbemerkungen oder Besserwisserei im Keime zu ersticken.

Humorvolle Erzählungen können noch einen Schritt weitergehen und sich der reinen Erfindung nähern. Es gibt die darin vorkommenden Menschen, Orte, Ereignisse gar nicht, oder jedenfalls nicht so. Gute Erfindungen haben den Vorzug, daß sich viele Menschen darin wiederentdecken können. Erfahrungen und Erlebnisse werden nicht privat angesprochen, sondern auf einer allgemeineren, höheren Warte aufgegriffen und aufgearbeitet. Man kann auch von einer phantasiehaften Verfremdung sprechen. Der Verzicht auf realistische Details wird durch die Erfassung von Wesentlichem mehrfach wettgemacht. Zu den weit verbreiteten erfundenen Geschichten gehören die von Siegfried Lenz in seinem Büchlein *So zärtlich war Suleyken* oder die *Maghrebinischen Geschichten* von Gregor von Rezzori. Menschen und Landschaften sind in ihnen so gut erfunden, daß sie jeder ohne weiteres für wahr halten kann, das meint hier: für lebendig. Dazu eine Kostprobe von Gregor von Rezzori:[55]

Augenzwinkernd und vermutlich herzlich lachend schreibt er die Geschichte von Petrakje Lupu, einem Hirten zu Maglawit, einsam in den maghrebinischen Bergen. Der Bursche war eines Tages überzeugt, Wunder vollbringen zu können: »Als er im Flusse badete, kamen zwei Damen aus Metropolsk zu ihm, die beide einen Kummer in ihrem Herzen hatten. Und sie warteten am Ufer des Flusses, bis er gebadet hatte. Und als sie genügend lang gewartet hatten, da stieg der Hirte Petrakje Lupu aus den Fluten des Flusses zu dessen Ufer auf. Und er war nackend. Da er sich aber seines Leibes Blöße schämte, nahm er seine Katschjula (das ist: die Mütze von Hammelfell) von seinem Haupte und hielt sie vor seines Leibes Blöße. Und die beiden Damen aus Metropolsk traten an ihn heran, und die eine von ihnen sprach so zu ihm: ›Lege‹, so sprach die Dame aus Metropolsk, ›deine Hand auf mein Herz, o Petrakje Lupu, auf daß sein Kummer geheilt werde.‹ Und Petrakje Lupu, der Hirte aus Maglawit, legte die eine seiner Hände auf ihr Herz, auf daß der Kummer darin geheilt würde, und sie nahm seine Hand und hielt sie fest auf ihrem Herzen. Als aber die andere der beiden Damen aus Metropolsk ein solches sah, da sprach auch sie zu dem Hirten: ›Lege‹, so sprach die andere der Damen, ›deine Hand auch auf mein Herz, o Petrakje Lupu, du frommer Hirte, auf daß auch sein Kummer geheilt werde.‹ Er aber, Petrakje Lupu, der Hirte aus Maglawit, wollte seine Katschjula (das ist: die Mütze aus Hammelfell) nicht fahren lassen, auf daß seines Leibes Blöße nicht enthüllt würde.«

Nun ist offensichtlich, daß der Hirte Petrakje Lupu in dieser Geschichte in äußerste Bedrängnis geraten war. Was würde er tun? Den Wunsch der zweiten Dame abschlagen? Würde er sich unsterblich blamieren oder die Damen von seiner Fähigkeit, Wunder zu vollbringen, überzeugen können? In seiner Not schickte er still Bittgebete gen Himmel und hob endlich vertrauensvoll seine zweite Hand, um sie der Dame aus Metropolsk auf's Herz zu legen. Was geschah? Ein echtes Petrakje Lupu-Wunder: »Die Katschjula (das ist: die Mütze von Lammfell) blieb an ihrer Stelle, ohne daß er sie weiter festgehalten hätte.«

Humorvoll erzählen läßt sich üben. Etwas Phantasie, Lust am Fabulieren sowie Abstand zu sich selbst und der Last des Alltags gehören dazu. Wer erzählt, gibt anderen auch zu erkennen, ob er über eine humorvolle Grundeinstellung verfügt. Es kommt nicht darauf an, eigene Erlebnisse und Erfahrungen zu dokumentieren oder wie ein Chronist zu registrieren. Auf die Lebensfreude kommt es an, für die es die vielfältigsten Äußerungsformen gibt.

Erzählen können sagt uns überdies etwas über Menschenkenntnis aus, über die Fähigkeiten des Erzählenden, Menschen in ihrem Verhalten zu beobachten und ihre wesentlichen Merkmale zu beschreiben. Ohne ein psychologisches Fachstudium absolviert zu haben, können sich sogenannte Nichtpsychologen gleichwohl als höchst seelenkundig erweisen. In durchaus auch erfundenen Geschichten können Empfindungen, Gefühle, Denkweisen, ja Geist und Seele ganzer Volksgruppen eingefangen werden. Ob es dem Verfasser gelungen ist, einige

Wesensmerkmale von Ostpreußen humorvoll und psychologisch zugleich einzufangen, mag der Leser selber freundlich beurteilen. Es scheint aber an der Zeit, nicht nur über Humor zu schreiben, sondern eine eigene Leseprobe anzubieten. Sie stammt aus dem Buch *Bärenfang unter dem Bundesadler: Hochzeit auf ostpreußisch.*[56] »Eine Hochzeit, soviel weiß jeder, ist kein alltägliches Ereignis. Treffen sich dabei zufällig zwei wildfremde Ostpreußen, dann gibt es ein Jahrhundertfest. Sie kennen nur ein Thema, über das auf der Hochzeit sich zu reden lohnt: Bärenfang. Wie soll man aber Leuten im Westen klar machen, was Bärenfang ist? In dürren, trockenen Worten beschreiben? Unmöglich. Du mußt, liebes Leserchen, ihn selber einmal probieren. So was hast du noch nicht erlebt. Ungeprahlt! Bärenfang ist, dem Laien sei's eröffnet, ein Getränk. Echte Ostpreußen brauchen keine Hochzeit zu veranstalten, um einen gehörigen Grund zum Trinken zu haben. Es genügt eine Kindstaufe oder eine hübsche Beerdigung. Die ganze Wahrheit ist, daß ein guter Bärenfang an jedem Ort zu jeder Zeit ohne jeglichen Grund getrunken wird. Entscheidend bleibt, daß einer vorrätig ist. Genau dies ist ein Hauptproblem beim Bärenfang.

Auf unserer Hochzeit, so versicherte der Bräutigam Adomeit dem unter den Gästen entdeckten Landsmann Koslowski glaubhaft, sei kein lumpiges Tröpfchen Bärenfang aufzutreiben. Seine letzte Flasche, im Tresor wohlverwahrt, müsse jemand gestohlen haben. Bei der Herkunft seiner neuen, westdeutschen Verwandtschaft offensichtlich ein höchst rätselhafter Vorgang. (Adomeits erstes Frauchen war in den Nachkriegsjahren an Kummer gestorben. Seine wohlhabende Braut war die Witwe eines Immobilienmaklers; die Hochzeit fand in einem eleganten Hotel statt. Im Reiseführer war es mit fünf Sternen versehen, Bärenfang hatte man jedoch nicht.)

Koslowski schüttelte bedenklich sein Haupt. Keinen Tropfen Bärenfang im Haus bei einer Hochzeit, wie konnte das gut gehen? Was sollten die Kinderchen später denken, wenn es überhaupt welche auf diese Weise gab? Er sprach: ›Eine ostpreußische Braut muß sich zuerst am Bärenfang beweisen. Sind wir denn in Bayern, wo die umgekehrte Reihenfolge die Regel ist?‹ ›Ich werde dir‹, lenkte Bräutigam Adomeit behutsam ab, ›meine Braut vorstellen. Das Marjellchen ist prächtig wie eine Stute gebaut und besitzt Häuser im Tessin. Bei ihrem Anblick wirst du nicht mehr an Bärenfang denken.‹

Koslowski führte die rechte Hand erschrocken an sein Herz. ›Wie kannst du, Jungchen, mir von den Reizen deines künftigen Weibes reden, wenn es sich darum dreht, einen Bärenfang aufzutreiben? Könnte sie, zur Not, wenigstens selber einen kochen, wie deine

Verstorbene selig?‹ Bräutigam Adomeit dachte angestrengt nach. An Königsberger Klops habe sie sich einmal versucht, auch an Fleck und süßsaurer Blutsuppe, in der Heimat Schwarzsauer genannt. Nein, zum Kochen von Bärenfang reichten ihre Talente wohl nicht aus. Traurig schüttelte er seinen Kopf. Koslowski traten darauf Tränen in die Augen. Eine Hochzeitsnacht ohne Bärenfang war ihm ein schrecklicher Gedanke. Mutig sprach er: ›Jungchen Adomeit. Bis Mitternacht sind vier Stunden Zeit. Bis du zu deinem Bräutchen unter die Decke schlüpfst, werden wir einen Bärenfang haben.‹ Bräutigam Adomeit zierte sich, wies darauf hin, daß man sich zum Braugeschäft von der Hochzeitsgesellschaft entfernen müsse, er sich dem hübschen Täubchen Braut nicht widmen könne, wo man das Braugerät so schnell herbekäme und überhaupt das, was in den Bärenfang hineingehöre? ›Sag, Landsmann Koslowski, wie soll unsereins mit den langen Wartezeiten zurechtkommen? Hier wartet das liebe Bräutchen auf die verdiente Hochzeitsnacht, dort fiebere ich dem reifenden Bärenfang entgegen, was, wie du aus unserer Heimat weißt, manchmal Wochen dauern kann, selbst wenn er regelmäßig in den Flaschen gerollt wird.‹ ›Wir sind nicht mehr in Ostpreußen‹, gab Koslowski zu bedenken, ›da heißt es manche schmerzliche Veränderung zu ertragen. In unserem Falle bedeutet dies: den Bärenfang heiß genießen. Er wird es, so denke ich, Jungchen, schon vertragen.‹ Adomeit war hin- und hergerissen. ›Am besten wird sein‹, sprach er nach kurzer Bedenkzeit, ›die Hochzeitsgesellschaft für ein paar Stunden sich selbst zu überlassen. Eine Frau hat man später alle Tage, einen Bärenfang nicht. Das ist der Unterschied. Komm, Landsmann Koslowski, laß' uns entschlossen in die Hotelküche gehen. Das Bräutchen kann warten.‹ (Die nötigen Vorkehrungen in der Hotelküche waren bald getroffen. Der Küchenchef – eine vom Werbefernsehen her bekannte Biskinpersönlichkeit – gab, gegen ein großzügiges Handgeld, eine Kochstelle frei und stellte einen umfänglichen Kessel zur Verfügung. Zwei Küchenjungen rannten los, um weisungsgemäß mehrere Kilogramm reinen Bienenhonig sowie neunzigprozentigen Sprit aus der Apotheke zu holen. Koslowski führte für solche Zwecke stets ausreichend Rezepte bei sich.)

Der Honig wurde in den Kessel geschüttet. Die beiden Landsleute saßen davor und starrten gebannt auf die sich erwärmende Masse. Landsmann Koslowski durchbrach das feierliche Schweigen. Der Mensch solle, erinnerte er sich, beim Bärenfang nur gute Gedanken haben. Darum sei auch damals Marta, das junge Luder, bald darauf in Heydekrug gestorben. Adomeit versank in Trauer. ›Laß' sie ruhen, Jungchen Koslowski, das junge Luder Marta, wie du sagst. Lange ist's her. Nur, kümmern möchte mich schon, welche schlechten Gedanken sie beim Bärenfang hatte, daß sie bald darauf starb?‹ Koslowski hob warnend den Finger. ›Du sprichst wahr, Bräutigam Adomeit. Mögen wir davor bewahrt bleiben, solche finsteren Gedanken zu hegen. Ich will dir sagen, was Marta, dem Luder, durch den Kopf ging. Sie überlegte, ob sie, wie von Fremden und Durchreisenden geraten, etwas destilliertes Wasser in den Bärenfang schütten sollte. Denn damals ging um im Ostpreußenlande das fälschliche Rezept, Honig, Sprit und destilliertes Wasser zu gleichen Dritteln in den Bärenfang zu mischen. Nicht zum Eigengebrauch, versteht sich, aber doch für Verwandte oder ungeladene Gäste. Wie leicht konnte sich da ein Ostpreuße an der Flasche mit Verdünntem vergreifen? Bis heute, Jungchen, so wahr ich hier sitze, ist ungeklärt geblieben, ob in schlechten Zeiten mehr Ostpreußen an der Pest oder am Wasser im Bärenfang umgekommen sind.‹

›Wir haben eine Menge Gäste‹, murmelte Bräutigam Adomeit, ›denen ich das Wasser gönnen möchte. Wie kann man aber trennen den gesunden Bärenfang von dem mörderischen? Am Ende möchten wir uns selbst vergiften, wenn wir destilliertes Wasser nach dem trügerischen Rezept einmischen?‹ ›Darum ist es gut, Bräutigamchen, solche schlechten Gedanken gar nicht erst zu haben. Es möchte uns sonst gehen wie Marta, dem daran verstorbenen Luder. Es sei denn‹, fügte er listig hinzu, ›wir trinken zuerst und verdünnen dann für die Letzten ein wenig?‹

Stumm starrten sie in den Kessel. Der Honig erhitzte sich und kräuselte an der Oberfläche. Bräutigam Adomeit warf einen scheuen Blick auf die Flaschen mit dem reinen Alkohol, den Landsmann Koslowski mißbilligend bemerkte. Der Vorfall veranlaßte ihn zu folgender Ermahnung: ›Du wirst mir hoffentlich, mein Jungchen, die Flaschen mit dem reinen Sprit nicht zu früh öffnen wollen? Man sagt, der Geist daraus verflüchtige sich im Nu. Jede Sekunde könnte uns einige Prozentchen Alkohol kosten. Ich sage dir, das wichtigste ist beim Vermengen von Honig mit Alkohol die Disziplin. Ich werde zur rechten Zeit ein Zeichen geben.‹ Bräutigam Adomeit dachte angestrengt nach. ›Du sprichst, Landsmann Koslowski, bedeutende Einsichten aus. Nur leuchtet mir nicht ein, wie du, auf dem Wege von der Flasche reinen Sprits bis zum heißen Honig, verhindern willst, daß Alkohol entfleucht? Wäre es nicht besser, die Flasche, entkorkt, direkt an den Mund zu führen und den Honig später zu essen? So, Jungchen, denke ich mir, dürfte es den geringsten Verlust geben.‹ ›Bräutigamchen Adomeit, habe ich dich nicht gewarnt, beim Kochen von Bärenfang schlechte Gedanken zu haben? Die Versuchung ist groß, ich gebe es zu, nur wirst du am Ende eine Alkoholvergiftung haben und keinen Bärenfang. Ich sage dir, bei einem echten Bärenfang gehört der reine Sprit in den Honig und sonst weiter nichts!‹

›Ich danke dir von Herzen, Landsmann Koslowski, daß du mich davor bewahrt hast, schwach zu werden. Es ist, wenn ich auf den Honig sehe, scheint mir, höchste Zeit, die beiden zu vermählen. Sonst verkocht uns womöglich der eine und der andere bleibt übrig rein zu genießen, ein Verfahren, dem ich soeben abgeschworen habe. Ich möchte sagen, die schwarzen Gedanken könnten wiederkommen, wenn du nicht eilst.‹ Koslowski starrte gebannt in den Kessel. Der Honig wallte und brodelte. Kaum fing er an zu kochen, erwachte Koslowski aus seiner Erstarrung, riß den Kessel von der Feuerstelle, rührte verzückt und rief nach den Flaschen mit dem reinen Alkohol. Er bedeutete dem Bräutigam, die Flaschen erst kurz über der Oberfläche des Honigs zu entkorken und den Alkohol schonend einzugießen. Ständig rührend mischten sie unter äußerster Nervenanspannung den reinen Sprit mit dem heißen Honig. Bräutigam Adomeit sog den aufsteigenden Dampf ein. ›Es duftet‹, sprach er seufzend, ›nach Rominter Heide und Elchniederung zugleich. Ich höre die fleißigen Bienen über die weiten Kleefelder summen und schmecke die Luft des Kurischen Haffs auf meiner Zunge. Schwören könnte ich, daß ich mich an jede Einzelheit bei der Beerdigung von Tante Broszeit erinnere, die, weil sie keinem den Bärenfang auf ihrer Beerdigung gönnte, sich mehrmals scheintot stellte und ihn dann selbst austrank.‹ Koslowski sah den Landsmann mißbilligend an. Es gezieme sich nicht, wie das Bräutigamchen wissen müsse, angesichts von Bärenfang in Rauschzustände zu verfallen. Der Anfänger nur bekomme einen dicken Kopf und bleischwere Beine. Der Könner habe nüchtern zu bleiben, bis er umfalle.

In diesem Augenblick betrat ein Hochzeitsgast die Hotelküche, geschickt von der Braut, nach den verschwundenen Männern zu suchen. ›Bring dir ein Löffelchen mit, mein Freund‹, rief ihm Bräutigam Adomeit entgegen, ›wir beginnen gerade den Bärenfang zu probieren. Eine Hochzeitsnacht wird es werden, wie du noch keine erlebt hast auf Erden. Komm und nimm ein Löffelchen voll.‹ Der Kessel mit dem vollendeten Bärenfang stand auf dem Boden der Hotelküche. Die beiden Ostpreußen hatten mit gekreuzten Beinen davor Platz genommen. Sie löffelten feierlich den heißen Bärenfang und ließen ihn mit geschlossenen Augen sanft die Kehle hinuntergleiten. Die Küchenbesatzung hatte die Essensausgabe eingestellt und beteiligte sich an der Zeremonie.

Der Gast schmeckte, schmatzte und leckte mit der Zunge und nickte erfreut. ›Ein süßes, bekömmliches Tröpfchen, wie mir scheint, und gar nicht hart auf der Zunge.‹ Er nahm ebenfalls auf dem Fußboden Platz und löffelte mit den übrigen um die Wette. Nach einer knappen Stunde fiel er stumm um. Die Landsleute legten den steifen Gast in die Ecke, wo sich schon die Küchenbesatzung ausschlief. Die übrigen Hochzeitsgäste, von der Braut ausgeschickt, nach ihnen zu forschen, stapelten sie später einfach dazu. Zuletzt erschien die Braut. Getrübter Augen wegen erkannten die Landsleute die Person nicht wieder. Koslowski gefiel sie ausnehmend gut, Bräutigam Adomeit glaubte sich zu erinnern, dieses prächtig anzusehende Marjellchen irgendwo einmal gesehen zu haben. Man lud sie ein, gemeinsam Bärenfang zu löffeln. Nach einer Weile konzentrierten Genießens, hub Adomeit folgendermaßen zu sprechen an: ›Ich werde dir, hübsches Marjellchen, ein süßes Geheimnis verraten. Wir befinden uns, du wirst es kaum glauben, auf einer Hochzeit. Die Hochzeitsgesellschaft liegt dort in der Ecke. Unsere große Sorge ist, du wirst es vielleicht verstehen, das wartende Bräutchen könnte die ostpreußische Bärenfangprobe nicht bestehen. Was, frage ich, ist dagegen das, was alle Frauen können, sprich?‹ Die unerkannte Braut nickte und löffelte emsig mit. Koslowski sah ihr wohlgefällig zu und schien eine Idee zu haben. ›Marjellchen, du bist in allen Teilen appetitlich und scheinst, so erkenne ich, etwas von Bärenfang zu verstehen. Sieh dir diesen Landsmann neben mir an, es ist, kaum zu glauben, der Bräutigam. Heiraten wird er auf jeden Fall. Du kannst ihn haben, wenn du ihn unter den Tisch löffelst. Habe ich mich deutlich ausgedrückt?‹ ›Ja, das hast du, Koslowski‹, erwiderte die Braut, ›ich bin einverstanden. Auf dein Kommando soll es losgehen.‹ Gemeinsam löffelten sie den Bärenfang bis zum Morgengrauen. Zwischendurch trugen sie Landsmann Koslowski in die Ecke. Gegen fünf Uhr bekam Bräutigam Adomeit eine schwere Zunge. ›Mein verlassenes Täubchen‹, sagte er, ›wird mir böse sein. Aus gutem Grunde. Aber sprich, habe ich nicht eine bessere Braut gefunden, die mehr Bärenfang vertragen kann als ich? Gewiß wirst du auch alles andere vortrefflich können. Sag' mir bloß, stieß er mit versiegender Kraft hervor, ›wo hast du den Umgang mit dem Bärenfang gelernt?‹ ›Mein erster Mann war Ostpreuße‹, stammelte die Braut, nun gleichfalls erlahmend, ›darum habe ich geübt; außerdem habe ich vorhin die Flasche aus dem Tresor zur Probe ausgetrunken.‹ Mit diesen Worten schwanden ihr die Sinne. Bewußtlos sank sie auf den eingeschlafenen Bräutigam Adomeit nieder. Die Eheprobe war bestanden, vom glücklichsten Brautpaar, das man sich denken kann.«

Wie sich jeder an Erzählungen erfreuen kann, so ist jedermann selber imstande, aus seinem Leben zu erzählen, von Begebenheiten oder charakteristischen Personen und Landschaften. Dazu braucht es am Anfang gar keine lange Geschichte zu sein. Erzählungen, namentlich humoristischer Art, unterscheiden sich beispielsweise von puren Reisebeschreibungen dadurch, daß sie selten monologisch sind. In der Regel sind Dialoge eingebaut, Gespräche zwischen Menschen, mündliche Rede. Damit wäre neben der Lust am Erzählen und Fabulieren ein weiteres Stilmittel angesprochen, dessen sich professionelle Humoristen gerne bedienen und das auch im Alltag ein psychologisches Signal darstellt. An der Art und Weise, wie jemand Dialoge zu führen versteht, läßt sich vielfach ablesen, ob er über Witz und Humor verfügt. Merkmale sind Schlagfertigkeit, Wendigkeit, die Fähigkeit, mit Formulierungen zu spielen, Wortsinn und Hintersinn zu erfassen, und das alles in Kürze mit Würze.

Im Dialog zeigt sich das Talent

Es lohnt sich, einmal darauf zu achten, wie gerne Kabarettisten, Komiker, Komödianten, Büttenredner, Witzeerzähler und Satiriker sich des Gesprächs und Dialogs bedienen. Sie haben erkannt, was gewöhnliche Leute längst praktizieren, vielleicht nur unbewußt. In Rede und Gegenrede gelangen viele Elemente von Humor zum gesprochenen Ausdruck. Die oft nötige Verknappung, Beschränkung auf wenige Worte und Widerworte, um den Dialog nicht zum Monolog ausarten zu lassen, bringt ihn in die Nähe der Witzform. Der Gesprächsdialog ermöglicht darüber hinaus, mit Wörtern und ihrem Sinn zu spielen: gewollte und unabsichtliche Versprecher einzubauen, Sinnbedeutungen auszutauschen. Pointen können besonders wirkungsvoll placiert werden. Die Möglichkeiten, Humor im geschriebenen oder gesprochenen Dialog zu entdecken, bleiben nicht auf Sprechen und Sprache beschränkt. Wie der Mensch sich mit Geist und Seele in die Wortwahl hineinlegt, in der Art zu fragen innere Saiten preisgibt, kann sich im Gesprächsdialog der Humor eines Menschen offenbaren. Auf der Stelle ist zu erkennen, was für einen Typus man vor sich hat, wie eine Person angelegt, wes Geistes Kind sie ist. Kurze Dialoge und Gesprächsfetzen zwischen Nachbarn auf dem Hausflur, Ehepartnern vor dem Scheidungsgericht, Viehhändlern auf dem Markt oder zwischen Politikern im Parlament geben Auskunft über den Menschenkern. Der kurze Dialog verwischt auch soziale Unterschiede und schichtenspezifische Sprachbarrieren. Ob Esprit oder Witz und Knitz, Humor an den Tag zu legen im Dialog ist Professoren ebenso gegeben wie einfachen Weinbauern. Die Tübinger Gogenwitze legten dafür beredt Zeugnis ab.

Hier ist ein Beispiel dafür, wie in einem Dialog der ganze Mensch, seine Rolle, ja Weltanschauung zum Ausdruck kommt. Klassisch führte das der unverwüstliche Komiker – er legte Wert darauf, Charakterkomiker genannt zu werden – und Humorist Hans Moser vor: »Auf gebaut kommt's net an. Der Dienstmann«.[57]

»*Herr* (ungeduldig): Wo bleibt denn nur der Dienstmann, das ist ja zum Tollwerden!

Dame: Wir versäumen den Zug, es ist schrecklich!

Dienstmann: (Moser) (kommt keuchend): Habe d' Ehre!

Herr: Na endlich, na, ein bißchen rascher doch.

Dienstmann: I renn ja eh. Was für a Gepäck kommt denn da weg?

Herr: Der Koffer da!

Dienstmann: Das soll a Koffer sein, na hern S', das is ja a Schubladenkasten!

Dame: Also machen Sie schon. Wir kommen zu spät!

Dienstmann: Aber was, wir kommen schon z'recht (versucht den Koffer zu heben). Na servas, der hat a G'wicht, was haben S' denn da drin?

Herr: No, Kleidungsstücke!

Dienstmann: Einen Koffer so anstopfen is a Bledsinn (hustet)! Wie soll i denn den tragen?

Herr: Das wird schon nicht so schwer sein. Na, wenn ich so gebaut bin wie Sie, dann ist das doch eine Spielerei.

Dienstmann: Gebaut, gebaut.«

Jetzt schließt sich ein hitziger Disput über den Preis an. Der Herr akzeptiert pro Kilo dreißig Kronen. Darauf macht sich der Dienstmann an's Werk, den Herren zum Kofferschleppen einzuspannen.

»*Dienstmann:* Wia nehm man denn?

Herr: Wie?

Dienstmann: Wie nehm man denn?

Herr: Mensch, ich versteh Sie nicht.

Dienstmann: Wie nehmen mir ihm denn?

Herr: Das müssen Sie doch wissen.

Dienstmann: 's is a Unglück, wenn aner net deutsch versteht. Allani bring i'n net aufi, da miassn Sie a a bißl nachhelfen, und das Fräulein a.

Dame (empört): Was, ich soll einen Koffer tragen?

Dienstmann: Koffer tragen! I brauch ihn ja nur aufg'legt. In dem

Moment, wo ich ihn aufg'legt hab, so renn ich ja eh damit wie a Wiesel.«

Mit den Auftraggebern als Gehilfen des Dienstmanns kann es nicht gut gehen. Zuerst fassen die Ungeübten am verkehrten Ende an, dann heben sie zu wenig. Sie husten und schnaufen. Der Koffer rührt sich nicht vom Fleck, während der Uhrzeiger weiterrennt. Schließlich macht der verzweifelte Dienstmann den Vorschlag, sich den Koffer auf den Buckel zu stemmen:

»*Dienstmann:* Also, passen S' auf, jetzt reiß ich ihn auf, und wenn ich ihn oben hab, so gehen Sie mir hinten nach, und wenn er mir auskommt, dann fangen S' ihn.

Herr: Gut!

Dienstmann: Na also. Also: eh – (nimmt keuchend den Koffer) – hopp, abiagn, abiagn, laß nach, laß nach, umikanten, geben S' acht, Sie zwicken mir ja den Schädel ab, was treiben S' denn, bleiben S' steh'n, was fahren S' denn Ringelspiel? So was Bledes hab i no net g'sehn, warten S', i hab ihn scho. Mei Lieber, uje, uje, uje, uje, fangen S' ihn, fangen S' ihn (Koffer fällt laut krachend zu Boden).

Herr: Verflucht.

Dame: Und der Koffer ist auch noch kaputt!

Dienstmann: So was Deppertes, naja, die Schlösser san ja a nix wert.

Herr: Also, was zum Teufel...

Dienstmann: San ja nix wert. I krieg dreihundert Kronen.

Herr: Wofür denn?

Dienstmann: Ja was, is doch lächerlich, ich hab doch a halbe Stund gearbeitet, Sie können doch net verlangen, daß man da umsonst (hält die Hand auf) ... kommt was retour?

Dame: Aber gehen S'.

Dienstmann: A so e Bledsinn, den tragt Ihna ja ka Mensch alanig, sei Lebtag tragt den ka Mensch allanig.«

Den ausführlicheren Dialog bevorzugt Jaroslav Hašek in dem berühmten Buch *Die Abenteuer des braven Soldaten Schweijk.*[58] Die erzählende Gesprächsform eignet sich vorzüglich, über Menschen hinaus Zustände und gesellschaftliche Strukturen satirisch-humorvoll zu charakterisieren. Bezeichnend für die Verhältnisse in der Armee ist eine Szene mit Schweijk, der zum Telefondienst abkommandiert wird. Sie beschreibt nicht nur einfühlsam Zustände im militärischen Nachrichtenwesen und Wesenszüge der Person Schweijk zugleich, sondern belegt ein weiteres Mal den innigen Zusammenhang zwischen psychologischer Durchleuchtung und humorvoller Darstellung:

»Schweijk harrte mit wahrer Liebe beim Telephon aus und erwiderte auf alle Fragen, was es Neues gebe, daß man noch nichts Bestimmtes wisse. Auf solche Weise beantwortete er auch die Frage Oberleutnant Lukaschs: ›Was gibt es bei uns Neues?‹ ›Man weiß noch nichts Bestimmtes, Herr Oberlajtnant‹, entgegnete Schweijk stereotyp‹. ›Sie Ochs, hängen Sie den Hörer auf.‹«

Dann folgte eine Reihe Telephonogramme, die Schweijk nach längerem Mißverständnis entgegennahm. Vor allem dasjenige, das ihm in der Nacht nicht diktiert werden konnte, weil er den Hörer nicht aufgehängt hatte und schlief, und das die Geimpften und Nichtgeimpften betraf. Darauf traf ein verspätetes Telephonogramm ein, die Konserven betreffend, mit dem Zusatz freilich, daß die Sache bereits gestern aufgeklärt worden sei. Schließlich kam ein Telephonogramm an alle Bataillone, Kompanien und Regimentsteile: »Kopie des Telephonogrammes Brigade Nr. 75692, Brigadebefehl Nr. 172. – Bei Ausweisen über den Verbrauch bei den Feldküchen ist nachfolgende Ordnung bei der Aufzählung von verbrauchten Produkten einzuhalten: 1. Fleisch, 2. Konserven, 3. frisches Gemüse, 4. getrocknetes Gemüse, 5. Reis, 6. Makkaroni, 7. Graupen und Grieß, 8. Kartoffeln, statt des früheren: 4. getrocknetes Gemüse, 5. frisches Gemüse.‹ Als Schweijk dies dem Rechnungsfeldwebel vorgelesen hatte, verkündete Wanék feierlich, daß man solche Telephonogramme in die Latrine werfe.«

In der Fähigkeit zum Dialog, sei es in der Form eines äußerst verkürzten Wortwechsels, verbirgt sich nicht nur die Möglichkeit, Sinn für Humor zu zeigen oder herauszuhören. Sie entspricht auch dem Bedürfnis, sich sprachlich mitzuteilen und auszutauschen. In der Form des Witzes wird der gesprochene Dialog zum hochrangigen Träger der Gefühle und Gedanken im Volk, er birgt seine Hoffnungen und Befürchtungen, kurz, er drückt aus, was die Menschen in der Tiefe der Seele beschäftigt. Völlig zu Unrecht wird der Witz einseitig dem Intellekt zugeschrieben. Der witzige Dialog bringt zur Sprache, was Leute, denen sonst die Worte fehlen, sagen möchten, und die Pointe läßt sie mit Problemen leben, die sie selbst nicht lösen können. Die kommunikative Seite von Witzen in Dialogform ist bisher weithin unbeachtet geblieben. Die Beliebtheit von Witzen im Volk geht aber aus psychologischer Sicht darauf zurück, daß die meisten Menschen mündlich miteinander verkehren und das, was sie sagen möchten, sich vielfach am besten in der Form des Witzdialogs transportieren läßt. Dank eines Witzdialogs miteinander zu sprechen und sich gegenseitig zu verständigen, wenn nicht gar einander besser zu verstehen, gehört in den Bereich der Psychohygiene des Alltags. Nicht selten übt der

Humor in Gestalt witziger Wortgefechte sogar eine heilsame, therapeutische Wirkung aus.

Aus gutem Grunde sind deswegen die Tierwitze, genauer die witzigen Dialoge zwischen Tieren sehr beliebt. Sie verfremden eigene Gefühle und Vorstellungen und schonen somit die Beteiligten. Es bleibt offen, wer sich womit identifiziert und welche Lehre daraus gezogen wird. Muß man sich nicht geradezu an die Tierfabeln aus der klassischen Literatur erinnert fühlen, in denen Tieren Menschenworte in Schnabel oder Maul gelegt werden? So besehen sind Tiere auch bloß Menschen: In einem Zoo ist der Tiger unzufrieden, weil er immerzu Bananen und Orangen zu fressen bekommt. Nach einiger Zeit reißt ihm der Geduldsfaden und er beschwert sich bei der Zoodirektion. Als er zurückkommt, erkundigt sich sein Weibchen: »Hast du etwas erreicht?« »Keine Spur«, knurrt der Tiger ärgerlich, »ich bin außerplanmäßig und sitze zur Zeit auf 'ner Planstelle von einem Affen.«

Mit Großen und Mächtigen fertig zu werden, ist steter Wunsch der kleinen, ohnmächtigen Leute. Sie beschreiben ihre Situation in Witzdialogen zwischen Elefant und Maus: Zwei Mäuse haben einen Elefanten entdeckt. Die eine spricht: »Hör' zu, den braten wir uns. Du paßt auf und ich hole inzwischen Feuerholz.« Nach einer Weile kehrt sie zurück, aber die andere Maus steht heulend da: »Der Elefant ist mir weggelaufen.« »Lüg' nicht, Elende«, zischt wütend die Holzsammlerin, »du kaust ja noch.« Natürlich können sich die Kleinen zur Wehr setzen: Im Kino sitzen zwei Mäuse. Später kommt ein Elefant und setzt sich davor. Die Mäuse sind wütend. Nach einer Weile steht eine auf und setzt sich vor den Elefanten. Triumphierend dreht sie sich nach hinten und zischt den Elefanten an: »Nun kannst du mal sehen, wie das ist, wenn sich jemand vor dich setzt!«

Tiere sprechen aus, was Menschen erfahren und erleben. Ihre Stellvertretung erlaubt, über eigene Probleme zu lachen: Zwei Regenwürmer begegnen sich im Blumengarten. »Nanu«, fragt die eine, »wo ist heute Ihr Mann?« Die andere schluchzt: »Er ist mit einer anderen zum Angeln gegangen.« Konsumfragen sind eigentlich Menschenprobleme: Eine Küchenschabe trifft einen verzweifelten Tausendfüßler: »Wo hast du deine Frau gelassen?« Der Tausendfüßler jammert: »Sie ist in der Stadt Schuhe kaufen.« Auf dem Dach treffen sich zwei Spatzenfrauen. Die eine schilpt: »Ich bin am Ende, ich lasse mich scheiden.« »Warum denn?« erkundigt sich die andere teilnehmend. »Mein Mann hat 'ne Meise.«

Situationen, in denen sich Menschen befinden, werden in Dialoge unter Tieren hineinprojiziert. So läßt sich ruhig darüber sprechen und lachen, selbst wenn etwas einen plagt oder ärgert: Ein frischgebackener Affen-Papa betrachtet enttäuscht das neugeborene Äffchen. Die Affen-Mama versucht ihn zu trösten: »Nun sei nicht so niedergeschlagen. Zuerst sehen alle Neugeborenen wie Menschen aus.« Karriere machen möchten viele Menschen, nur wenigen ist es vergönnt, an das Ziel ihrer Wünsche zu gelangen: Eine Ziege und eine Schnecke wetten vor einem Amtsgebäude, wer von ihnen zuerst Amtsvorstand sein wird. Die Schnecke schafft es, die Ziege ist mit Mühe und Not Inspektor geworden. »Tja, meine Liebe«, sagt die Schnecke, »mit Meckerei kommt man im Leben nicht weit. Hier mußt du kriechen!«

Das Bedürfnis nach vereinfachtem, sprachlichen Austausch ist weitverbreitet. Entweder spiegelt es geringe verbale Ausdrucksfähigkeit wider, den Wunsch nach möglichst direkter Rede, oder ist Ausdruck der Frustration, als Individuum in der Massengesellschaft nicht zu Wort zu kommen und gehört zu werden. Die Häschenwitze arbeiten geradezu mit Stummelwörtern: Ein Häschen kommt atemlos in das Schreibwarengeschäft gerannt: »Haddu Löschpapier?« »Gewiß habe ich Löschpapier«, gibt der Schreibwarenhändler freundlich Auskunft. »Muddu schnell auf die andere Straßenseite bringen«, sagt das Häschen, »da brennt's!« Theaterkritik auf einen einfachen, aber zutreffenden Nenner gebracht: Ein Häschen besucht die Oper. Nach der Vorstellung fragt Häschen den Tenor: »Haddu eine Gesangschule besucht?« »Nein«, sagt der Sänger. Er hält sich für den größten Sänger des Jahrhunderts. »Muddu aber nachholen«, ruft das Häschen, bevor es davonhoppelt.

Vielfach ist der einfältige Dialog nur vorgespielt. Die Simplifizierung ist Verpackung für allgemeine Erkenntnisse, Erfahrungen oder Einsichten. Die scheinbare Einfalt tritt personifiziert auf. Sie erlaubt direkt auszusprechen, was gedacht wird. Eine solche Kunstfigur ist Klein-Erna: Eine Lehrerin fragt Klein-Erna, was sie später werden möchte. Klein-Erna ist sich sicher: »Bekomme ich einen richtigen, schönen Busen, dann gehe ich wie die Sofia Loren zum Film. Wenn ich vorne platt bleibe, werde ich Lehrerin.« Der Umgang mit Fremdwörtern macht vielen Leuten zu schaffen, da erleichtert es, darüber lachen zu können: Klein-Erna ist zu einem Essen in einem feinen Lokal eingeladen. Der Kavalier unterhält sich mit ihr: »Elegante Toiletten, hier, mein Fräulein, finden Sie nicht?« »Weiß noch nicht«, sagt Klein-Erna, »bin bis jetzt nicht draußen gewesen.«

Nicht zufällig sind berühmte, erfundene Spaßvögel vor allem wegen ihrer Dialoge so beliebt. Wortwechsel, Rede und Gegenrede erreichen am ehesten die Menschen, die darauf angewiesen sind, mündlich miteinander umzugehen. Die Kölner Spaßvögel Tünnes und Scheel sind weit über ihre Heimatregion hinaus bekannt. Was sie über Menschen und die Welt denken, nimmt nahezu philosophischen Rang ein: Eine Marktfrau entdeckt Tünnes, der am Rheinufer sitzt und bitterlich weint. »Was ist los, Tünnes?« erkundigt sie sich. »Ich hab' meinen besten Freund verloren.« »Wieso?« »In der Zeitung steht, der Scheel ist Bundespräsident geworden.« Der Amtsrichter vernimmt Tünnes: »Sie haben bona fide geangelt?« »Nä, met Würm«, sagt Tünnes. Der Richter hilft nach: »Ich meine, Sie haben im guten Glauben gehandelt?« Der Angeklagte nickt hocherfreut: »Selbstverständlich, im römisch-katholischen.[59] »Manche Forscher tun Volkswitze gern als Dummenwitze, Blödeleien und Kalauer ab, doch bleibt die Frage, ob bei ihnen nicht zuviel Arroganz und zuwenig psychologischer Spürsinn im Spiele sind. Niemand wird aber bestreiten können, daß witzige Dialoge ein geeignetes und beliebtes Mittel zur Selbstdarstellung sind. Der Berliner Charakter, der sprichwörtlich geworden ist, mag als Beispiel für viele dienen: »Sin det ooch wirklich holländische Kartoffeln?« fragt die Kundin. Die Marktfrau stemmt die Fäuste in die Seite: »Wolln Se mit se reden oda wolln Se se essen?« Fremde sind gut beraten, sich rechtzeitig auf den Berliner Ton einzustellen. Er zeugt von klarem Kopf und deftiger Herzlichkeit, die sich unmittelbar in der wörtlichen Rede niederschlägt: Auf dem Bahnhof Zoo erkundigt sich ein Durchreisender in Eile: »Hören Sie, Mann, wo läßt man sich hier am besten rasieren?« Der Zeitungsverkäufer bleibt gelassen: »Am besten im Jesicht.« Bis einer zum echten Berliner wird, kann es eine Weile dauern. Fremde bleiben am besten solange unter Naturschutz: Ein Fremder bittet einen Taxifahrer um Auskunft: »Ich möchte gern in den Zoo.« »Als wat?«

Humorvolle Wahrnehmung in Karikaturen

Nicht wenige Menschen haben die nette Angewohnheit, leere Papierseiten, Buchränder, Manuskripte und Notizblöcke mit lustigen Figuren und Szenen zu bemalen. Haben sie die Ehre, einem Vortrag lauschen zu dürfen, machen sie sich vielfach das Vergnügen, die darin vorkommenden Personen oder Zusammenhänge zeichnerisch zu karikieren. Vielleicht gar nicht so sehr bewußt verfügen sie über die Fähigkeit, die einen guten Karikaturisten ausmacht: Die gewohnten Perspektiven der Wahrnehmung werden verändert, Großes wird verkleinert, kleine Details werden groß gezeichnet, allemal wird Wesentliches deutlich herausgestellt, mal ein Gesichtsausdruck, mal die Situation, in die

Menschen Menschen bringen. Sozusagen findet eine schöpferische Verzerrung statt, die in eine Aussage, Botschaft mündet. Die Karikatur, gleichgültig ob gezeichnet, aufgeschrieben oder mündlich gesprochen, enthält eine Aussage, eine Wahrheit, die im Ursprung auf eine veränderte Sichtweise und Wahrnehmung der sogenannten Wirklichkeit zurückgeht. Als Betrachter, Zuhörer oder Leser wird man gefordert, sich mit ihr auseinanderzusetzen.

Psychologisch gesehen ist die Bereitschaft dazu ambivalent, einerseits machen Karikaturen Spaß, mal sind sie witzig-spritzig, mal lachhaft-freundlich. Andererseits machen sie mißtrauisch, solange nicht ausgemacht ist, gegen wen sich die Aussage richtet und ob sie innere Unruhe stiftet. Das löst vielfach automatisch einen Abwehrmechanismus aus. Karikaturen müssen sich oft gefallen lassen, boshaft, entlarvend, giftig, einseitig genannt zu werden. Der Hauptvorwurf gilt der sogenannten Übertreibung. An anderer Stelle wurde bereits gesagt, daß von Humor, hier in seiner besonderen Form der Karikatur, keine Wiedergabe von Realitäten gefordert werden könne, etwa im Sinne von Dokumentationen, Tatsachenberichten oder Chroniken. Die Karikatur allemal sendet eine Botschaft aus, mit der es sich auseinanderzusetzen gilt. Die Übertreibung, freilich stets im Sinne der Verdeutlichung einer Aussage, stellt wichtige Details über-deutlich heraus, enthüllt Kernpunkte, bündelt Sachverhalte und typisiert auch verallgemeinernd. Oft wird auch zusammengefügt, was nicht zusammengehört (Disjunktionen), beispielsweise Köpfe und Raketen, Menschen und Tiere – Vogel »Strauß«, für den gleichnamigen Politiker etwa.

Fraglos drückt sich in der Karikatur eine ungewohnte Wahrnehmung von Welt aus und der Wunsch, sie durch Nachdenken und Einsicht zu verändern. Da heißt es natürlich von liebgewordenen Sehgewohnheiten Abschied nehmen. Das ist nicht einfach und geht manchmal unter die Haut, denn die gewohnte Wahrnehmung gibt im Alltag auch Orientierung und Sicherheit. Gleichwohl kann jeder beispielsweise wahrnehmen, wie Ordnungssinn zur Karikatur geraten kann, wo sich Putzsucht andeutet, Pedanterie, Prinzipienreiterei. Den Blick dafür zu entwickeln heißt, ein Gespür für den Kontrast von Sinn–Unsinn und der daraus wachsenden Komik entwickeln – und sich ständig selbst befragen, wie man es mit dem Ordnungssinn hält.

Karikaturen brechen nicht nur gewohnte Wahrnehmungsschemata auf, sie wenden sich auch gegen eine andere »Blindheit«, mit der jedes Subjekt geschlagen ist. Der Mensch sieht nämlich das am liebsten, was er gerne sehen möchte. Der Wunsch bestimmt seine Wahrnehmung, Psychologen sprechen von Projektionen. Ein- und dasselbe Wetter sehen die einen »grau in grau«, die anderen als ideales Sonntagswetter zum Spazierengehen an. Manche Straßenpassanten sehen in der Stadt überall Bettler und Stadtstreicher, andere bemerken niemanden, weil sie Armut und Not einfach nicht sehen wollen. So kann es nicht verwundern, daß Karikaturisten und auch Satirikern mit gemischten Gefühlen begegnet wird. Am besten sollen sie sich mit fremden Menschen, Landschaften oder Lebensbereichen beschäftigen, damit die eigenen Lebensgewohnheiten nicht verändert werden müssen. Dafür haben Karikaturen den Vorzug, deutlich zu machen, daß Humor wie Wahrheiten schmerzen kann.

Wer die Wirklichkeit karikierend und satirisch durchleuchtet, wird darauf gefaßt sein, auch Widerstände zu ernten. Ephraim Kishon faßte die Erfahrung einmal so zusammen, daß der Satiriker erst nach seinem Tode zum Humoristen umgestempelt werde. Übrigens hat Ephraim Kishon Humor selber satirisch-ironisch karikiert. In seiner Geschichte *Englischer Humor*[60] heißt es unter anderem: »Die Londoner Straßen bieten manch sehenswerten Anblick. Während der ersten Tage unsres Aufenthaltes hatten meine Frau und ich immer wieder die größte Mühe, nicht laut herauszulachen, wenn wir die Scharen junger, schnurrbärtiger Engländer sahen, die ganz in Schwarz gekleidet waren, mit schwarzen Melonen auf dem Kopf, einem schwarzen Regenschirm in der Rechten, und in der Linken unweigerlich die ›Times‹. Es war zu komisch.« Dann besuchte das Ehepaar Kishon eine englische Komödie: »Auf der Bühne erschien ein Schauspieler in der oben beschriebenen Gewandung, welche auch die Gewandung der meisten Zuschauer war – worauf die Zuschauer in ein so schallendes, immer wieder losplatzendes Gelächter ausbrachen, daß die Billeteure Beruhigungstabletten verteilen mußten . . . Warum es die Engländer so sehr erheitert, auf der Bühne ihre eigenen Kleidungsstücke zu sehen, die sie doch an sich selbst in keiner Weise komisch finden – das gehört zu den vielen Geheimnissen des englischen Humors.« Selbstredend kann da einen Ephraim Kishon eine andere Frage nicht zur Ruhe kommen lassen: »Gibt es einen typisch israelischen Humor?« In seiner Geschichte soll er darüber einen Vortrag halten. Der Veranstalter sagt zu ihm: »Das Thema, über das Sie bei uns sprechen sollen, lautet: ›Gibt es einen typisch israelischen Humor, und wenn ja, warum nicht?‹ ›Meiner Meinung nach‹ sagte ich abweisend, ›soll ein Schriftsteller schreiben und nicht reden.‹ ›Sie haben vollkommen recht. Trotzdem können wir Ihnen nicht mehr als 20 Pfund zahlen.‹« Unglücklicherweise war der Andrang so groß, daß die Gittertore geschlossen werden mußten und der sich verspätende Vortragende keinen Einlaß mehr fand. Er versuchte auf Schleichwegen einzudringen, aber keine Tür wurde geöffnet. »Ich begann aufs neue an die Türe zu klopfen, diesmal mit beiden Fäusten. Nach einiger Zeit nahm ich die Füße zu Hilfe. Tatsächlich öffnete sich die Türe, wenn auch nur spaltbreit, und der Ober-Ordner schlug mir mit einem Besenstiel über den Kopf. ›Ausverkauft‹, brüllte er, ›Verschwind!‹ Obwohl ich unter der Wucht des Hiebes wankte, bewahrte ich meine Geistesgegenwart. ›Ich bin der Vortragende!‹ stieß ich hervor und sprang hurtig zur Seite. ›Lassen Sie mich hinein.‹ ›Nicht einmal Ben Gurion kommt hier herein!‹ Der Besenstiel sauste drohend durch die Luft. ›Reiz mich nicht, oder ich hol' die Polizei!‹ Er schlug die Türe zu, versperrte sie und schob mit einem hämischen Nachdruck den Riegel vor.« Nun, der Kampf um den Einlaß wogte hin und her. Schließlich brach der Vortragende mit einem Rammbock die hintere Eingangstür auf und stürzte »blutverschmiert, aber ungebeugt« auf die Bühne, um seinen Vortrag zu eröffnen: »›Meine Damen und Herren‹, begann ich, ›es gibt ganz entschieden einen typisch israelischen Humor.‹«

Wie sehr wir alle uns in das Alltagsgeschäft vertiefen und dabei Gefahr laufen, uns selbst zu verlieren, enthüllen die satirischen Karikaturen von C. Northcote Parkinson, dem Erfinder der Parkinsonschen Gesetze. Dem unvoreingenommenen Rezipienten fällt es nicht schwer einzugestehen, daß genau so die Wirklichkeit aussähe, der tägliche Tages- und Arbeitsablauf, der Umgang mit Arbeitskollegen, die von Strukturen und Institutionen bestimmten Verhältnisse. Und es wird offenbar, wie nahe Übertreibungen der Wahrheit kommen können, wie wohltuend und vergnüglich Enthüllung sein kann.

Eines seiner bekannten Bücher heißt *Favoriten und Außenseiter. Eine Studie über den Erfolg in Wirtschaft und Gesellschaft*. Daraus kurze Kostproben. Eine befaßt sich mit dem bekannten innerbetrieblichen Vorschlagswesen und trägt als Titel die Überschrift »Eigene Ideen unerwünscht«:[61]

»*Generaldirektor:* Beim Durchlesen dieses Memorandums, Herr Lehser, frage ich mich, wer hier eigentlich der Chef ist, ich oder Sie.

Lehser: Sie natürlich, Herr Generaldirektor.

Generaldirektor: Ich? Aber augenscheinlich verstehe ich nichts von dem Betrieb. Nach dreißig Jahren in der Industrie brauche ich, wie es scheint, noch den Rat der jüngsten Leute im Büro. Kommt Ihnen das nicht ein bißchen komisch vor, Herr Lehser?

Lehser: Nein, Herr Generaldirektor, Entschuldigung, ich meine ja, Herr Generaldirektor.«

Der Generaldirektor belehrt den jungen Angestellten, daß schon

Kollegen herausgeflogen seien, die nur halb so kränkende Vorschläge gemacht hätten.

»*Generaldirektor (gelassen und ruhig):* Nur in Ihrem eigenen Interesse rate ich Ihnen, Ihre Ideen für sich zu behalten, bis Sie selber mehr Erfahrung haben. Nehmen Sie getrost an, daß Ihre Vorgesetzten wissen, was sie tun . . .«

Die Standpauke endet mit dem Rausschmiß. Und so der Tag einer Hausfrau: »Fränzchen fällt um 5.45 Uhr aus dem Bett. Klein-Erna ist krank, vielleicht Masern oder auch Mandelentzündung. Am besten bleibt sie im Bett. Rudi hat verschlafen, muß aber den Schulbus erwischen. Du liebe Güte, der Milchmann hat bloß einen halben Liter hingestellt! Das Telefon klingelt. ›Ach, du bist es, Myra! Wie nett von dir, anzurufen. Nein, wir haben für den reizenden Abend zu danken. Das Rezept! Ach, das ist ganz einfach, wirklich, aber du brauchst dazu einen elektrischen Mixer. Im Moment kann ich es nicht finden, werde dich aber gleich wieder anrufen.‹ Fränzchen ist von der Leiter gefallen, Erna will etwas zu trinken. Ist das der Bäcker?«

Die Turbulenz nimmt ihren Fortgang, von Zeiteinteilung kann keine Rede sein. Die fiktive Darstellung beschreibt aber einen Zustand, wie er in Wahrheit an unzähligen Orten zur Wirklichkeit wird: »Rudi, habe ich dir nicht gesagt, du sollst aus Ernas Zimmer bleiben. Weshalb bist du trotzdem hineingegangen? Du denkst, du möchtest die Masern kriegen, damit du ums Examen herumkommst. Das gereicht dir aber durchaus nicht zur Ehre. Darüber muß ich doch mal mit deinem Vater reden. Überlege mal, du hattest die Masern letztes Jahr und kannst sie nicht schon wieder kriegen. Du meine Güte, was ist denn nun schon wieder los? Fränzchen ist in die Mülltonne von nebenan gefallen.«

Nun, karikiert man die Verhältnisse selbst in größter Verwirrung so, daß man über sie lachen kann, dann ist der beste Schritt zu einem Neuanfang getan.

Witz, die produktive Denkungsart

Gute Witze zu erfinden, weiterzuerzählen oder zu verstehen erfordert eine besondere Art zu denken. Sie geht über die passive Aufnahme, Rezeption von Geschriebenem oder Gesprochenem hinaus. Eine Pointe zu verpassen hat ja nichts mit der Fähigkeit zu tun, einen Text nicht lesen, etwas Gesagtes akustisch nicht hören zu können. Eher schon etwas mit Wissen, wie Willy Reichert an anderer Stelle zitiert wurde.

Friedrich Heer erinnerte an den früheren Bedeutungszusammenhang von Witz und Geist. Bert Brecht verglich die Hegelsche Dialektik mit dem, was bei einem Witz geschieht: aus These und Antithese entsteht die Synthese. Etwas Neues, das ist der Witz.

Nun wird in der Regel nicht abgestritten, daß der Witz hohe Denkleistungen abverlangt, passiv oder aktiv. Kontraste erkennen, Vergleiche anstellen, Abstrahieren können, Perspektiven und Bezugsrahmen verändern, Sachverhalte verdichten, das sind nur einige Vorgänge, die sich im Kopf abspielen. Allerdings hat dieser Umstand auch zur teilweisen Abqualifizierung des Witzes beigetragen. Er gilt als kopflastig, intellektuell, ja herzlos gegenüber dem Humor, der viel mit Herz zu tun habe.

Wie unsinnig solche theoretischen Kategorien und Gegenüberstellungen sind, enthüllt schon der jedermann bekannte Begriff »Mutterwitz«. Er steht dafür, daß sich der Mensch als ganzheitliches Wesen ebensowenig auseinanderdividieren läßt wie Witz und Humor. Zu recht. Denn Witz ist keine Sache des geschulten Intellekts allein. Alle geistigen Funktionen finden sich auch beim sogenannten Volkswitz wieder, ja es wimmelt geradezu von knitzem Verstand, Kritik und Differenzierungsvermögen, vom beweglichen Umgang mit Denkmodellen, kurz, von geistiger Schöpferkraft. Die Fähigkeit Witze zu erzählen und zu verstehen ist folglich an keine Vorbildung oder Ausbildung, an keine soziale Schichtzugehörigkeit, an keinen Berufsstand, an Alter oder Geschlecht oder ethnische Zugehörigkeit gebunden. Wo Menschen zusammen leben und miteinander kommunizieren, da gibt es auch Witz, da wird er schöpferisch erfunden, neu gestaltet und phantasievoll kreativ rezipiert.

Trifft dies zu, dann eignet sich die Beobachtung des Umganges mit Witzen auch als Instrument zur Verbesserung der persönlichen Menschenkenntnis. Sie wird im ungünstigen Falle Auskunft geben, ob einer geistig unbeweglich ist, erstarrten Dogmen und Prinzipien huldigt, ob er außerstande ist, über seinen eigenen Schatten zu springen und seinen Verstand zu gebrauchen, die Dinge auch einmal von verschiedenen Seiten anschauen zu können, Vergleiche anzustellen und gewohnte Denkschemata aufzubrechen. Im günstigen Falle wird erkennbar, inwieweit jemand gewohnte Denkbahnen verlassen kann, ob er sich über Tabus, Barrieren, Vorurteile hinwegsetzt, daß Stereotype und Klischees ihn nicht beirren können. Witz im Volk spiegelt eben die unverwüstliche Fähigkeit wider, das Leben in schöpferischer Weise zu meistern.

Humorfiguren identifizieren können

Keine Frage, Menschen erkennt man auch an ihren Absichten, mögen sie erklärt sein oder versteckt, mißraten oder glücken. *Einen Jux will er sich machen* schrieb Nestroy über sein Stück und tat damit aller Welt kund, welcher Art Spaß und Freude zu erwarten sei. Allzuoft wird die humorvolle Absicht ja leider mißverstanden. Ein Schelmenstreich, nicht nur in den Werken Wilhelm Buschs, wird leicht als böse ausgelegt, Lachen als despektierlich diffamiert. Es kann angebracht sein, Ironie oder Satire von Zynismus unterscheiden zu können, will man einem Menschen, seiner Äußerung oder seinem Werk gerecht werden. Beim Theaterbesuch ist es etwas leichter gemacht, weil auf dem Programm ausgedruckt ist, ob es sich um eine Komödie oder um ein Lustspiel handelt. Da kann sich jedermann vorher überlegen, ob er sich auf Possen, Klamaukszenen einlassen oder lieber ein Kabarett mit Esprit bevorzugen möchte.

Humorvolle Absichten richtig verstehen

Im Alltag kann man von niemandem erwarten, daß er sich an künstlerische Formen und Stilmittel hält. Da läuft eben eine ironische Bemerkung über die Lippen, ein guter Scherz soll der Auflockerung dienen. Ist es da nicht schade, wenn immer wieder einer »etwas in den falschen Hals« bekommt – womöglich nur, weil er nicht weiß, wie er Karikaturen einzuschätzen hat? Spaß machen oder Spaß verstehen, beide Male ist es gut, sozusagen Humorfiguren identifizieren zu können. Humorfigur ist etwa der ganzheitliche Rahmen, der Aufbau, Stilmittel, Formen, Strukturen einschließt und insgesamt die Unterscheidung von einer anderen Kunstfigur erlaubt, etwa die Anekdote von der Groteske. Gewiß gibt es Mischformen und Überschneidungen, gleichwohl gibt es bei den wichtigsten Humorfiguren Merkmale, die sich glossarhaft zu einer Art Steckbrief zusammenfügen lassen.

Aberwitz heißt der Kobold unter den Witzen. Mit artistischem Geschick bewegt er sich am Abgrund der Glaubwürdigkeit, nicht selten überspringt er ihn einfach übermütig. Spießern geht er leicht auf den Nerv. Überschreitet er alltägliche Lebensgewohnheiten und Denkbahnen, läßt seine Verwandtschaft mit dem Irrwitz grüßen, bei dem endgültig Kopf und Kragen riskiert werden. Ihm haftet der Makel an, Grenzen zum Normalen überschritten zu haben. War aber die Erkenntnis des G. Bruno, daß die Erde sich um die Sonne drehe, wofür er auf dem Scheiterhaufen starb, etwa damals nicht aberwitzig, irrwitzig? Der kleinere Bruder Fürwitz läßt es nicht so weit kommen. Neugierig steckt er seinen Kopf um die Ecke und wartet ab, was passiert. Häufig steckt ein Kindskopf dahinter, aus dessen Mund fürwitzige Bemerkungen fallen, ein bißchen vorlaut und despektierlich.

Anekdoten gleichen würdigen, alten Damen. Besonderen Wert legen sie auf Umkleidung und Ausschmückung. Das flitterhafte, kurze Kleidchen des Witzes steht ihnen nicht. Für ihren Geschmack werde damit dem flüchtigen Genuß Vorschub geleistet. Viel lieber ist der Anekdote das Maßgewand einer Geschichte. In der Regel bezieht sie sich auf Vergangenes, auf Historie, entweder ausschmückend oder Sagenhaftes glaubhaft machen wollend. Ob sie wahr sind? Manche haben einen wahren Kern, andere sind gut erfunden. Wen stört's, wenn sie nur gut gelungen sind? Bevorzugt treten in Anekdoten hochmögende Herren und Damen, Könige und Staatsmänner auf. Sie geraten in schwierige, mitunter peinliche Situationen. Wie sie sich daraus befreien? Mit Witz und Humor, auf alle Fälle lachen machend. Anekdoten erzählen gerne wie von ungefähr. Die alte Dame ist nämlich diskret.

Bonmots sind kurze Bemerkungen, Zwischenrufe, Stenogramme von Zitaten und witzigen Einfällen. Ihr Charakter entspricht dem von Sekt und Champagner unter den Getränken. Mit dem Bonmot wird ein bißchen gewitzelt, ein wenig gefrozzelt. Entscheidend beim Bonmot ist seine Treffsicherheit. Es muß eine Situation, ein Verhalten blitzlichtartig erhellen, in seinem Widerschein unverwechselbar erkennbar machen. Ein gutes Bonmot kann gleichsam wie ein Blattschuß erledigen, auch wie ein Skalpell ein Geschwür aufschneiden und den Heilungs- oder Versöhnungsprozeß einleiten.

Burlesken werden in reiner Form heute von Theatern oder Laienspielgruppen nur noch selten aufgeführt. Wer nimmt sich die Zeit, über einem Käse im Korb zu brüten, wie es der Spieltext im Stück *Kälberbrüten* von Hans Sachs vorschreibt? Kälber werden mittels künstlicher Besamung gezüchtet; die Freude am leicht derb-spinnerten Spaß bleibt wegrationalisiert. In manchen Volksstücken, auf Bühnen oder im Fernsehen aufgeführt, geht es mitunter szenenweise kunterbunt und burlesk zu. Früher gehörte auffällige Verkleidung hinzu, ein entbehrlich gewordener Aufwand, seit die Menschen auf der Straße anziehen, was ihnen gefällt. Womöglich würden sie korrekte Kleidung auf der Theaterbühne burlesk finden. Am ehesten begegnet man heute burlesken Figuren und Spielen im Karneval, bei Mummenschanz und Narrenumzügen. Die Burleske ist ein polterndes Spiel mit Show-Elementen aus dem vollen Menschenleben.

Comics sind gezeichnete Bildgeschichten. Modern ist nur das Wort. Die Form, in zerlegten Bildabschnitten oder abfolgenden Bildreihen Ereignisse, Geschichten festzuhalten und mitzuteilen, ist uralt. Zeugen dafür sind in Stein und Marmor gemeißelte Bildgeschichten aus der Antike oder Inka-Zeit. Im Mittelalter wurden Geschichten und Nachrichten ins Bild gesetzt und von Moritaten-Sängern dem staunenden Publikum vorgeführt. Comics in der Gegenwart wollen hauptsächlich Spaß machen, sie dienen aber nicht minder der Information und lehrhaften Zwecken, bei Jung und Alt. Zu den berühmtesten Beispielen zählen die *Asterix*-Hefte. Comics schwelgen in Formen und Farben, während die begleitenden Texte auf knappstem Raum in Sprechblasen gekürzt und geklemmt werden. Dominant sind Strichwitz und Bildvergnügen. Sie kommen den medialen Konsumgewohnheiten des Menschen im zwanzigsten Jahrhundert entgegen, sich rasch und visuell zu informieren, ohne auf lustvolle Unterhaltung verzichten zu müssen.

Galgenhumor will wortwörtlich verstanden werden. Es ist der Humor unter und um den Galgen herum. Vor Zwölf und nach Zwölf. Er konzentriert sich auf den Punkt, bei dem es eigentlich nichts mehr zu lachen gibt. Im Sinne von Lebenskunst stellt Galgenhumor die Nagelprobe für den Humor überhaupt dar. Trägt er nicht in Grenzsituationen, in Momenten existentieller Bedrohung, mag es auch sonst mit seinem Wesen, Lebenshilfe zu bieten, nicht weit her sein. Nun sind zum Glück Galgen auf der Welt weithin abgeschafft, aber in entsprechend bedrohliche Situationen kommen Menschen immer noch. Möge niemand in die Lage kommen zu benötigen, was Frankl in seinem erwähnten Buch über KZ-Erfahrungen als »Lagerhumor« beschrieben hat. Daß aber eine besondere Lebenssicht ermöglicht wird, geht etwa aus den *Galgenliedern* von Christian Morgenstern hervor.

Groteske ist sowohl eine Bezeichnung für ein gespieltes Stück auf der Theaterbühne wie für eine theatralische, bühnenhafte Aufführung im Leben. Sie spielt mit der Glaubwürdigkeit, überzeichnet, was jedermann irgendwie kennt und auch wiederum nicht. Grotesk, das kann auch bizarr und entstellt meinen, seltsam verkleinert oder vergrößert und somit verzerrt. Kasperle hat eine grotesk lange, dicke, krumme Nase, Dracula zeigt sein grotesk verzerrtes Grinsen. Grotesk-komisch wirken Politikerköpfe auf Flaschenkorken. Grotesken führen zusammen, was nicht zusammen gehört, aus dem Kontrast entsteht eine komische Wirkung. Die Darbietung ist ziemlich gefahrlos, ist doch die Entfernung von der Realität scheinbar so groß, daß sich risikofrei darüber lachen läßt. Manch einem geht erst allmählich auf, daß der Perspektivwechsel Sinn machen kann. Genügt es doch auch sonst, ein Fernglas umzudrehen, um Großes klein und Kleines groß erscheinen zu lassen. Umdrehung ins Groteske – aber deswegen unwahr?

Humoreske meint ein kleineres Bühnen-, Erzähl- oder Lesestück, in dem es humorvoll zugeht. Eine Humoreske ist eine in sich abgeschlossene Geschichte oder Szene. Handlungsknoten werden auf lachhafte Weise gelöst, handelnde Personen entschlüpfen unbeschadet komischen Situationen. Humoresken wird gerne ein volksnaher Charakter zugeschrieben, es geht in ihnen derb und polternd zu, nicht minder lebens- und sinnenfroh. Als typisch können die bekannten Geschichten von Ludwig Thoma gelten, die Stücke *Die Lokalbahn, Erster Klasse* sowie die *Lausbubengeschichten* und *Tante Frieda* mit komödiantenhaftem Einschlag, in denen scheinbare Naivität sprachlich virtuos die Feder führt.

Ironie, im Sprachgebrauch oft als »feine, distanzierte« Ironie apostrophiert, erinnert an Bert Brechts Definition von Humor: »Humor ist Distanzgefühl.« Zweifellos distanziert sich, wer ironisiert. Er gewinnt Abstand, macht sich frei, steht über Situationen und Sachverhalten. Manche sehen es freilich anders. Sie sprechen schnell von »verletzender« Ironie und erinnern an die Abwehrmechanismen gegen den Witz. In der Tat wird durch Ironie die eigene Identität zur Disposition gestellt, was als gefestigt, gesichert gilt, wird in Frage gestellt. Mit Tabus wird gedanklich gespielt, sogenannte »heilige Kühe« werden geschlachtet. Das bereitet erst eimal Unwohlsein und gelegentlich Schmerz. Andererseits öffnet sie geistige Freiräume. Ironie ist die Lust am Ernst.

Kalauer sind die Vettern von Wortwitzen. Meist kommt der Kalauer kurz und knapp daher, wendet und windet Wörter oder ganze Sätze, verschiebt Buchstaben, tauscht sie aus und treibt überhaupt ein munteres Versteck- und Vexierspiel. Sein Wert wird häufig unter dem Niveau von Witzen angesiedelt, flink ist auf diese Weise von »billigen« Kalauern die Rede. Der Kalauer rächt sich für solche Schmach auf seine

Weise, indem er den Abnehmer auf den Leim führt, in die Falle lockt und schließlich »für dumm verkauft«: Was ist der Unterschied zwischen einem Kalauer und einem Kalauer? Gar keiner!

Karikaturen sind aus Druckerzeugnissen und durch mediale Übermittlung, etwa in Werbung oder Fernsehen, zur Genüge bekannt. Sie sind überwiegend gezeichnet, während die geschriebene Karikatur in der Form kurzer Geschichten verhältnismäßig Neuland ist. In Karikaturen werden wesentliche Merkmale von Personen, gesellschaftlichen Zuständen oder Situationen besonders hervorgehoben, überzeichnet. Sie übertreiben durch Überbetonung von Charakteristischem, während unwesentliche Details weggelassen werden. Dadurch kann die zeichnerische Aussage in einem Blick erfaßt werden. Das macht sie in der politischen Auseinandersetzung und in Massenmedien so beliebt. Karikaturen vermitteln nicht nur gedanklich, kognitiv Informationen, Erkenntnisse und Botschaften, sie regen ebenfalls emotional sehr an. In Schulbüchern dienen sie zur Belebung von Unterricht.

Klamotten meinen vorwiegend alte Theaterstücke, Witze oder Anekdoten, die »keinen Hund mehr hinter dem Ofen hervorlocken«. Verwandte sind »olle Kamellen« und »alte Hüte«. Damit ist zugleich angedeutet: nichts Neues zum Lachen. Wer eine alte Klamotte vorführt oder erzählt, muß damit rechnen, daß er langweilt und ihm niemand zuhört. Alten Klamotten fehlt es an Originalität, schöpferischem Einfall. Die ständige Wiederholung abgenutzter Inhalte und Muster nimmt jeden Reiz und fördert Überdruß.

Komik reizt zum Lachen. Hauptsächlich entsteht sie durch den Kontrast. Groß und Klein, Dick und Doof, König und Hofnarr, ein Mann in Frauenkleidern, das reicht für das komische Grundmuster bereits aus. Die Wahrnehmung weicht vom Gewohnten ab, von der Darstellung des sogenannten Normalen. Eine kleine Maus und ein großer Elefant, die miteinander sprechen, genügen gut, um Komik zu erzeugen. Komisch können Bewegungen wirken, Grimassen; Sänger können komisch singen, eine ganze Oper kann »komisch« sein. In der Komik steckt ein Überraschungseffekt: der von Charlie Chaplin gespielte Verlierer, der nicht besiegt werden kann. Das ist komisch.

Komödie ist das Gegenstück zur Tragödie. Es geht in ihr lustig zu, weshalb sie auf der Theaterbühne zur Kategorie der Lustspiele gezählt wird. Komödien wollen unterhaltend sein, sie gehen gut aus und erfreuen die Zuschauer. Früher zogen Komödianten als fahrendes Volk von Ort zu Ort und hatten oft ein zweifelhaftes Ansehen bei der Bevölkerung. Ein Nachgeschmack ist Theaterleuten und Schauspielern davon bis heute geblieben. Im alltäglichen Verhalten geraten Menschen in ein unerwünschtes Licht, wenn sie anderen »eine Komödie vorspielen«. Damit ist gemeint, daß etwas vorgetäuscht und vorgeheuchelt wird, was nicht ist. Mitunter wird damit ein bestimmter Zweck verfolgt. Beim Pferde- oder Autohandel sollen Partner getäuscht werden, Zeugen machen Richtern etwas vor, manche Ehepartner spielen Besuchern eine Komödie vor, um ihre wahren Beziehungen zu vertuschen. Lachen in einer Komödie mit ernstem Hintergrund kann krampfhaft geraten.

Lustspiel heißt eine Gattung von Bühnenstücken, die sich großer Achtung unter Gebildeten und Kulturbeflissenen erfreut. Es gilt keineswegs als primitives Vergnügen, sich ein Lustspiel anzusehen. Möglicherweise ist diese Einschätzung klassisch gewordenen Lustspielen mit zu verdanken, Kleists *Der zerbrochene Krug* und Lessings *Minna von Barnhelm*. Der Spaß wird geistreich betrieben, die Darstellungsweise ist spielerisch leicht. Dabei sind die Texte anspruchsvoll, sprühen von Witz und Esprit. Sie werden ohne jene Vorbehalte akzeptiert, die selbst geistreichen Witzen verschiedentlich entgegengebracht werden.

Nonsens kommt aus dem Englischen und heißt zunächst übersetzt Nicht-Sinn, zu deutsch auch Unsinn. Guter Nonsens ist nicht bloßer Blödsinn, Unfug, Klamauk, sondern spielerischer Umgang mit Sinn, dessen Kehrseite, Pendant, er ist. Wie Licht zum Schatten gehört, bezieht sich Sinn auf Unsinn, mancher Sinn wird durch seinen Un-Sinn erst deutlicher. Nonsens kann überdies soviel wie zweckfrei bedeuten. Viele Spiele erscheinen insoweit unsinnig, weil sie zu nichts nütze sind. Nur, folgt man Schiller, dann wird der Mensch im Spiel Mensch. Der *homo ludens* braucht gegenüber dem Nonsens zumindest eine tolerante Einstellung.

Parodie bezieht sich auf die nachahmende Darstellung von Vorbildern. Ungewollt parodieren Tanten und Eltern das Lallen von Babies im Kinderwagen, worüber sich Ludwig Thoma lustig gemacht hat. Im Alltag wird in einfacher Weise viel parodiert, und zwar nachgeäfft und nachgeplappert. Die beabsichtigte Parodie strebt die vollkommene Nachahmung von Künstlern, Politikern, Personen, ihren Äußerungen und Werken an. Ähnlich wie in der Karikatur können dabei besondere Merkmale herausgestellt werden. Der Hauptspaß wird durch Vergleich, Kontrast zwischen Original und Kopie erzielt. Vor Affenkäfigen im Zoo täglich zu beobachten!

Possen sind spaßhaft gemeinte Bubenstücke. In Bauerntheatern aufgeführte Possen sind derb und schwankhaft. Im Mittelalter trieben berufsmäßige Possenreißer auf Bühnen oder Marktplätzen ihre Späße öffentlich. Ungebräuchlicher ist die Redewendung geworden, jemand etwas zum Possen zu tun, ihn also an der Nase herumzuführen. Als typischer Possenreißer wird Till Eulenspiegel apostrophiert.

Satire meint eine witzig-ironisierende Darstellungsweise. Sie wird geschrieben oder im Kabarett aufgeführt. Ob in Gedichtform oder sonstwie getextet, es werden mit spitzer Feder oder Zunge menschliche Fehler, Manipulationen und Laster aufgespießt. Mißliche gesellschaftliche Zustände und Machtausübung sind bevorzugte Zielobjekte satirischer Betrachtung. Sie möchten an der Veränderung mangelhafter Zustände mitwirken und Verhältnisse verbessern helfen. Satiren können fein geschliffen sein und nehmen kein Blatt vor den Mund. Bewußtmachung, Aufdeckung, Entlarvung und Enthüllung rangieren in der Absicht vorn. Betroffene und Getroffene empfinden sie leicht als »beißende« Satire und rücken sie in die Nähe von Sarkasmus und Zynismus.

Schelmenstreiche sind liebenswerte Aktionen, Handlungen, die niemand sonderlich weh tun, gleichwohl sie jemanden »auf den Arm nehmen«, spielerisch mit Mächten und Mächtigen umgehen, sie gerne bloßstellen. Schelmenstreiche entlarven die Dummheit von Menschen, ihre Eitelkeiten und andere unerfreuliche Seiten. Verwandt ist mit dem Schelm der Schalk und kleine Schlingel. Max und Moritz bei Wilhelm Busch haben ihren Ruhm durch Bubenstreiche begründet. Schelmische Grübchen können sich bei jedermann im Gesicht bilden. Ein schelmisches Gesicht kann einer aufsetzen, der andere neckt oder spitzbübischen Unfug vorhat. Schelmische Blicke endlich wechseln Verliebte, sie zwinkern sich zu oder haben etwas nicht ganz Erlaubtes im Sinn.

Scherz unterstellt, daß eine Äußerung nicht ganz ernsthaft gemeint sei. Eine scherzhafte Bemerkung kommentiert oder probiert, sie klopft Ernsthaftigkeit auf ihre Substanz ab. Scherz ist vor allem ein Schmiermittel für Geselligkeit. Scherzhafte Äußerungen und Redewendungen gehen hin und her. Scherzhafte Spiele und Bemerkungen haben das Ziel, Stimmung aufzulockern, Befremdlichkeiten abzubauen, Vergnügen und Spaß zu verbreiten.

Spaß nimmt übertriebenen Ernst auf die leichte Schulter. Er möchte erheitern und Vergnügen bereiten. Absichtslos lebt der »Spaß an der Freude«. Spaß an Arbeit oder Hobby wird hoch geschätzt und dient der Motivation und inneren Befriedigung. Auf der anderen Seite wird Spaß früh in seine Schranken verwiesen. Redewendungen sind dafür Signale: »Mit XY ist nicht zu spaßen« oder »Spaß kann ins Auge gehen.« Spaßmacher sind deshalb nicht überall geduldet. Sie gehören ins Kasperletheater oder in den Zirkus. Dort muß sich niemand schämen, Freude am Spaß zu haben.

Spott gilt als Waffe, mit der leicht verletzt werden kann. Sprachliche

Äußerungen klingen spöttisch, auf Gesichtern liegt ein spöttischer Zug. Kommt es dick, dann heißt es gleich, dieser oder jener Mensch sei ein Spötter, fast so, als wünsche man ihn in die Hölle. G. B. Shaw war ein König unter den Spöttern, wobei schon zu seinen Lebzeiten nicht alle erkannten, daß er mit seinen bissig-spöttischen Bemerkungen sich selbst nicht minder auf den Arm nahm. Die negativen Empfindungen bei Spott rühren daher, daß der Verdacht aufkommt, Spott mache sich über anderer Menschen Fehler und Schwächen lustig, nicht frei von Schadenfreude und Verachtung. Gewiß gibt es »beißenden Hohn und Spott«, aber auch kleine und große Wahrheiten, die weh tun. Manche Gelehrte bedienen sich einer spöttelnden Attitude, die möglicherweise der Verfeinerung, Sublimierung von Aggressionen zuzurechnen ist. Die neuere Aggressionsforschung kümmert sich wieder mehr um die verbale Aggressionsabfuhr, wodurch der Spott eine Neuaufwertung und gesellschaftliche Bedeutung erführe.

Wippchen ist eine ostpreußische Bezeichnung für kleine Späße, auch als Schabernack bekannt. Wippchen werden erzählt, Schabernack wird angestellt. Sein Merkmal ist die humorvolle Überraschung, die niemand ernsthaft erschreckt oder verletzt.

Witz hat etwas mit Wissen zu tun. Manchmal werden Witze einfach deswegen nicht verstanden, weil es an nötigen Vorinformationen fehlt. So verstehen manche Europäer nicht, warum Amerikaner lachen, und umgekehrt. Witze aus früheren Epochen sind eben aus diesem Grunde auch nicht mehr ohne weiteres zu verstehen. Witze werden vielfach in die Ecke des Rationalen, Kognitiven gestellt im Gegenüber zum Humor, dem Nähe zu Herz und Gemüt nachgesagt wird. Solche Unterscheidungen sind künstlich, abstrakt und kategoral. In Wirklichkeit braucht Humor seinen Witz, sei er auch hintergründiger, wie Witz nach den Regeln des Humors funktioniert. Die Familie der Witze ist so unüberschaubar wie die Untersuchungen darüber zahlreich. Es gibt Versuche, sie ethnisch zu klassifizieren: sächsische, bayrische, schlesische Witze und so fort, oder nach Sachbereichen: Jägerwitze, Sexwitze. Die Übergänge zu anderen Humorformen sind naturgemäß fließend. Worin der Witz freilich unverwechselbar bleibt, ist seine Kürze.

Zynismus kann die Grenzen des Humors überschreiten, wenn er menschenverachtend wird. Mitunter aber ist der Vorwurf von Zynismus nur eine Schutzbehauptung für den Fall einer Offenlegung oder Aufdeckung unhaltbarer Zustände oder unerträglicher Verhaltensweisen. Ein naher Verwandter ist der Sarkasmus, der gerade noch soviel Freude bereitet wie eine bittere Pille, die unter allen Umständen geschluckt sein will, bevor Besserung eintritt.

Seelenkunde mit Humor betreiben – ein Nachwort

Im Rückblick erweist sich Humor als prägnantes Charakteristikum in vielfältigen Lebensbezügen. Er ist weit davon entfernt, sich in witzigem Vortrag und lachhafter Reaktion darauf zu erschöpfen. Humor psychologisch als Spürsonde zur Seelenerkundung ansetzen, bietet eine reizvolle Chance, unkonventionellen Zugang zu psychologischen Einsichten und Fähigkeiten zu bekommen. Vorhandene Menschenkenntnis wird vertieft, die Möglichkeiten zur Bewältigung und Verarbeitung von Lebenssituationen werden erweitert. Humor ist ganzheitliche und menschliche Psychologie.

Was die Beobachtung humorvoller Lebensäußerungen psychologisch zu leisten vermag, hat Alfred Adler (1870–1937) in seinem bereits früher erwähnten Buch *Menschenkenntnis*[62] festgehalten. Er schreibt über die Heiterkeit als Ausdrucksform des Charakters: »Es wurde bereits hervorgehoben, daß die Messung des Gemeinschaftsgefühls eines Menschen leicht gelingt, wenn wir darauf ausgehen zu prüfen, wie groß seine Bereitschaft ist zu helfen, zu fördern und zu erfreuen. Die Fähigkeit, Freude zu bringen, bewirkt, daß solche Menschen zufolge ihrer äußeren Erscheinung größerem Interesse begegnen. Sie kommen uns leicht näher, und wir beurteilen sie schon rein gefühlsmäßig viel sympathischer als andere Menschen. Ganz instinktiv empfinden wir ihre Züge als Kennzeichen des Gemeinschaftsgefühls. Es sind Menschen, die ein heiteres Wesen haben, nicht immer bedrückt und besorgt einhergehen, auch die anderen nicht immer zum Objekt und Träger ihrer eigenen Sorgen machen, die es über sich bringen, im Zusammensein mit anderen Heiterkeit auszustrahlen, das Leben zu verschönern und lebenswerter zu machen. Man spürt den guten Menschen nicht nur in ihren Handlungen, in der Art, wie sie sich uns nähern, mit uns sprechen, auf unsere Interessen eingehen und für dieselben wirksam sind, sondern auch in ihrem ganzen Wesen, in ihren Mienen und Gebärden, in freudigen Affekten und in ihrem Lachen. Ein tiefblickender Psychologe, Dostojewski, sagt, daß man einen Menschen am Lachen viel besser erkennen und verstehen könne, als aus langwierigen Untersuchungen« ([62], S. 221).

Wie wir inzwischen wissen, steht Dostojewski mit dieser Aussage nicht allein. Zahlreiche Dichter, Dramatiker und Erzähler von Rang haben sich ähnlich geäußert. Das Buch wollte den Nachweis für die Richtigkeit dieser alten Erfahrung erbringen und ihre Hintergründe ausleuchten. Denn erstaunlich genug bleibt, daß manche Menschen sich zwar solchen Einsichten nicht verschließen, in der Praxis aber Schwierigkeiten haben, Psychologie und Humor unmittelbar zu verbinden. Psychologie halten sie für zu ernst, um damit spaßen zu können; Humor mit seinen vielfältigen Äußerungen halten sie für eine Randerscheinung menschlichen Lebens, etwas für Freizeit, Unterhaltung, eine Art Sonntagsvergnügen, womöglich oberflächlich. Vermutlich haben sie Vorurteile, vielleicht haben sie aber bisher nur zu wenig darüber nachgedacht, immerhin verstopfen sie sich dadurch Erkenntnisquellen und lassen geradezu therapeutisch zu nennende Möglichkeiten ungenutzt, sich selbst und anderen Menschen zu helfen. Wie lebensnotwendig Sinn für Humor werden kann, ergibt sich aus Alfred Adlers Schilderung des Gegentyps, der unter der Plage an sich und der Welt leidet: »Als Gegensatz zu diesem Typus erscheinen uns jene Menschen, die man als Friedensstörer bezeichnen könnte, die ununterbrochen bestrebt sind, die Welt als ein Jammertal darzustellen, und die in Schmerzen wühlen. Dieses Unterfangen geht so weit, daß uns eine bewußte Erkenntnis davon in die größte Verwunderung versetzt. Zunächst, was die eigene Person betrifft. Es gibt Menschen, die unablässig bestrebt sind, wie mit einer ungeheuren Last beschwert durchs Leben zu gehen. Jede kleine Schwierigkeit wird aufgebauscht, sie haben für die Zukunft nichts als nur traurige Ausblicke und lassen bei jedem freudigen Anlaß ihre Kassandrarufe ertönen. Sie sind pessimistisch durch und durch, nicht nur für sich, sondern auch für die andern, werden unruhig, wenn sich irgendwo in ihrer Umgebung Freude regt, und suchen in jede menschliche Beziehung die Schattenseiten des Lebens hineinzutragen. Sie tun das nicht nur mit Worten, sondern stören auch durch ihre Handlungen und Forderungen das frohe Leben und die Entwicklung des Mitmenschen« ([62], S. 222).

Mit Humor betriebene Seelenkunde bleibt bei der Beschreibung und Betrachtung menschlichen Verhaltens nicht stehen. Über die Schärfung psychologischen Sachverstandes hinaus bedeutet sie Arbeit am Charakter und Stärkung von Gemeinschaftsfähigkeit. Der Weg führt über teilnehmende Wahrnehmung zum besseren Verständnis voneinander hin zu versöhnlichem Miteinander. Die Verbindungslinien zwischen

Psychologie und Humor wurden in dem Buch an markanten Stellen dargelegt. An sie sei stichwortartig erinnert:

Humor ist ein Beitrag zur Diagnose der Person. Verhalten nach außen: Sinn für Humor zeigt sich in Mimik, Gesten, in der Art zu lachen, gesellig zu sein, ferner im lebendigen Umgang mit Sprache, Wörtern, Spaß an Wortspielen. Verarbeitung nach innen: Ein Hauptmerkmal ist die Gelassenheit. Sie signalisiert eine Grundhaltung mit dem Tenor, sich nicht unterkriegen oder verrückt machen zu lassen. Freude, Fröhlichkeit und Zuversicht kennzeichnen oft zusätzlich die innere Stimmung. Prägungen: Zuneigung oder Abneigung gegenüber ethnischem Humor drückt aus, wo einer herkommt, wohin er sich gezogen fühlt. Die Einstellung gegenüber Dialekt, lokalen Originalen sowie Originalitäten läßt Verwurzelung und Fähigkeiten, sich zu binden oder zu lösen, erkennen. Freude an Schulgeschichten und Kindermund enthüllt biografische Einflüsse und Entwicklungen. Fähigkeiten: Für die Beobachtung von Denkweisen, Wendigkeit, Abstraktionsfähigkeit eignet sich der Umgang mit Witzen, Karikaturen und Cartoons, um nur einige Beispiele zu nennen. Geistige Lebendigkeit erweist sich im Aufbrechen von Schemata, Klischees, Kategorien. Die Fähigkeit mitzufühlen und tief zu empfinden tritt ebenfalls zutage, gleichgültig, ob jemand schöpferisch humorvoll wirkt oder rezipiert. Rollenbilder: Unzählige Humor-Sujets befassen sich mit Berufen und Arbeit, mit Erfahrungen, Last, Druck und Freude. Die Beschäftigung mit ihnen enthüllt Grad und Art von Identifikationen, signalisiert das Selbstverständnis in einer bestimmten Rolle. Verhärtung von Vorurteilen steht der Abbau von Klischees und Distanz gegenüber. Wo sich einer ansiedelt, wie einer mitmacht, wenn gelacht wird, gibt Einblick in seine Rollenverständnisse.

Humor dient der Persönlichkeit und dem Zusammenleben. Stabilität: Sie zeigt sich vor allem im Abbau des Über-Ich. Es kommt darauf an, sich selbst in Frage stellen zu können. Gegen Resignation hilft Selbstheilungskräfte zu wecken, freilich nicht im Sinne von Selbstüberschätzung. Eigene Unvollkommenheit, menschliche Unzulänglichkeiten und Vorläufigkeit der Existenz werden akzeptiert. Gemeinschaftsfähigkeit: Humor ist nichts für Einzelgänger und Asketen. Sinn für Humor wird daran erkenntlich, wie einer auf Mitmenschen zugeht. Mit ihnen zu lachen fördert Friedfertigkeit, hilft Beziehungen entspannen und entkrampfen. Im Alltag kommt es auch auf Kommunikationswilligkeit an, erkenntlich beispielsweise an der Erzähllust oder an Freude zu Gespräch und Dialog. Toleranz: Sie ist ein entscheidendes Merkmal dafür, ob jemand über Sinn für Humor verfügt. Humor, selber gewaltfrei, trotzt Druck und Gewalt, Macht wird entlarvt und der Lächerlichkeit preisgegeben. Trennendes wird zusammengefügt. Menschen zeigen sich in Ohnmacht und Versagen solidarisch. Am Ende steht immer die Versöhnung, wenigstens als Absicht und Ziel. Auf die innere Beziehung zwischen Humor und Glauben wurde im Zusammenhang mit dem jüdischen Glauben Bezug genommen.

Es gibt keinen vernünftigen Grund, humorvollen Lebensäußerungen aus dem Wege zu gehen. Niemand ist gezwungen, die Last der Verantwortung für diese Welt allein zu schultern. Keiner hat das Recht, anderen Menschen das Leben zu beschweren und sei es auch nur durch seinen freudlosen Ausdruck. Etwas plastisch-drastisch, aber zutreffend hat den gemeinten Sachverhalt im vorigen Jahrhundert der Baptistenprediger Charles Haddon Spurgeon[63] mit umwerfendem Humor und volkstümlicher Bildsprache so ausgedrückt: »Ich glaube, es ist nicht das Richtige, wenn wir herumgehen wie gewisse Mönche, die einander mit Grabesstimme grüßen und dann die erfreuliche Mitteilung machen: ›Bruder, wir müssen sterben.‹ Und jeder muntere Ordensbruder erwidert diesen munteren Gruß mit den Worten: ›Ja, Bruder, wir müssen sterben!‹ Es war mir sehr lieb, zu hören, daß diese faulen Menschen sterben müssen, und es ist jedenfalls das Gescheiteste, was sie tun können; aber einstweilen könnten sie sich doch einer angenehmeren Begrüßungsformel bedienen.«

Vergnüglicher Seelenkunde steht nichts im Wege. Seelenkunde mit Humor betrieben, das ist: Psychologie mit Herz.

Literaturnachweis

[1] Kästner, Erich: *Gesammelte Schriften für Erwachsene.* Bd. 8: *Vermischte Beiträge III. Gedanken über das Lachen.* München 1969. S. 291–300.

[2] Schmidt, Lothar: *Aphorismen von A–Z. Das große Handbuch geflügelter Definitionen.* München 1971.

[3] Busch, Wilhelm: *Kritik des Herzens. Es sitzt ein Vogel.* In Balzer, Hans: *Die lachende Muse. Ein Vortrags- und Lesebuch heiterer Dichtung.* Rudolstadt o. J. S. 29.

[4] Zeddies, A.: *Menschenkenntnis. Lehrgang der praktischen Charakterologie.* Bad Homburg 1949.

[5] Meredith, George: Zit. in: Moody, Raymond A.: *Lachen und Leiden.* S. 99.

[6] Zimmer, Dieter E. *Unsere erste Natur.* München 1979.

[7] Parth, Wolfgang (Hrsg.): *Im Prinzip Willy Brandt.* München 1973.

[8] Goes, Albrecht: *Cantus firmus der Zuversicht.* In: *Stuttgarter Zeitung.* Nr. 179 (1982).

[9] Martin, Picard (Hrsg.): *Die schönsten Gogenwitze.* München 1980.

[10] Bemmann, Hans (Hrsg.): *Der klerikale Witz.* München 1980.

[11] Reihe: *...wie es lacht.* Imm, Günther (Hrsg.): *Baden...* Reinbek 1977. Heinold, Ehrhardt (Hrsg.): *Sachsen...* Reinbek 1978. Knebel, Hajo (Hrsg.): *Die Pfalz...* Reinbek 1979. Schumann, Werner (Hrsg.): *Niedersachsen...* Reinbek 1980.

[12] Schulz, Kurd: *Der Witz der Pommern.* München 1972. S. 9.

[13] Rommel, Erwin: Zit. in: *Stuttgarter Zeitung,* Nr. 302 (1982).

[14] Tucholsky, Kurt: Zit. in: Rudolph, Ekkehard: *Frei reden und überzeugen.* München 1967. S. 118–121.

[15] Lattmann, Dieter (Hrsg.): *Das Anekdotenbuch. Rund 4000 Anekdoten von Adenauer bis Zatopek.* Frankfurt a. M. 1979.

[16] Dolgopolowa, Zhana (Hrsg.): *Russia Dies Laughing.* London–Zürich 1982. Übersetzt und zitiert in: *Der Spiegel,* Nr. 29 (1982), S. 106.

[17] Freud, Sigmund: *Gesammelte Werke.* Bd. 4: *Der Witz und seine Beziehungen zum Unbewußten.* Frankfurt a. M. 1958. S. 12.

[18] Röhrich, Lutz: *Der Witz. Seine Formen und Funktionen.* 2. Aufl. Frankfurt a. .M. 1980. S. 210.

[19] Burton, Robert: Zit. in: Moody, Raymond A.: *Lachen und Leiden.* S. 49f.

[20] Kant, Immanuel: *Kritik der Urteilskraft.* Zit. in: Moody, Raymond A.: *Lachen und Leiden.* S. 51f.

[21] Sully, James: *An Essay on Laughter*. Zit. in: Moody, Raymond A.: *Lachen und Leiden*. S. 53.

[22] McDougall, William: *A New Theory of Laughter*. Zit. in: Moody, Raymond A.: *Lachen und Leiden*. S. 54f.

[23] Moody, Raymond A.: *Lachen und Leiden. Über die heilende Kraft des Humors*. Reinbek 1979. S. 59f.

[24] Dumas, Alexandre: Zit. in: Jean-Charles: *Die Knilche von der letzten Bank*. Reinbek 1980. S. 124.

[25] Kerschensteiner, Georg: *Die Seele des Erziehers*. 9. Aufl. München 1965. S. 84.

[26] Lassahn, Rudolf: *Über die Freude in der Erziehung*. In: *Pädagogische Rundschau*. Jg. 29, Nr. 7 (1975).

[27] Jahn, Walter: *Am Anfang war das Lächeln. Der fast vergessene Humor in der Erziehung*. Bern–Stuttgart 1971. S. 109f.

[28] Heer, Friedrich: Zit. in: Bemmann, Hans (Hrsg.): *Der klerikale Witz*. München 1980.

[29] Jean-Charles: *Die Knilche von der letzten Bank*. Reinbek 1980.

[30] *Unvergessene Küche*. Sonderheft der Zeitschrift *Essen und Trinken*. Hamburg 1979.

[31] Kästner, Erich: *Gesammelte Schriften für Erwachsene*. Bd. 8: *Vermischte Beiträge III. Gedanken über das Lachen*. München 1969. S. 292.

[32] Brecht, Bert: Zit. in: Troll, Thaddäus: *Deutschland deine Schwaben*. Reinbek 1972. S. 77.

[33] Enders, Franz: *Wien im Barock*. Wien–Heidelberg 1979.

[34] Kästner, Erich: *Till Eulenspiegel*. München 1969.

[35] Bürger, Gottfried August: *Münchhausens seltsame Bärenjagd*. Zit. in: Balzer, Hans: *Die lachende Muse*. Rudolstadt o. J. S. 182f.

[36] Sperber, Manès: *Nur eine Brücke zwischen Gestern und Heute*. Wien 1980. S. 115, 122f., 132f.

[37] Frankl, Viktor E.: ... *trotzdem Ja zum Leben sagen. Ein Psychologe erlebt das Konzentrationslager*. 4. Aufl. München 1979. S. 57.

[38] Merkle, Ludwig: *Humor. Das große Hausbuch des Humors*. München 1976.

[39] Heimeran, Ernst (Hrsg.): *Unfreiwilliger Humor*. München o. J.

[40] Krüss, James: *Seifenblasen zu verkaufen. Das Große Nonsens-Buch*. Gütersloh 1972. S. 15, 144, 228.

[41] Marquard, Alfred, und Borlinghaus, Herbert: *Der Frauenarzt von Bischofsbrück*. Heidelberg 1982. S. 5, 169, 208.

[42] Roth, Eugen: *Das neue Eugen Roth-Buch*. München 1970.

[43] Thoma, Ludwig: *Lausbubengeschichten*. Reinbek 1955. S. 68.

[44] Sommer, Siegfried: Zit. in: Merkle, Ludwig: *Humor*. S. 364f.

[45] Manger, Jürgen von: Zit. in: Merkle, Ludwig: *Humor*. S. 360f.

[46] Valentin, Karl: *Gesammelte Werke*. München 1961.

[47] Reichert, Willy: *Wunderliche Zeitgenossen*. München o. J. S. 49.

[48] Neumann, Robert: *Mit fremden Federn. Der Parodien zweiter Band*. Berlin 1965. S. 12f.

[49] Spoerl, Heinrich: *Gesammelte Werke*. München 1963. S. 44f.

50 Finck, Werner: *Alter Narr – was nun?* München–Berlin 1972. S. 356.

51 Troll, Thaddäus: *Fallobst*. Hamburg 1975. S. 94.

52 Hebel, Johann Peter: *Die leichteste Todesstrafe*. Zit. in: Balzer, Hans: *Die lachende Muse*. Rudolstadt o. J. S. 46f.

53 Kleist, Heinrich von: *Die letzte Bitte*. Zit. in: Balzer, Hans: *Die lachende Muse*. Rudolstadt o. J. S. 32.

54 Henkels, Walter: *Wer einen Treiber erschießt, muß die Witwe heiraten*. München 1978. S. 26f.

55 Rezzori, Gregor von: Zit. in: Merkle, Ludwig: *Humor*. S. 268.

56 Ruddies, Günther H.: *Hochzeit auf ostpreußisch*. Aus: *Bärenfang unter dem Bundesadler. Liebeserklärungen an Ostpreußen*. Heilbronn 1977. S. 7f.

57 Moser, Hans: *Ich trag im Herzen drin ein Stück vom alten Wien*. Bergisch-Gladbach 1982. S. 243.

58 Hašek, Jaroslav: *Die Abenteuer des braven Soldaten Schwejk*. Bd. 2. Reinbek o. J. S. 45f.

59 Röhrich, Lutz: *Der Witz. Seine Formen und Funktionen*. 2. Aufl. Frankfurt a. M. 1980. S. 241f.

60 Kishon, Ephraim: *Kishon's beste Geschichten*. Berlin–München 1971. S. 181, 300.

61 Parkinson, Northcote C.: *Favoriten und Außenseiter. Eine Studie über den Erfolg in Wirtschaft und Gesellschaft*. Düsseldorf–Wien 1962. S. 44. 63.

62 Adler, Alfred: *Menschenkenntnis*. Frankfurt a. M. 1966. S. 221f.

63 Spurgeon, Charles Haddon: *Ratschläge für Prediger. 21 Vorlesungen*. Zit. in: Mezger, Manfred: *Gibt es in der Kirche was zu lachen? Ein Kapitel theologischen Humors*. Stuttgarter Zeitung Nr. 115 (1972).

Zahlreiche Witze, Anekdoten, humoristische Begebenheiten und Wortspiele werden vom Volk erfunden, erzählt und weitergegeben. Die genaue Urheberschaft ist nicht festzustellen. Deshalb wird auf diesem Wege allen »namenlosen« Sammlern und Weitererzählern von Herzen gedankt.